La vie d'un Euro-Américain Enraciné à New York

Siegfried Wyner

Hotline: 1(800) 220-7660
Fax: 1(855) 752-6001
Phone number: 646 733 7025

All inquiries should be addressed to:

Book Domain LLC.
543 E Louise Dr Phoenix, Az 85050

Ordering Information:
Quantity sales. Special discounts are available on quantity purchases by corporations, associations, and others. For details, contact the publisher at the address above.

Printed in the United States of America.

ISBN-13   Paperback   978-1-967903-30-6
           eBook   978-1-967903-29-0

La vie De Un
Américain d'origine européenne
Enraciné dans New York

Temple de la renommée en génie civil
Lauréat Elite Emeritus M. Siegfried Wyner B. S M. S. C. E.

Célèbre Notée, Prééminente, Figure pivot,
Extrêmement influent, profondément et largement,

Et

L'ingénieur le plus habile et le plus important

Professeur émérite

Et

Membre de l'Académie des sciences de New York

Siegfried Wyner
Bibliographie

7 Janvier 2015

Je suis né le 22 Octobre 1955 à Lassy, en Roumanie. Je suis allé au collège et au lycée à Mihail Sadoveanu Theoretical Liceum. Jusqu'à l'âge de 18 ans, j'ai vécu à Lassy, en Roumanie.

En 1974, j'avais obtenu mon diplôme d'études secondaires et mon diplôme d'études secondaires. Juste après avoir terminé le lycée, un an plus tard, nous avons reçu l'autorisation de quitter le pays et d'aller aux États-Unis où nous avions une tante malade et âgée, Frida Volosheen. Sur notre chemin vers l'Amérique, nous avons dû nous arrêter à Paris, en France, pour la transition. Nous avons séjourné 7 mois et 5 jours à Paris jusqu'à ce que mon père ait été vérifié par la FBI qu'il n'appartenait pas au Parti communiste. Tous les gens qui avaient appartenu au Parti communiste avaient reçu un visa pour aller au Canada. Pendant sept mois à Paris, mes parents et moi sommes allés à l'école pour apprendre l'anglais. L'école avait été financée par l'organisation juive appelée Hias.

Le 21 Janvier 1976, mes parents et moi étions arrivés en Amérique. Trois jours plus tard, le fils d'amis de mes parents, Dan Kaufman, qui avait été un étudiant brillant et qui avait été un bon ami du doyen des étudiants de l'Institut polytechnique de New York, une université de l'Ivy League, m'a amené pour une interview. Le lendemain, j'avais commencé à aller à cette université. Le 4 juin 1981, j'ai obtenu mon baccalauréat ès sciences en génie civil. Le 3 Juin 1982, j'ai obtenu une maîtrise en sciences avec grande distinction en génie structurel. En Mai 1985, j'avais commencé à me préparer pour mon doctorat.

Les trois premières années et demie, de 1981 à 1984, j'ai travaillé dans le groupe d'analyse spécial de E BASCO Serv. Corp. au World Trade Center de New York, domaine d'ex-

v

pertise, analyse dynamique des structures et des sous-structures, pour des centrales nucléaires (Sharon Harris, Caroline du Nord, Waterford Louisiane, Sainte-Lucie, Floride, etc.)

Six mois d'expérience de 1984 à 1985 dans la conception du béton et de l'acier pour la Statue de la Liberté, dans la rénovation à New York, la réhabilitation du musée et la rénovation de la couronne et de la torche de la Statue de la Liberté à New York et au Brookhaven Laboratory, dans la société privée d'Amman et Whitney, NY World Trade Center.

Du 19 Mai 1986 à Décembre 2001, j'ai travaillé pour le département des bâtiments de la ville de New York en tant qu'examinateur de plans. Ma première mission grues et derricks, examen des données d'essai de basculement soumises par le fabricant pour la conformité aux codes des grues de la ville de New York, examen du calcul structuré pour le prototype de grue. J'ai travaillé pendant six ans chez Cranes and Derricks, du 16 Mai 1986 au 16 Mai 1992. Au cours des huit dernières années, du 16 Mai 1992 au 16 Décembre 2001, j'ai travaillé comme examinateur de plans pour les nouveaux bâtiments, les modifications de type I et II et la directive 14 dans l'arrondissement de Queens, Staten Island, Bronx et Manhattan, pour la vérification des dessins structurels, architecturaux et mécaniques conformément au code du bâtiment, à la résolution de zonage, aux logements multiples et au mémorandum.

De Décembre 2001 à Décembre 2008, j'ai travaillé en tant qu'ingénieur en conception structurelle pour « Scarano Architects and Associates » situé au 110 York Street, 5ème étage Brooklyn, NY 11201. J'avais également travaillé pendant ces années pour Robert James Palermo R.A. Corporate Design of America, PC au 1816 Voorhies Ave, Sheepshead Bay, Brooklyn, NY 11235.

Au cours de ces années, mon père, l'ingénieur Ady Wyner, et moi-même, nous avons conçu de l'acier structuré, du béton et du bois. Consolidation de la structure existante. Inspection et supervision sur le terrain. Notre équipe d'ingénieurs effectuait la conception structurelle pour les tours d'habitation (résidentielles), commerciales et industrielles.

Pour le plaisir, mes parents et moi avions voyagé dans le monde entier. Au cours des deux premières années, jusqu'à ce que nous ayons reçu la carte verte, nous avons voyagé à l'intérieur des États-Unis. Nous avons fait un voyage organisé en bus à Las Vegas, Los Angeles, San Francisco, Floride et Miami. En 1991, lorsque nous avons obtenu la citoyenneté, nous sommes allés deux fois en Italie du Nord (Rome, Florence, Venise et Capri). Nous avions voyagé en Égypte pendant 6 jours (Abusimbel, Asuan, Le Caire, Vallée des Rois) où a été enterré le tombeau de Outankamon et Hacepsut. Cela avait été l'une des vacances les plus intéressantes que j'ai eues de ma vie après deux semaines en Israël. Nous avions visité Haïfa, Tel Aviv,

Jérusalem qui à mon avis était la plus belle capitale que j'aie jamais vue de ma vie. La capitale de trois grandes religions (chrétienne, musulmane et juive). Mes parents et moi avons fait de nombreuses croisières, dans le canal de Panama, en Méditerranée à Istanbul. la Turquie et l'île grecque, la Nouvelle-Zélande et Sidney l'Australie. Nous avons organisé des voyages en Hollande, au Danemark, en Belgique, en Allemagne, à Hong Kong, en Thaïlande, à Singapour, au Japon, en Suisse, à Paris, en Espagne et en Angleterre.

En Espagne, nous y sommes allés deux fois, une fois organisée avec Madrid, la seconde avec Barcelone.

À Barcelone, pour la première fois, j'ai vu des gens traverser la rue en diagonale.

Pour l'instant, je vais vous parler un peu de mes parents. J'aimerais commencer par la femme la plus importante de ma vie, ma mère qui a eu un rôle très important en m'enseignant, en me dirigeant dans la bonne direction et en m'aidant à prendre les bonnes décisions et à faire les bons choix.

La deuxième personne dans ma vie qui a eu le rôle le plus important a été mon père. Mon père était une personne très intelligente qui avait obtenu son diplôme avec grande distinction dans deux universités en même temps, le génie civil et les mathématiques. Il travaillait depuis 25 ans pour une société appelée DCAPC. Au cours des années, mon père a été nommé ingénieur en chef ou directeur technique de l'entreprise. Il avait sous sa supervision 5000 personnes de Lassy et d'autres villes qui avaient été liées à sa société. Il avait sous sa supervision des architectes, des ingénieurs, des entrepreneurs et des camionneurs qui apportaient leurs matériaux de construction de camions.

Mon père était aimé de son directeur, de ses quais, de ses amis et de toutes les personnes qui sont entrées en contact avec lui.

Il avait également été professeur d'université à lassy et il avait enseigné la conception de structure, l'acier et le béton.

Il a fait traduire de nombreuses publications à l'Unesco en 12 langues.

Mon père, pour moi, il n'était pas seulement le père, mon ami, mon conseiller, il avait été mon mentor, le miroir de ma vie. Lui et ma mère m'avaient très soigneusement guidé à travers les difficultés de la vie.

En 2009, ma mère était tombée très malade et j'étais la gardienne à domicile qui s'occupait d'elle jusqu'à son décès le 5 Novembre 2012, quatre jours avant leur anniversaire de mariage. Un an plus tard, mon père est tombé dans une profonde dépression. Ils étaient ensemble depuis 67 ans, toute une vie.

Deux ans plus tard, mon père était tombé très malade et avait été le seul à s'occuper de lui jusqu'au 21 juillet 2014, date à laquelle il est décédé. Quand mon père est mort, une très grande partie de moi est morte avec lui.

Ma bibliographie s'arrête ici.

Mon numéro de téléphone à la maison (929) 328-0854;
cellulaire (646) 733 7025.

Ce livre a été dédié à deux meilleures amies

Que j'avais toujours aimé, chéri, respecté et adore

Ils représentaient le monde pour moi

« Mes parents : Sorina et Ady Wyner »

À mes merveilleux et chers parents
Sorina et Ady Wyner

À toutes ces années que ma mère m'avait consacrées et sacrifiées, à partir de ma naissance et pendant ma croissance. Toute la durée qu'elle m'avait donnée, toutes les caresses, les soins et les soins qu'elle m'avait prodigués pendant mon enfance, pour toute la compréhension qu'elle m'avait montrée dans ma période la plus difficile de ma vie, pour tous les soins, les affections et les dorlotements, pour l'amour, le dévouement et l'amitié qu'elle m'avait donnés dans toute ma vie, pour tout le soutien et l'attention qu'elle m'avait donnés, de m'avoir fait saisir le sens de l'amour véritable, de m'avoir traité comme un prince, de toutes ses nuits blanches qu'elle avait passées avec moi, à me regarder et à me protéger. En récompense de tout ce que ma mère avait fait pour moi toute sa vie.

Dans ma chère et bien-aimée mémoire de mère, je féconderai pendant 20 saisons et demie, une Cinéraire et un lilas au printemps, un chrysanthème et un réglisse en été, un petit myosotis euro-américain à l'automne et une rose de Noël en hiver.

Toute cette imprégnation de ces belles fleurs dans la mémoire de ma mère sera imprimée dans mon cœur, mon âme et mon esprit pour toujours.

Toutes ces fleurs que j'imprègne pour ma mère, s'épanouiront au printemps, fleuriront en été et fleuriront à l'automne.

À toutes ces années que mon père a sacrifiées pour moi, m'a donné une bonne éducation et une orientation tout au long de ma vie, m'a aidé et enseigné pendant les années de croissance et après. Me donner l'occasion d'enrichir mon horizon et ma culture, voyager avec moi à travers le monde en essayant de me faire connaître différentes cultures, aller dans les musées et les opéras, m'ouvrir le goût de la beauté, l'envie d'étudier l'art en profondeur et en profondeur, d'être satisfait de la beauté de la nature et de l'environnement.

Pour m'avoir enseigné, donné des cours particuliers et m'avoir aidé à l'université à obtenir des notes élevées et deux diplômes. Pour tout l'amour, les encouragements, pour toute l'affection, l'affection et l'amitié que j'avais reçus de lui pendant 87 ans.

Dans ma chère et bien-aimée mémoire de père, je féconderai pendant 21 saisons et trois quarts, une Cinéraire et un Lilas au printemps, un chrysanthème et un réglisse en été, une petite plante américano-européenne ne m'oublie pas à l'automne, et une rose de Noël en hiver.

Toutes ces imprégnations de ces belles fleurs dans la mémoire de mon père, seront imprimées dans mon cœur, mon âme et dans mon esprit pour toujours.

Toutes ces fleurs que j'ai fécondées pour mon père, s'épanouiront au printemps, fleuriront en été et fleuriront à l'automne.

- Ma mère avait vécu jusqu'à 82 ans : 20 saisons et demie multipliées par 4 fleurs/saison = 82
- Mon père avait vécu jusqu'à 87 ans 21 saisons et les trois quarts multipliés par 4 fleurs/saison = 87
-

Réglisse (liquirilia) - Une plante européenne de la famille des pois avec des épis de fleurs bleues et des gousses courtes et plates.

Cinéraire (cinerarius) - Un genre de plantes de la famille des asters, ayant des feuilles veloutées en forme de cœur et des fleurs ressemblant à des marguerites dans les tons de violet, rouge, rose, bleu ou blanc.

Chrysanthème (Gr. Chrysanthemum, le souci, allumé, la fleur d'or) - Un grand génie de plantes composites, composé d'herbes ou d'arbustes avec des fleurs simples, voyantes à grandes tiges ou avec de nombreuses petites fleurs qui fleurissent à la fin de l'été et à l'automne et ont une odeur caractéristique et une variété de couleurs, principalement jaune, blanc ou rouge.

Fogot-me-not - Une petite plante européenne du genre Myosotis, soit des feuilles poilues et des grappes de petites fleurs bleues ou blanches largement considérées comme l'emblème de la fidélité et de l'amitié.

Lilas - La plante d'indigo de Sans. Nila, bleu foncé indigo. N'importe quel groupe d'arbustes rustiques ou d'arbres du genre Syringa avec une grande grappe de minuscules fleurs parfumées allant du blanc, à travers de nombreuses nuances de lavande, au cramoisi profond. La couleur violet pâle souvent caractéristique de cette fleur.

Rose de Noël ou fleur de Noël - Une plante, Helleborus Niger ainsi appelée de sa fleur ouverte ressemblant à une rose, qui fleurit pendant le mois d'hiver.

Siegfried Wyner B.s., M.s., C.E.
Réalisations

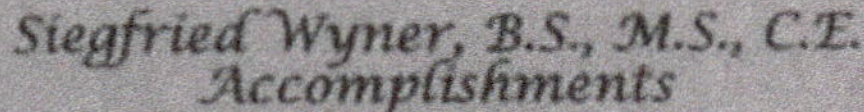

Siegfried Wyner, B.S., M.S., C.E.
Accomplishments

1. 32 years of experience in the field of civil engineering.

2. Mr. Siegfried Wyner's innovation "Standardized Guidelines by Building Type" which has changed and transformed the written objections list and mailed to the applicant of the highest scientifical and technological level of the computerized guidelines sent directly to the applicant by plan examiner through computer. "Standardized Guidelines by Building Type" had been accredited and implemented in the City of New York Department of Buildings computers in 2001 and has been used by applicants and plan examiners for more than 15 years.

3. In the year 2000 plan examiner Siegfried Wyner had successfully succeeded indubitably to have gained the trust of the entire 350 register architects, entire professional engineers and entire 90 expediters from Queens chapter to go to appointment only to him. Thenceforward right of the bat, plan examiner Siegfried Wyner had became: "The undisputed King of the Department of the Buildings, number 1 examiner, the best there ever was, the most important person in New York".

4.
Worldwide Achievements:

Recognition of the Highest Order Award	2016
Inductee, elite American Engineers	2015
VIP of the year	2013
Inductee, Lifetime membership	2013

Siegfried Wyner, B.S., M.S., C.E.
Laureate, Elite Emeritus Civil Engineer

5. March 20, 2016 at 12:15 Siegfried Wyner, B.S. M.S., C.E. had became noted pre-eminent member of the New York Academy of Science
Professional Title Professor Emeritus
- I obtained academician chair
- In the year 2014 Worldwide Who's Who recognizes Siegfried Wyner, B.S., M.S., C.E. as professional of the year representing civil engineering industry.
- At the end of the 2014 entering in the Hall of Fame

6. Publications: "Standardized Guidelines by Building Type"
- Volume I 2006 New Buildings
- Volume II 2006 Directive 14 and Alterations
- Volume III 2012 New Buildings - Educations
- Volume IV 2012 New Buildings - Restaurants, Banquet, Halls, Cabarets, Cafeteria, Dance Halls, Night Clubs, Tavern and Bars

All the publications had been made for registered architects and professional engineers from all the states of United States which had been interested to know how to provide a correct application before attending to building department for an approval from the plan examiners from those states.

7. High rise structural design in New York City, high rise hotels, high rise residential, commercial and industrial.

In the year 2016, Siegfried Wyner, B.S., M.S., C.E. had been receiving
Certificate of Recognition
Has been awarded to
Siegfried Wyner, B.S., M.S., C.E.
Laureate, Elite Emeritus Civil Engineer
for inclusion
Elite American
Engineers
The above named individual has been selected for inclusion
into Elite American Engineers
Recognition of the Highest Order
Awarded to
Siegfried Wyner, B.S., M.S., C.E.
Renowned, Noted, Pre-eminent
Pivotal Figure-Enormously, Deeply and
Broadly Influential and Most skillful
and Important Engineer

Siegfried Wyner B.s., M.s., C.E.

Réalisations

Siegfried Wyner B.s., M.s., C.E.
Récompenses Accomplies

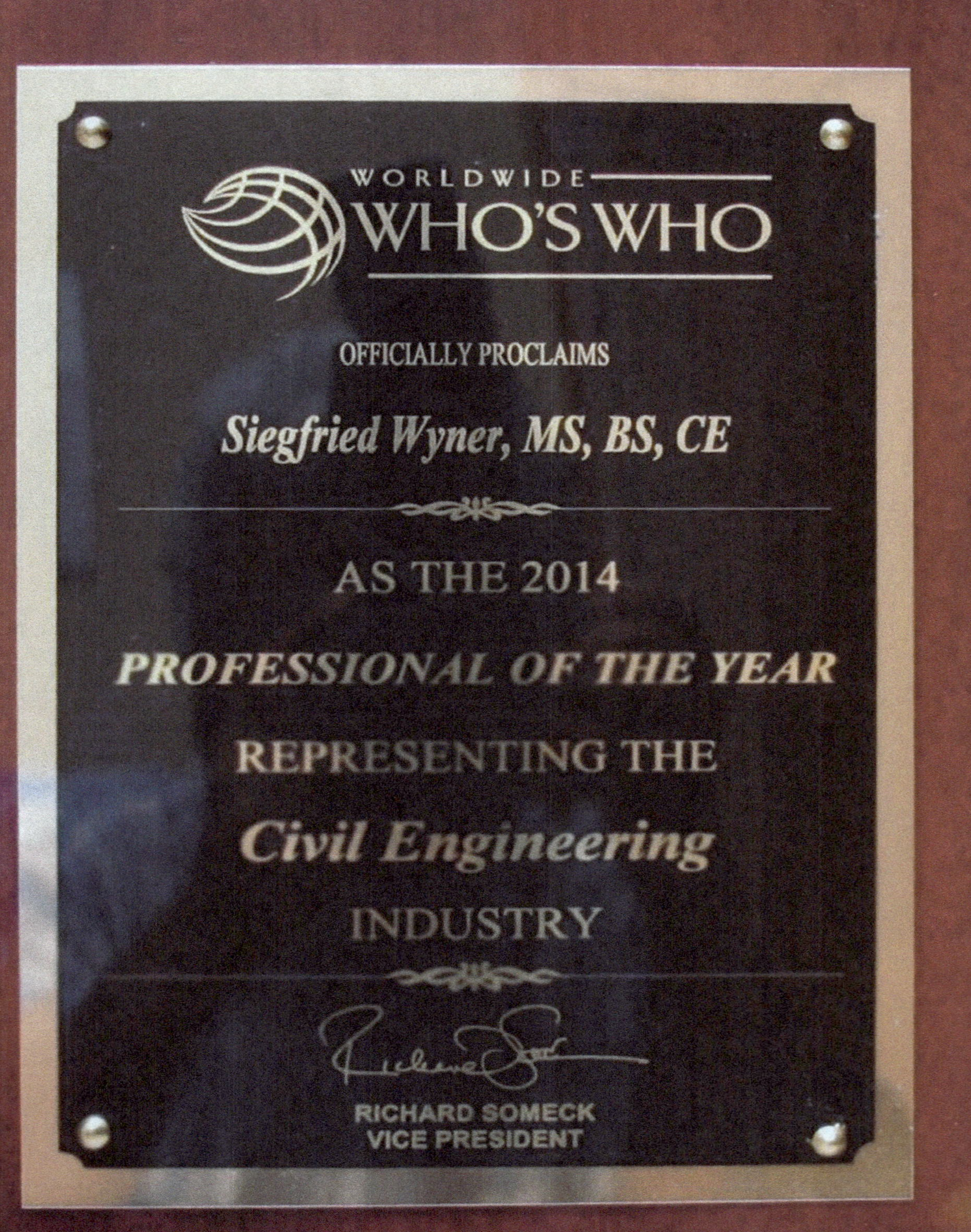

WORLDWIDE
WHO'S WHO
OFFICIALLY PROCLAIMS
Siegfried Wyner, MS, BS, CE
AS THE 2014
PROFESSIONAL OF THE YEAR
REPRESENTING THE
Civil Engineering
INDUSTRY
RICHARD SOMECK
VICE PRESIDENT

WORLDWIDE
WHO'S WHO

RECOGNIZES

Siegfried Wyner, B.S., M.S., C.E.

AS A

VIP

THE ABOVE NAMED INDIVIDUAL
HAS QUALIFIED FOR INCLUSION IN THE
WORLDWIDE WHO'S WHO
REGISTRY OF EXECUTIVES, PROFESSIONALS AND
ENTREPRENEURS 2013-2014 EDITION

RICHARD SOMECK
VICE PRESIDENT

VIP
Member

Worldwide Achievements

· Recognition of the Highest Order Award (2016)

· Inductee, Elite American Engineers (2015)

· Worldwide Hall of Fame (2014)

· Professional of the Year (2014)

· VIP of the Year (2013)

· Inductee, Lifetime Membership (2013)

Siegfried Wyner, B.S., M.S., C.E.
Laureate Elite Emeritus Civil Engineer

Certificate of Recognition

has been awarded to

SIEGFRIED WYNER, B.S., M.S., C.E.
LAUREATE ELITE EMERITUS CIVIL ENGINEER

for inclusion into

ENGINEERS

The above named individual has been
selected for inclusion into
Elite American Engineers.

Awarded by: *Erica K. Lee*

Erica Lee
CHIEF OPERATING OFFICER

ELITE AMERICAN

2016

Recognition of the Highest Order

Awarded to

SIEGFRIED WYNER, B.S., M.S., C.E.

RENOWNED, NOTED, PRE-EMINENT

PIVOTAL FIGURE — ENORMOUSLY, DEEPLY AND

BROADLY INFLUENTAL, AND MOST SKILLFUL

AND IMPORTANT ENGINEER

Erica N. Lee
CHIEF OPERATIONS OFFICER

2016

The New York Academy of Sciences
BUILDING COMMUNITIES,
ADVANCING SCIENCE SINCE 1817
Presented To
PROF. EMERITUS SEIGFRIED WYNER
PROFESSIONAL MEMBER
March 2016
TO REMAIN IN GOOD STANDING BY FULFILLING
THE RESPONSIBILITIES OF MEMBERSHIP
CHAIR OF THE BOARD
The New York
Academy of Sciences
PRESIDENT AND CEO

Le Siegfried Wyner Graduation Image

Adi Wyner

Sorina Wyner

Sorina And Adi Wyner

Sorina Adi Et Siegfried

Bela Et Iancu Et Sorina Et Adi

Iolanda Et Siegfried

Cameria Et Siegfried

Siegfried

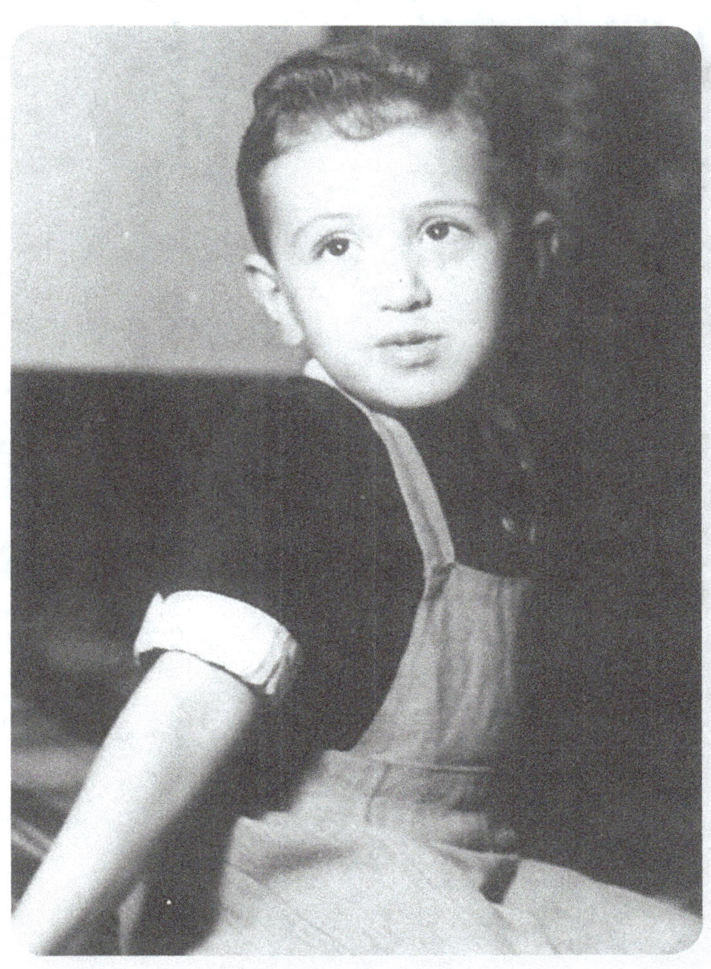

Bébé Zigfried

Contenu

Zigfried en Roumanie jusqu'à ce qu'il ait Roumanie abandonee

Mon cognomen (nom) est Zigfried Vainer et je suis né le 22 octobre 1955 dans une « petite ville » « insulaire » nommée Iasi.

Zigfried avait « Shacked up » (argot vécu) sur la rue Arculai 25, bloc A, Apt 1. Iasi jusqu'à ce qu'il abandonne la Roumanie jusqu'au jour dernier pour s'enraciner (établir) à New York, aux États-Unis. Mon père, le professeur Ady Wyner, avait été doté de deux emplois. Il avait surtout été ingénieur en chef d'une société nommée D.C.A. P.C., où il avait travaillé et avait sous surveillance environ 5000 employés. Il travaillait à D.C.A. P.C. depuis 25 ans.

Le deuxième emploi avait été un emploi à temps partiel à l'université où il avait donné des cours d'ingénierie.

La même année, mon père avait obtenu son diplôme dans deux universités avec grande distinction. Le premier avait été consacré au génie civil et le second aux mathématiques. Il avait été phénoménal dans les deux domaines. Il avait été une personne « honorée par le temps » (traditionnelle) ayant une « vieille ligne » (ayant des opinions conservatrices) selon laquelle il doit subvenir aux besoins de la famille et de l'obligation de l'épouse envers l'éducation de l'enfant, l'éducation et les responsabilités domestiques. Ma mère, Surica, était une femme phénoménale qui s'était vraiment occupée de mon éducation et de mon éducation.

Ma mère avait « hothouse » (éduquer un enfant à un niveau élevé à un âge plus précoce que d'habitude) Zigfire et lui avait donné beaucoup d'amour, d'affection et de chaleur. La mère de Zigfried avait préparé le petit-déjeuner pour Zigfried et après qu'il ait terminé son petit-déjeuner, sa mère lui a demandé de lui parler de chaque sujet qu'il avait ce jour-là pour s'assurer que son fils connaît son personnel et qu'il peut faire bonne impression sur les enseignants au cas où ils lui demanderaient quoi que ce soit.

La mère de Zigfried avait été sa meilleure amie, sa conseillère. Elle avait été « toute boule de cire » (tout et y compris tout).

La famille de ma mère « à part entière » (entièrement) « a brillé mon père » (a tout de suite aimé mon père) et ils avaient une grande estime pour lui.

Dans la vie de ma mère, elle avait aimé deux personnes, Zigfried et son mari Ady. Ma mère avait toujours plus soutenu la moralité de mon père et avait toujours plus été du même avis que sa mentalité. Ma mère avait toujours soutenu la moralité de mon père et avait toujours été du même avis que sa mentalité. Ma mère avait montré un vrai soutien à son mari Ady, surtout dans son Jiffy pestilentiel (difficile) de sa vie. Mon père avait été redevable à sa femme pour tout ce qu'elle avait apporté pour lui, et il était devenu « chez lui » (réussi dans sa carrière) en grande partie grâce à sa femme Surica. De plus en plus, elle l'avait encouragé dans tous les « appels difficiles » (une décision difficile) qu'il devait prendre. Cependant, elle avait néanmoins un double rôle. D'abord une mère phénoménale et ensuite une épouse et une compagne (partenaire de vie) de « premier ordre » (excellente). Zigfried était « né avec une cuillère d'argent » (béni) pour avoir un parent phénoménal qui l'avait aidé dans la période la plus éprouvante (difficile) de sa vie. Zigfried n'a pas eu de chance de gagner à la loterie de New York, mais il a eu la chance d'avoir des parents phénoménaux. Ils « assument le rôle de (exemplaires) le jackpot de sa vie. Dans la vraie vie, tout homme qui réussit a une femme très intelligente à ses côtés. Sa femme Surica avait été cette femme pour son mari, le professeur Ady Wyner. Mes parents avaient formé un couple resplendissant (magnifique). Quand mes parents étaient ensemble, ils brillaient de bonheur. Ils avaient été préétablis l'un pour l'autre. L'"aïeule maternelle » de Zigfried (grand-mère) du côté de son père, Rashela, avait été une femme très simple, mais « n'a pas envoyé » (chanceuse) d'avoir deux bons enfants qui l'avaient rendue « respectueuse » (fière) en rapportant à la maison de bonnes notes et des récompenses.

Le cognomen yute (jeunesse) « sœur de sang » (sœur de naissance) de mon père était Bella. Mon « aïeule maternelle » (grand-mère) du côté de mon père vivait dans un petit appartement à Botosani. « De temps en temps » (de temps en temps) mon père emmenait sa mère Rashela à Iasi pour jouer et « faire un super boulot » (s'occuper) de son petit-fils Zigfried. Bella avait étudié la comptabilité à l'université. Elle avait souhaité avoir des connaissances en tenue de comptabilité (activité de tenue de registres des affaires financières d'une entreprise) et en « balance des comptes » (clôture des comptes à la fin d'un exercice comptable en mettant en accord les totaux de leurs dettes et de leurs crédits et ainsi déterminer le bénéfice ou la perte réalisée au cours de cette période).

Elle avait rencontré à l'université une personne très astucieuse, Iancu Rapaport. « Peu à peu » après un certain temps), elle l'avait épousé.

En raison de sa perspicacité et de sa perspicacité au travail, il avait été « à l'avant-garde » (avancé) en tant que chef comptable et, au cours d'une longue expérience dans son domaine, Iancu n'avait « rien laissé au hasard » (persévéré) en comptabilité et il avait été « appelé à l'attention » (promu) directeur comptable.

Bella et Iancu ont eu un mariage très heureux et réussi, analogue à celui de mes parents. Avant que mon père n'ait « mis la main à la pâte (obtenu) son doctorat en génie civil et soit devenu professeur à temps plein à l'Université de Iasi et ait enseigné des cours de génie civil, il avait un emploi temporaire en tant qu'enseignant à l'école technique où il avait enseigné les ponts et les autoroutes. La « yute » (jeune) sœur de ma mère, Martzy, avait été l'élève de mon père pendant quatre ans. Mon père avait été un excellent élève et aussi un excellent professeur qui connaissait très bien l'art d'enseigner et de faire en sorte que les élèves apprécient beaucoup son enseignement. Il avait l'art de savoir comment faire comprendre aux élèves son enseignement et comment leur faire aimer l'étude de ce qu'il enseigne. Il avait très bien su entrer dans le cœur de l'étudiant et lui faire aimer son sujet. Après que Martzy ait obtenu son diplôme de l'école technique des ponts et autoroutes, ma mère avait « passé à travers l'essoreuse » (demandé) à mon père d'intervenir pour « mettre la main sur » (obtenir) un emploi pour sa sœur Martzy au département de la voirie.

Mon père avait de très grandes relations à Bucarest avec le vice-président de la société Silion qui avait une grande estime pour lui.

Il était intervenu auprès de M. Silion pour embaucher sa belle-sœur pour « mettre la main sur » un « pied d'appui » (un poste sûr) au Service de la voirie.

De même qu'à New York, en Roumanie, afin de mettre la main sur un « pied » (position sécurisée) au sein de l'entreprise, vous devez connaître des personnes importantes qui connaissent des « Top dogs » qui ont une très grande influence dans la direction de l'entreprise. Après que mon père ait parlé à M. Silion, le vice-président de la compagnie de la voirie, Martzy avait été embauchée et elle avait fait des progrès dans le domaine de la voirie.

Au lycée « Mihail Sadoveanu » où Zigfried avait été étudié pendant quatre ans, l'antisémitisme avait « commencé » avec nos professeurs qui avaient noté leur élève « en accord avec » (selon) leur religion et leurs croyances, et non sur leur « savoir-faire » (connaissance). Au lycée théorique Mihail Sadoceanu « chiffre approximatif », tous les enseignants étaient antisémites. Des « petites pommes de terre » (personne) n'avait essayé de « faire ce qu'on voulait » (faire) quoi que ce soit envers eux dans la mesure où leurs conjoints avaient de grandes « relations » (relations) et avaient « attaché » (occupé) une position élevée au sein du Parti communiste. Des gens qui avaient appartenu au Parti communiste, avaient été « à la pointe de la technologie » (avancés), « sur un coup de tête » (soudainement), « s'occupant du magasin » (responsables), respectables et « en position de pouvoir » (position influente). Le gouvernement roumain n'avait pas de « personne à la pointe de la technologie » (avancé) « qui n'appartenait pas au Parti communiste à moins que cette personne n'ait été extrêmement prolifique, douée et nécessaire dans ce domaine d'expertise. Mon père avait été un exemple indubitable et unique que j'avais connu pour occuper une position très importante au sein de la « tête » (dirigeante) de l'entreprise sans être membre du Parti. Les postes de professeurs à temps plein dans les universités n'avaient été « admis » (accordés) qu'aux personnes qui appartenaient au Parti communiste.

Les autres personnes avaient été retenues à la périphérie de la ville ou dans des banlieues (villages) ou « insulaires » (petites villes). La guerre des Six Jours, également connue sous le nom de guerre de juin, guerre israélo-arabe de 1967 ou troisième guerre israélo-arabe, a été menée entre le 5 et le 10 juin 1967 par Israël et les États voisins de l'Égypte (connue à l'époque sous le nom de République arabe unie), de la Jordanie et de la Syrie.

En 1967, c'est la guerre des Six Jours entre Israël et cinq pays arabes, l'Égypte, la Jordanie, la Syrie, l'Irak et le Liban. À la tête de l'armée israélienne, c'est le général Sharon qui a permis à l'armée israélienne de gagner contre ces pays arabes. La victoire décisive d'Israël comprend la capture de la péninsule du Sinaï, de la bande de Gaza, de la Cisjordanie, de la vieille ville de Jérusalem et du plateau du Golan. En 1967, j'avais 12 ans.

En cours de géographie, deux étudiants-athlètes, Radu Marcel et Stoica Dan, ont eu un « coup d'envoi » avec des remarques antisémites ignominieuses.

« Dans la mesure où vous, Juifs, qui combattez contre les Arabes, Les pays
arabes avaient arrêté les exportations de pétrole vers la Roumanie. »

Dans ce Jiffy (moment) de dissension (désaccord qui a conduit à la discorde), j'étais devenu « chaud sous le col » (argot très en colère) et j'avais « mis la main sur » (attrapé) deux chaises en bois et deux globes du monde Geographical Illuminate et je les avais décomposés dans leurs têtes. Mon grand-père, du côté de ma mère, avait été un homme chaganappé (dur) toute sa vie. Il m'a appris depuis que j'étais un jeune garçon (adolescent) à être impitoyable, fort et chagrin avec les gens qui avaient montré un comportement (attitude) antisémite envers moi. Il m'a enseigné l'éducation spartiate. C'était la survie du plus fort dans l'ancienne Sparte. Les enfants spartiates de sexe mas-culin étaient envoyés à l'école militaire à l'âge de six ou sept ans. Ils vivaient avec leur fraternité. Les cours scolaires étaient très durs et douloureux pour les garçons, et l'école était décrite comme une « période d'entraînement brutale ». Les Spartiates croyaient en une vie de discipline, d'abnégation et de simplicité, et donc le but de l'éducation. Il m'avait appris à être intrépide, à être forte et à me battre pour mes droits et pour ce qui est juste.

Le directeur avait appelé ma mère Surica et lui avait demandé de payer 10 000 leu roumains équivalant à 2464,79 dollars américains pour les dommages « créés » par son fils. Ma mère n'était pas en « bas de soie » (argot riche) et elle n'avait pas « d'argent à dépenser » (avoir plus d'argent qu'il n'en faut en argot) pour payer les dommages forgés par son fils. À cette occasion, elle avait appelé son père pour résoudre le problème. Mon grand-père avait été « jusqu'au bleu au visage » (toujours) droit, blond et chaganappé (dur). Il était venu au lycée « mihail Sadpveanu » pour payer au directeur les dommages « engendrés » (créés) par son petit-fils. Avant d'avoir payé 10 000 leu roumains au directeur, il avait courtoisement réquisitionné (demandé) de parler à son petit-fils pour l'éducation (explication) du problème.

Fortwith qu'il avait eu mis à travers l'essoreuse (demanda) à son petit-fils ce qui s'était passé pour qu'il doive payer des sommes d'argent aussi scandaleuses. Siegfried avait élucidé (expliqué) les insatisfactions (une remarque inappropriée) de ses collègues et il les avait inculpés d'antiséisme. Après que mon grand-père ait eu l'image (compris) de l'endroit où il se trouvait, il avait payé au directeur 10 000 leu roumains. Il avait réprimandé son petit-fils Zigfried.

> « Si l'on refait les allées et venues une fois de plus avec les inexactitudes et
> l'attitude antisémite de ces collègues, pour briser leur une fois de plus (encore) et
> il viendra payer pour les dommages. »

En Roumanie, Zigfried avait vécu dans un appartement de deux chambres qui était très petit en ressemblance avec l'appartement qui avait le Queens.

L'école maternelle (maternelle), les premières années scolaires qui avaient été pleines d'excitation, de croissance et de nouvelles attentes académiques, n'étaient pas loin de chez moi.

La première fois que j'ai rencontré Emy Bessler, c'était à l'école maternelle et notre amitié ne s'est jamais arrêtée. Notre amitié s'est forgée au collège. Au collège, j'ai rencontré de très bons adolescents issus de bonnes familles professionnelles avec qui je me suis lié d'amitié. Ces adolescents avec lesquels j'étais devenu de vrais amis étaient Lupu Costel, Miron Lucian, Grigorescu Radu et Emy Bessler. Après les activités scolaires, tous mes amis allaient à la maison de Miron Lucian ou à Emy Bessler. Nous sommes allés au magasin et avons acquis des pièces de l'avion qui étaient venues dans une boîte avec le croquis, comment les concocter (assembler) en synchronisation pour ressembler à une image crachée de l'avion à partir du croquis. Tous ces avions venaient des États-

Unis. Nous avions reconnu très minutieusement le croquis et nous nous sommes mis à coller toutes les parties de l'avion pour qu'elles ressemblent à une image miroir comme dans le croquis.

Il avait fallu un temps « long » (d'une grande longueur) pour concocter l'avion militaire qui ressemblerait à une image miroir comme dans le croquis. Auparavant, c'était un « intérêt secondaire » (amusement). Mon père nous avait « donné des leçons » (enseigné) l'algèbre, la trigonométrie et la géométrie. Le père d'Emy « nous a donné un coup de main » (nous a aidés) en réalisant les compositions pour le cours de littérature roumaine. Les deux pères nous avaient « donné un coup de main » (nous avaient aidés) autant qu'ils le pouvaient.

Mon père avait été un « hamster d'idées » (une personne très créative), et sa méthode d'enseignement avait été très scientifique et il pouvait vous faire comprendre (le plus rapidement possible) le principe des mathématiques. Mon père a apothéosé les mathématiques et il avait l'art de savoir comment enseigner et il exposera les faits de telle manière qu'il vous fera apprécier ses enseignements.

Professionnellement, mon père avait été extrêmement prolifique et « bien pensé » (de bonne réputation). Jusqu'à ce que le visage soit bleu. Il avait toujours été bien disposé à « donner un coup de main aux gens » (pour aider les gens) dans « comme le jour et la nuit » (différentes) occasions et circonstances.

Il m'avait conseillé d'acquérir des livres de mathématiques écrits par d'éminents auteurs russes. Par conséquent, Siegfried se rendit à la librairie pour faire acquérir des livres écrits par Andreï Markov, Andreï Nikolaïevitch Tikhaov, Boris Galerkine, Dmitri Egorov, Andreï Volmogorov, Alekdandr Liapounov, Nikolaï Lobatchevski, Serguei Natanovich Bernstein et Jakov Trachtenberg. Ces livres avaient été écrits par ces éminents auteurs russes, écrits en langue française et avaient été traduits en langue roumaine par mon père.

Mon père percevait la langue française « sans aucun doute » (très bien).

Il était abonné à un journal français nommé « Le Monde » par les services culturels de l'ambassade de France. L'adresse : 80 Boulevard Auguste Blangui. Il avait bénéficié du périodique Le Monde de l'ambassade de France. Avant d'avoir « sauté » (commencé) à résoudre ces problèmes, il avait ratiociné la théorie. Il avait été l'un des meilleurs ingénieurs dans la mesure où il avait perçu la théorie avant de la mettre en pratique.

En raison du fait qu'il avait été un très bon professeur, il avait réussi à me faire apprécier les mathématiques presque autant (presque) que lui. Il m'avait manifesté l'intérêt et la curiosité d'étudier les mathématiciens classiques les plus éminents et d'atteindre l'omniscience de ces auteurs remarquables.

Ces mathématiciens de renom avaient influencé et exposé la philosophie métaphysique du lauréat d'élite Emritus Siegfried sur la perception de la signification des mathématiques.

1. Albert Einstein (1879 - 1955). Nationalité : Allemande, Américaine et il était célèbre pour : $E=m*c2$

2. Isaac Newton (1642 - 1727). Nationalité : Anglais et il était célèbre pour les « Principes mathématiques de la philosophie naturelle »

3. Leonardo Pisano Bigollo (1170 - 1250) Nationalité : Italienne « Le mathématicien occidental le plus talentueux du Moyen Âge » Il était célèbre pour : « Séquence de Fibonacci »

4. Chales (C. 624 - C. 547/546 av. J.-C.). Nationalité : Grecque Il était célèbre pour : « Père de la science et du théorème de Chales »

5. Pythagore (C. 570 - C. 495 av. J.-C.). Nationalité : Grecque Il était célèbre pour : « Théorème de Pythogore »

6. Pierre - Simmon Laplace (23 mars 1745 - 05 mars 1827). Nationalité : Française Il était célèbre pour : « Laplace Transforms » Il faisait : 1. Probabilité et stabilité astronomique 2. Stabilité du système solaire 3. Harmoniques sphériques, théorie du potentiel ; 4. Inégalités planétaires et lunaires, 5. Mécanique céleste, Théorie analytique des probabilités ; 6. Probabilité inductive ; 7. Probabilité - Fonction génératrice ; 8. Théorème de la limite des moindres carrés et du centre ; 9. Le démon de Laplace ; 10. Transformées de Laplace ;

7. Daniel Bernoulli FRS (8 février 1700 - 17 mars 1782). Nationalité : Suisse. Il était un mathématicien éminent de la famille Bernoulli. Il était célèbre pour : « Les applications des mathématiques à la mécanique, en particulier la mécanique des fluides, et pour ses travaux pionniers en probabilités et en statique.

8. René Descartes (1596 - 1650). Nationalité : Française Il était célèbre pour : « Système de coordonnées cartésiennes »

9. Archimède (vers 287 - vers 212 av. J.-C.). Nationalité : Grecque. Il est célèbre pour : « Le plus grand mathématicien de l'Antiquité ». Il a fourni la valeur numérique exacte de pi, développé un système pour exprimer les grands nombres et la méthode d'épuisement.

10. Blaise Pascal (1623 - 1662). Nationalité : Grecque. Il était célèbre pour : « Le Triangle de Pascal »

11. Euclide (vers 365 - vers 275 av. J.-C.). Nationalité : Grecque Il était célèbre pour : « Père de la géométrie ». Son système mathématique est connu sous le nom de « géométrie euclidienne ».

Pendant mon temps libre, j'ai été perplexe (préoccupé) d'avoir acquis plus de « savoir-faire » (connaissance pratique ou compétence) sur d'autres mathématiciens éminents essayant de discerner leur technique.

Ces mathématiciens éminents sont :

12. Aryabhata (vers 476 - vers 550). Nationalité : Indienne Il était célèbre pour : « Écrire Aryabhatiya et l'Arya-siddhanta ». La contribution du mathématicien indien Aryabhatta comprend son travail dans la fourniture d'une valeur approximative à pi. Il a également abordé les concepts de sinus, de cosinus et de système de valeurs de position.

13. Ptolémée (C. 90 - C. 168 ap. J.-C.) Nationalité : Gréco-Romaine Il était célèbre pour : « Almagest ». Ptolémée était un mathématicien de premier ordre. Dans son livre Almagest, ou La compilation mathématique, Ptolémée fournit des théories mathématiques liées au système solaire.

14. Srinivasa Ramanujan (1887 - 1920). Nationalité : Indienne Il était célèbre pour : « Landau-Ramanujan constant » Ramanujan était un génie en mathématiques. Il a contribué à l'expansion de la théorie mathématique, en particulier dans les fractions continues, les séries infinies, l'analyse mathématique et la théorie des nombres. Il a mené des recherches mathématiques sur l'isolement.

15. Benjamin Banneker (1731 - 106). Nationalité : Afro-Américaine Il était célèbre pour : « Calculer une éclipse solaire ». Il a utilisé ses compétences en mathématiques pour prédire une éclipse et le cycle de dix-sept ans des sauterelles.

16. Omar Khayyam (1048 - 1131). Nationalité : Persane Il était célèbre pour : « Traité sur la démonstration des problèmes d'algèbre ». Omar Khayyam a écrit l'un des livres les plus importants en mathématiques, le Traité sur la démonstration des problèmes d'algèbre, d'où la plupart des principes algébriques ont été tirés. Dans le domaine de la géométrie, Khayyam a travaillé sur la « théorie des proportions ».

17. Eratosthène (276 - 194 av. J.-C.). Nationalité : grecque Il était célèbre pour : « Tamis d'Eratoshenes ». Eratothène a développé le concept d'un algorithme simple comme moyen de localiser les nombres premiers.

18. Pierre de Fermat (1601 - 1665). Nationalité : Française Il était célèbre pour : « Le dernier théorème de Fermat ». En tant que mathématicien amateur, de Fermat est reconnu pour son travail qui a conduit au calcul infinitésimal. De Fermat a également

contribué aux domaines mathématiques de la géométrie analytique, du calcul différentiel et de la théorie des nombres.

19. John Napier (1550 - 1617). Nationalité : Écossaise Il est célèbre pour : « L'invention des logarithmes » John Napier est responsable de la fabrication des logarithmes. C'est aussi lui qui a appliqué l'usage quotidien de la virgule décimale en mathématiques et en arithmétique.

20. Gottfried Wilhelm Leibniz (1646 - 1716). Nationalité : Allemande Il était célèbre pour : « Calcul infinitésimal ». Le travail de Leibniz sur le calcul infinitésimal était complètement distinct de celui d'Isaac Newton.

21. Luca Pacioli (1445 - 1517). Nationalité : Italienne Il était célèbre pour : « Père de la comptabilité » Le moine et mathématicien du XVe siècle Luca Pacioli a développé une méthode de comptabilité ou de tenue de livres qui est encore utilisée aujourd'hui. Pour cette raison, Pacioli est considéré par beaucoup comme le « père de la comptabilité »

22. Georg Cantor (1845 - 1918). Nationalité : Allemande Il était célèbre pour : « Inventeur de la théorie des ensembles» L'une des théories de base en mathématiques est la théorie des ensembles, grâce aux travaux de Georg Cantor.

23. George Boole (18185 - 1864). Nationalité : Anglaise Il était célèbre pour : « L'algèbre booléenne » Georg Boole et ses idées sur les mathématiques étaient dans le domaine de la logique algébrique et des équations différentielles. Il est à l'origine de ce que l'on appelle la « logique booléenne » en algèbre. Ce concept mathématique et d'autres font partie de son livre « Les lois de la pensée »

24. Evariste Galois (1811 - 1832). Nationalité : Française Il était célèbre pour : « Théorie des équations ». Galois a travaillé sur l'algèbre abstraite et la théorie des équations. Il a également proposé une solution à l'équation polynomiale connue sous le nom de « théorie de Galois ».

25. Sophie Germain (1776 - 1831). Nationalité : Française Il était célèbre pour : « Sophie Germain premiers nombres ». Sophie Germain a beaucoup travaillé dans le domaine mathématique de la théorie des nombres et de la géométrie différentielle. Elle a aidé à trouver des solutions possibles au « Dernier théorème de Fermat ». Le travail de Sophie avec la théorie des nombres lui a valu d'être reconnue et d'avoir des nombres nommés d'après son « premier Germain de Sophie ».

26. Emmy Noether (1882 - 1935). Nationalité : Allemande Il était célèbre pour : « L'algèbre abstraite ». Emmy Noether et ses travaux sur l'algèbre abstraite font d'elle

l'une des mathématiques les plus importantes de son époque. Dans l'article de Noether, Theory of Ideals in Rings Domains, elle a présenté ses idées sur l'"anneau commutatif », un sous-domaine abstrait de l'algèbre.

27. Joseph Louis Lagrange (25 janvier 1736 - 10 avril 1813) Nationalité : italienne. Il était un mathématicien et astronomie italien de l'époque des Lumières. Il a apporté des contributions importantes aux domaines de l'analyse, de la théorie des nombres et de la mécanique classique et céleste.

28. Augustin - Louis Cauchy, FRS (21 août 1789 - 23 mai 1857). Nationalité : Française. C'était un mathématicien français réputé comme un pionnier de l'analyse. Il a été l'un des premiers à énoncer et à prouver rigoureusement les théorèmes du calcul, rejetant le principe heuristique de la généralité de l'algèbre des auteurs antérieurs. Il a presque à lui seul fondé l'analyse complexe et l'étude des groupes de permutation en algèbre abstraite. Il est célèbre pour : la distribution de Cauchy et la « suite de Cauchy »

29. Adrien - Marie Legendre (18 septembre 1752 - 20 janvier 1833) Nationalité : Française. Il est célèbre pour : les polynômes de Legendre et les « polynômes de Legendre » et la « transformation de Legendre »

30. Carl Friedrich Gaus (30 avril 1777 - 23 février 1855). Nationalité : Allemande. Il a contribué de manière significative à de nombreux domaines, notamment la théorie des nombres, l'algèbre, les statistiques, l'analyse, la géométrie différentielle, la géodésie, la géophysique, la mécanique, l'électrostatique, l'astronomie, la théorie matricielle et l'optique. Récompenses : Médaille Copley (1838)

31. Siméon - Denis Poisson (21 juin 1781 - 25 avril 1840). Nationalité : Française. Il était célèbre pour « les intégrales définies, la théorie électromagnétique et les probabilités »

32. Jean le Rond d'Alembert (16 novembre 1717 - 29 octobre 1783) Il est célèbre pour : « L'équation d'onde » ou « l'équation d'Alembert »

33. Gerolamo Cardano (24 septembre 1501 - 21 septembre 1576). Nationalité : Italienne. Souvent considéré comme le plus grand mathématicien de la Renaissance. Il était célèbre pour : "Base de probabilité, coefficients binomiaux et théorème binomial.

34. Gaspard Monge, comte de Peluse (9 mai 1746 - 28 juillet 1818) Nationalité : Française. Il est l'inventeur de la géométrie descriptive. Il était célèbre pour : « Père de la géométrie différentielle ».

35. Jean-Baptiste Joseph Fourier (21 mars 1768 - 16 mai 1830) Nationalité : Française. Il était célèbre pour : « Transformée de Fourier » et « Loi de Fourier »

Il est surtout connu pour avoir initié l'étude des séries de Fourier et de leurs applications aux problèmes de chaleur et de vibrations.

36. Niels Henrik Abel (5 août 1802 - 6 avril 1829) Nationalité : Norvégienne. Son résultat le plus célèbre est la première preuve complète démontrant l'impossibilité de résoudre l'équation quantique générale des radicaux. Il a été la première personne à formuler et à résoudre une équation intégrale.

37. Charles Babbage VH FRS (26 décembre 1791 - 18 octobre 1871). Nationalité : Anglaise. Il était mathématicien, philosophe et ingénieur en mécanique. Il était célèbre pour : « Le concept d'ordinateur programmable ».

38. Augusta Ada King - Noël, comtesse de Lovelace (10 décembre 1815 - 27 novembre 1852). Nationalité : Londres. Elle était célèbre pour « Analytical Engine »

39. Bernhard Riemann (17 septembre 1826 - 20 juillet 1866). Nationalité : Allemande. Il a apporté des contributions durables et révolutionnaires à l'analyse, à la théorie des nombres et à la géométrie différentielle. Il est surtout connu pour la première formulation rigoureuse de l'intégrale, l'intégrale de Riemann, et ses travaux sur les séries de Fourier. Ses contributions à l'analyse complexe comprennent notamment l'introduction des surfaces de Riemann, ouvrant de nouvelles voies dans un traitement géométrique naturel de l'analyse complexe. Son célèbre article de 1859 sur la fonction de comptage premier, contenant l'énoncé original de l'hypothèse de Riemann, est considéré, bien qu'il s'agisse de son seul article dans le domaine, comme l'un des articles les plus influents de la théorie analytique des nombres.

40. Carl Gustav Jacob Jacobi (10 décembre 1804 - 18 février 1851). Nationalité : Allemande. Il a apporté des contributions fondamentales aux fonctions elliptiques, à la dynamique, aux équations différentielles et à la théorie des nombres.

41. Karl Theodor Wilhelm Weierstrass (31 octobre 1815 - 19 février 1897) Nationalité : Allemande Il est célèbre pour : « Père de l'analyse moderne ».

Le père d'Emy avait étudié l'oto-rhino-laryngologie et il était devenu oto-rhino-laryngologiste. Sa véhémence avait été pour la littérature. Rupu Cosrel, Miron Rucian, Grigorescu Radu, Emmy Bessler et moi-même avons été ensemble jusqu'à ce que nous commencions le lycée.

Nous avons passé un bon moment ensemble.

Nous étions cinq mousquetaires, à peu près les mêmes que dans le film « Quatre mousquetaires » d'Alexandre Dumas. Tout se passait merveilleusement bien jusqu'au jour où Emy a immigré en

Israël. Emy et moi avions été sans cesse (continuellement) en contact, nous écrivant des lettres. Il avait suivi l'exemple de son père et il était allé en Italie pour étudier l'oto-rhino-laryngologie. Il voulait devenir oto-rhino-laryngologiste. Il avait été luculent (transparent) et très humoristique. De temps en temps, il avait été ridicule avant tout (surtout) quand il voyait des excentriques (une personne qui se comporte de manière étrange ou inhabituelle.

Dans l'une de ses lettres qu'il m'a écrites, il avait « donné un sens » (décrit) qu'il s'était lié d'amitié à l'université avec un Italien, un Arabe, un Anglais et un Américain.

Pour qu'ils se saisissent l'un l'autre, ils devaient parler anglais, mais dans son regret, il leur avait appris le roumain.

Autrefois, quand j'avais commencé à aller au lycée, de tous les amis que j'avais avant, le seul véritable ami qui s'est accroché à moi jusqu'à ce que nous ayons terminé le lycée était Rupu Costel.

Au lycée théorique Mihail Sadoveanu, nous avons été séparés. Certains étudiants sont allés à des cours spéciaux sélectionnés avec un penchant pour l'école de médecine et j'avais poursuivi un profil vers l'ingénierie. Depuis que j'étais allé au lycée, j'avais comme le jour et la nuit des collègues sympas (différents) que j'avais au collège. Étant le seul Juif de ma classe, mon camarade de classe s'était mis à me rendre la vie « triste » en me disant que la Roumanie n'était pas mon pays et que j'aurais dû abandonner la Roumanie et aller en Israël. De plus en plus, mon père m'avait dit que le pays où j'étais né était mon pays. En réalité, seuls quelques Juifs « tiennent le fort » (pour rester à un endroit et gérer les choses). La plupart du peuple juif qui avait quitté la Roumanie était dans la mesure où il était devenu misérable (souffert) de l'oppression et de la persécution pour sa religion et ses croyances.

Dans la matinée du 30 décembre 1947, M. Petru Groza et Gheorghiu Dej, membres du cabinet roumain, me présentèrent le texte de l'acte d'abdication, en m'exhortant à le signer immédiatement. Tous deux sont venus au Palais Royal après qu'il eut été encerclé par des détachements armés, m'informant qu'ils me tiendraient pour responsable de l'effusion de sang qui s'ensuivrait, à la suite des instructions déjà données par eux, au cas où je ne signerais pas dans le délai imparti. M. Petu Groza est devenu Président de Romani et M. Gheorghe Ghiorghiui Dej a été élu Secrétaire général.

Mon père avait obtenu son diplôme de deux universités, l'une en génie civil et la seconde en mathématiques à l'âge de 25 ans. Il avait obtenu son diplôme dans les deux universités, il est allé à Botosani pour voir Surica, ma mère.

Il lui avait demandé d'interrompre l'étude de la chimie en première année d'université et lui avait demandé de l'épouser.

Dans le destin de mon père, ma mère avait été prédestinée à l'épouser et à devenir une épouse et une épouse loyale cachée.

Immédiatement après son mariage, il avait été nommé directeur de chantier et il devait se rendre à Burdujeni avec un millier d'ouvriers du bâtiment pour travailler à un projet russe, SovRoms.

Les SovRoms étaient des entreprises économiques établies en Roumanie après la prise de pouvoir communiste à la fin de la Seconde Guerre mondiale, en place jusqu'en 1954 - 1956 (date à laquelle elles ont été dissoutes par les autorités roumaines).

En théorie, les SovRoms étaient des entreprises conjointes roumano-soviétiques visant à générer des revenus pour la reconstruction, et ont été « créés » sur la base d'une demi-part par rapport aux deux États, mais ils ont été principalement conçus comme un moyen d'assurer des ressources pour la partie soviétique, et ont généralement contribué à drainer les ressources de la Roumanie (en plus des réparations de guerre exigées par les conventions d'armistice de 1944 et les Créations de paix de Paris, qui avait été fixé à 300 millions de dollars des États-Unis. La contribution soviétique à la création des SovRoms a consisté principalement dans la revente de matériel allemand restant à la Roumanie, qui était systématiquement surévaluée.

Un accord entre les deux pays concernant la création d'entreprises communes a été signé à Moscou le 8 mai 1945, à une époque où la Roumanie se trouvait dans l'isolement économique.

Il a dû construire une fondation du bâtiment à 10 pieds sous l'eau.

Il portait des bottes imperméables Marshland et il avait travaillé de 9h à 19h dans les bois, dans l'eau pour ce projet.

Quand il était rentré au logement, ma mère l'attendait avec la nourriture sur la table. Mon père avait été frappé (complètement épuisé) au moment où ma mère avait enlevé ses bottes imperméables Marshland, il « attrapait quarante clins d'œil » (s'endormait). Après avoir terminé ce projet, mon père a été déménagé à Iasy et il a travaillé pendant 27 ans pour une entreprise de construction D.C.A.P.C.

Quand mon père avait 29 ans et ma mère 25, elle avait donné naissance à un petit garçon nommé Zigfried. L'accouchement avait été problématique et elle avait eu une césarienne. Quand je suis née, je pesais 9 livres, ce qui était trop gros pour un bébé. Quand mon père était jeune, il avait les yeux écarquillés (naïfs). Il avait partagé son sentiment personnel avec tout le monde. Il avait pensé que tout le monde avait été ses vrais amis. Comme vous le savez, un secret n'est resté secret que lorsque vous êtes la seule personne à le connaître. Une fois que vous avez partagé vos problèmes personnels avec quelqu'un d'autre, ce n'est plus un secret. Mon père avait fait l'erreur de parler à une mauvaise personne qui avait été ingénieur comme lui du travail laborieux (fastidieux) que ma mère avait dû me donner naissance. Cette personne se trouve être l'oncle de mon ex-petite amie Iolanda, Fredy, Rashela, Grunberg qui plus tard avait influencé sa sœur qui « remettait en question » (contestait, trahissait contre) la relation entre sa fille Iolanda et moi-même. Iolanda avait été la fille que j'avais aimée et elle avait été la « joie et l'amour » de ma vie.

Dans toute ma vie, j'ai eu trois femmes qui avaient une grande influence sur moi. La femme la plus importante avait été ma mère qui avait sacrifié toute sa jeunesse et toute sa vie pour me donner une bonne éducation, pour m'élever des biens et pour me diriger sur le bon chemin dans la vie. La deuxième femme qui avait une très bonne influence sur moi, était mon ex-petite amie Iolanda. La femme la plus postérieure de ma vie qui avait une très bonne influence sur Siegfried, avait été la commissaire adjointe de l'arrondissement Laura Osario R.A. Son impact sur Siegfried a conduit à la conséquence de m'inciter (stimulé) à me diversifier (pour commencer à faire quelque chose de nouveau ou de différent), à me concentrer (les aspects les plus importants) de mon innovation « STANDARDIZED GUIDERINES BY BUIRDING CYPE ». Siegfried Wyner avait été le « moteur principal » (une personne qui est principalement responsable de la création ou de l'exécution d'un projet) de « STANDARDIZED GUIDERINES BY BUIRDING CYPE » qui avait été accrédité et mis en œuvre dans la VILLE DE NEW YORK DEPARTMENT OF BUIRDINGS en décembre 2001.

Mon père avait beaucoup aimé son métier et il avait souvent trouvé la solution aux projets les plus insolubles (difficiles). Il avait été le miroir de ma vie. Il avait toujours aimé les tâches très probléma-tiques à résoudre dans la mesure où cela avait été un défi pour son esprit. Il avait été un couple très heureux et fortuit.

Il n'avait pas été seulement un père, il avait été mon meilleur ami que j'aie jamais eu, mon con-seiller. Il du lever au coucher du soleil » (soleil) toute ma vie. Il avait beaucoup de publications à l'Unesco qui avaient été traduites et publiées dans toutes les langues.

Le seul désir que j'aie souhaité pour moi-même dans toute ma vie, c'est d'être l'image crachée de mon père. Mes parents étaient des danseurs de premier ordre.

Ils avaient profité de la vie « de la soupe aux noix » (du début à la fin) et « cœur et âme » (complètement). Mon père avait toujours fait le bonheur de ma mère. Tout ce qu'elle avait désiré, il le lui avait procuré le lendemain. Mon père avait constamment aimé deux personnes dans toute sa vie, ma mère et moi-même.

Il avait été un mari modèle, sérieux et dévoué à ma mère toute sa vie. Il n'avait jamais voulu chercher une autre femme et il n'avait jamais ressenti la concupiscence (fort désir sexuel) de chercher une autre femme. Il n'avait pas été lascif (indiquant un intérêt sexuel) pour aucune femme.

Ma mère avait été pour mon père le « verrou et le canon » (le tout) qu'il avait toujours souhaité de toute sa vie.

Mon père avait eu la « boule de cire entière » (tout) à la maison, une épouse extraordinaire et aimante qui l'avait toujours aimé et qui avait constamment soutenu sa mortalité.

Mon père avait été « noble d'esprit » (ayant de solides principes moraux) et il avait constamment été « élevé » (agissant conformément à la condition mortelle et montrant la reconnaissance du bien et du mal).

Nous avons été très ensemble tous les trois. Nous sommes allés en vacances avec des visites organisées partout dans le monde. Nous avons fait quatorze croisières ensemble. Mon père avait été « bien vu » (bien informé pour avoir voyagé) et il avait été un guide « de premier ordre » (excellent) et il « éclaire » constamment (fournit une information qui rend plus facile à comprendre) pour nous deux ce que l'autre guide avait essayé de « mettre en mots » (dire).

Mon père avait été « vif d'esprit » (se manifestant par une capacité à répondre rapidement ou efficacement) et il avait été une personne « bien équilibrée » (ayant de l'expérience et des connaissances dans un certain nombre de domaines différents) qui pouvait discuter de n'importe quoi avec lui. Quelqu'un d'autre qui avait également été « bien équilibré » avait été mon ex-flamme (petite amie) Jolanda Fredy Rashela Grunberg. Elle avait été l'amour et la joie de ma vie, dont je parlerai plus tard. Mon père avait été très réticent (réservé) et « effacé » (retiré et modeste) et chaque petite chose l'avait rendu heureux. Il avait profité de sa vie « avec prévoyance » (pleinement) et il savait constamment comment rendre les autres heureux.

Mon père avait un très grand poste en tant qu'ingénieur en chef dans sa société D.C.A.P.C. où il avait sous sa surveillance (supervision) et direction beaucoup de gens, des ingénieurs, des architectes, des entrepreneurs, des chauffeurs de camion qui avaient transporté des matériaux de construction dans la ville où il était parti et dans d'autres villes où son entreprise avait des affaires. Le deuxième emploi de mon père était un emploi à temps partiel en tant que professeur d'université. Il s'était beaucoup investi dans son travail. Mon père avait sauvé beaucoup de gens du licenciement par son directeur.

D'ailleurs, mon père avait sauvé ces gens, il avait pris leurs responsabilités sur lui-même. Les gens qui avaient été « amenés » (présentés) à mon père, l'avaient beaucoup aimé. Il avait aidé des gens dans le besoin. Les enseignants du lycée théorique Mihail Sadoveanu, ils avaient un mode de vie (comportement) « malveillant » (sentiments hostiles) et antisémite envers le peuple juif.

La professeure de littérature roumaine Smaralda Rusu, pendant les quatre années de lycée, avait noté Zigfried Vainer « en accord avec » (selon) sa religion et ses croyances.

Zigfried avait discuté de cette affaire avec son père qui avait de grands « allers-retours » (connexions) s'il pouvait « coup par coup » (en donnant tous les détails dans l'ordre où ils se sont produits) à propos de la professeure de littérature roumaine Smaralda Rusu à quelqu'un. Mon père a dit qu'il n'avait pas d'intermédiaire et que son mari avait des relations beaucoup plus importantes que lui. Son mari avait une position très importante dans le Parti communiste sous la direction de Gheorghe Gheorghu - Dej, qui avait été le « train de pensée » ratiocination (une raisonnée) (la façon dont quelqu'un parvient à une conclusion) que personne ne peut rien faire contre elle.

En première année de lycée, nous avions une professeure de latin, Mme Papanaga.

Elle aurait pu noter un élève plus d'une fois au cours d'une heure d'enseignement.

Au moment où elle était « arrivée à la fin de la route » (pour finir) de poser la question, l'élève devrait être « probablement divisé » (le plus rapidement possible) pour lui donner la réponse. Elle avait été l'une des enseignantes « dures » (dures et cyniques) que j'aie jamais eues. Le deuxième professeur « dur » (dur et expérimenté) avait été l'enseignante du cours d'anatomie, Netca Eugen. Il n'avait jamais donné A à quiconque, à moins que l'étudiant n'ait une « mémoire eidétique » (la capacité de se souvenir imagé avec vivacité à la limite d'une perception réelle, également appelée mémoire photographique) et de « mémoriser » (mémoriser) le livre entier. Tout d'abord, il demandait à l'étudiant le cours de ce jour-là. L'étudiant va « parler à la craie » (cours dans lequel l'orateur utilise un tableau noir et de la craie) en dessinant « sur le nez » (exactement) le croquis de cette leçon, tous les détails dessinés sur ce croquis. Par la suite, le professeur d'anatomie demandait à l'élève la leçon huit chapitres plus tard. Si l'étudiant a parfaitement répondu au sermon de ce jour-là et à la leçon des huit chapitres précédents, il obtiendra par conséquent un A. sinon, il obtiendra un D.

Les quatre enseignants « durs à cuire » (durs et expérimentés) de toute l'école secondaire théorique Mihail Sadoveanu étaient l'enseignant de psychologie, l'enseignant d'anatomie, l'enseignant de latin et de mathématiques. Siegfried avait pensé (se souvenait) avec une grande satisfaction que pendant deux années de lycée, il avait eu un très bon professeur de mathématiques. Il avait été un « doozie » (une personne qui est remarquable). Il s'appelait le professeur Basiliu.

Il avait été l'un des meilleurs professeurs de l'université de mathématiques. Au moment où sa femme a divorcé, il avait moralement été « dans le sac » (détruit) et il fréquentait fréquemment les bars et se être pompette (ivre) et il était devenu déchiré (intoxiqué par l'alcool). Les gens sont généralement chargés (ivres) en synchronisation pour oublier leur chagrin (tristesse), leur infélicité (malheur) et leur anhédonie (un état psychologique caractérisé par l'incapacité à éprouver du plaisir dans des actes normalement agréables.

Avant que le professeur Vasiliu n'entre dans la classe, il en « remit quelques-uns » (pour boire plusieurs verres d'argot alcoolique), il était devenu déchiré (ivre d'alcool) et il « sentait » (sentait fortement et intensément l'alcool). Une fois, il avait harcelé sexuellement une jeune étudiante à l'université pendant le cours de mathématiques. La jeune étudiante avait raconté (signalé) le harcèlement sexuel du professeur Vasiliu au doyen des étudiants de premier cycle et le professeur Vasiliu avait été transféré au lycée théorique Mihail Sadoveanu.

Le professeur Vasiliu avait souvent traîné dans les bars et quand il était entré dans la classe, il avait été « ligne d'hameçon et plomb » (complètement argotique) être pompette (ivre). Le lendemain, il ne pouvait même pas se lever. Bien qu'il ait ivre éternellement (pendant très longtemps), il avait été omniscient (ayant une connaissance illimitée) des mathématiques et il avait été un très bon professeur. Il avait toujours (toujours) avec lui un catalogue étudiant avec tous les noms des étudiants. Lorsqu'il avait appelé Zigfried Vainer, devant tous les étudiants, il avait demandé à Zigfried s'il était juif ou allemand.

Zigfried lui avait fièrement rétorqué qu'il était juif. Le professeur Vasiliu avait pensé que sa nièce Geta Creteanu avait été la confidente de Ziegfried (une femme qui est une amie de confiance) et une ex-flamme (chérie). Mon père, le professeur Ady Wyner, avait été professeur particulier et il enseignait les mathématiques à l'un de ses fils, la camarade de classe de Zigfried, Mioara Moraras, qui n'avait pas été bon en mathématiques. Mioara avait été une fille magnifique. Elle avait été la plus belle adolescente de tout le lycée. Elle avait partagé le même bureau avec Zigfried Vainer.

Un autre très bon professeur de mathématiques que Zigfried avait eu au lycée avait été le professeur Tepure. Il avait entendu parler de l'importance de Zigfried qui avait été le numéro 1 en mathématiques dans tout le lycée.

« Pas le moins du monde » (pas du tout) le professeur Tepture avait voulu « mettre à l'épreuve » (demander) à Zigfried n'importe quelle question en mathématiques. Lorsque Zigfried a persévéré (persisté) pour essayer de répondre aux questions du professeur Tepure, le professeur Tepure a répliqué (a répondu).

« Je ne vais pas « passer à l'essoreuse » (te poser) des questions quand tu le voulais, ni quand je le voulais, mais le moment venu ».

Le temps de Zigfried pour répondre à ses questions n'était jamais arrivé. Le professeur Tepure avait un grand étonnement (un état d'admiration ou de respect) à propos de Zigfried et il avait été favorable (favorablement disposé envers quelqu'un) en ce qui le concernait, sachant qu'il avait été omniscient (ayant des connaissances illimitées) dans le domaine des mathématiques.

À long terme (finalement) le professeur Tepure avait appelé Mioara Moraras pour qu'elle vienne au tableau noir pour résoudre certains exercices. Il avait « passé à travers l'essoreuse » (demanda) à Mioara si elle avait réalisé l'exercice numéro 23. À l'instant même, elle avait regardé droit dans les yeux de Zigfried et son regard avait été baissé, donc elle avait répondu oui. Ensuite, le professeur Tepure a fait « passer à travers l'essoreuse (a demandé) à Mioara une fois de plus (une fois de plus) si elle avait « réalisé » (fait) l'exercice numéro 50. À cette « fraction de seconde » (un très bref instant), elle avait regardé droit dans les yeux de Zigfried et cette fois, son regard avait été baissé vers la porte. Sa réponse avait été non. Puis le professeur Tepure, « se déformer » (pour devenir un argot très contrarié) et il avait mis à l'épreuve Zigfried pour abandonner la classe. Le professeur Tepure, avec sa persévérance (détermination persistante), avait réagi « comme un coup de feu » (sans hésitation) et avait répliqué (avait fait une réponse spirituelle) à Zigfried.

« Pensez-vous que je n'ai pas « l'indice » (comprenez l'argot) que vous lui aviez « donné un coup de main » en lui signalant du regard ».

Ensuite, Zigfried avait abandonné la classe et s'était rendu dans un café près du lycée théorique Mihail Sadoveanu appelé « Amandina » sur Piata Unirii Nr. 2. Zigfried s'était délecté pendant une pause d'une heure d'un gâteau roumain Amandina, du plus étonnant des gâteaux au chocolat et d'un café turc.

« À tout moment » (à chaque fois) avant que le professeur Tepure n'entre dans la classe, il « prend un sexe » (pour jeter un coup d'œil en argot) sur la fenêtre pour voir si Zigfried a été dans la classe. Au cas où le professeur Epure aurait vu Zigfried dans la classe, il s'arrêtait à l'extérieur de la classe, jusqu'à ce qu'il abandonne la classe.

Cependant, lorsqu'il avait donné un quiz (un texte de connaissance, en particulier un test bref et informel donné aux étudiants) ou un examen, il demandait à Zigfried de s'asseoir à son bureau d'enseignant à double piédestal.

Le professeur Epure avait l'habitude de donner un A à Zigfried sans lui poser de questions.

En Roumanie, il est d'usage que lorsque tous les élèves avaient terminé le lycée, ils formaient une file et la professeure de latin, Mme Papanaga, était en tête de file.

Tous les étudiants avaient chanté ensemble la chanson latine Gaudeamus Igitur.

Gaudeamus igitur
Juvenes dum sumus
Gaudeamus igitur
Juvenes dum sumus
Post jucundan juventutem
Post molestam senectutem
Nos habebit humus
Nos habebit humus

Vita nostra brevis est
Brevi finietur
Vita nostra brevis est
Brevi finietur
Venit mors velociter
Rapit nos atrociter
Nemini parcetur
Nemini parcetur

Vivant omnes virgins
Faciles, formosae
Vivant omnes virgins
Faciles, formosae
Vivant et mulieres
Tenerae amabiles
Bonae laboriosae
Bonae laboriosae

Vivat academia!
Vivat professorres!
Vivat academia!
Vivant professorres!

Vivat membrum quodlibet
Vivant membra quaelibet
Semper sint in flore
Semper sint in flore

Zigdried savait très bien lui-même qu'il n'avait pas de vraie voix quand il chantait et il avait « baissé le rideau » (conclu) pour se taire.

L'enseignante du cours de latin, Mme Papanaga, marchait tout le temps et elle regardait (pour regarder) pour voir si « Tout le monde » avait chanté. Quand elle s'était arrêtée devant Zigdried et qu'elle lui avait « passé à travers l'essoreuse » (lui avait demandé) pourquoi il ne chantait pas ?

À ce moment-là, Zigfried, avec sa vraie voix, s'était mis à chanter la chanson Gaudeamus Igitur et tout le monde avait à pleurer.

Un des camarades de classe de Zigfried voulait faire une blague sur Zigfried et il lui avait dit :

« Sans aucun doute, lorsque vous arriverez en Amérique,
Vous obtiendrez un Emmy Award pour votre vraie voix.

« Tout le monde » s'était « mis en route » (s'était mis à rire).

Au cours des deux premières années du lycée, Zigfried avait été charmé par une fille magnifique qui avait un « corps de femme hellénique de type sablier ». Elle avait été une femme vraiment magnifique. Elle s'appelait Elena Celeman.

Type de corps féminin grec / hellénique Le corps féminin le plus attrayant
Règle (Banane) Cône (Pomme)   Poire (Cuillère)   Sablier

En dehors de l'Europe, ce type de corps apparaît en nombre plus notable en Asie occidentale et en Afrique du Nord.

Elena avait un regard angélique. Elle avait été belle, elle éblouissait de confiance, elle avait une beauté extraordinaire et elle avait été l'incarnation de la perfection.

Autrefois, lorsque Zigfried avait chaperon Elena Celeman à la maison, spontanément, elle avait « passé à travers l'essoreuse » (demandé).

« Comment vous sentez-vous en tant que Juif ? »

« D'emblée » (Immédiatement en argot), « comme un
coup » (sans hésiter), Zigfried avait rétorqué :

« Comme si vous étiez chrétien ! »

QUAND Zigfried était « apparu » (arrivé) à la maison et avait « annoncé à sa mère »
(pour faire connaître de nouvelles informations) ce qui lui était arrivé, donc elle avait donné « parole
aux sages » (bon conseil) qu'il avait besoin d'avoir un groupe d'amis juifs où il pouvait être « gri-
maçant comme gros dans un tapis » (dans une situation extrêmement confortable). Zigfried avait été
un bon ami avec tous les enfants des amis de ses parents.

Lorsque Zigfries avait commencé à esquisser son groupe, la clique de ses amis avait été très
réduite. Pendant ce temps, « tout le monde » avait l'habitude de « voir tout » (tout savoir) quelqu'un
d'autre qu'ils avaient amené à la coterie. Zigfried avait amené l'un de ses camarades de classe
Patras Laurentiu, sa cousine Roxana avait amené son amie Ilse Heurer.

Le meilleur ami de Zigfried, Marius Ulser (une personne très resplendissante) avait amené
son ami Devi et Mario Solomon. Zigfried avait amené Eugen Solomon « avec » (en plus
de). Arianda Zucker (surnom d'Alice) avait amené Ety Bergman.

Mioara Polac avait amené Luba, Julian Zilberman et Lica Bercovitz. Lica
Bercovitz avait été très astucieuse, « intellectuelle » (très cultivée) et d'une grande « matière grise »
(intelligence). Relu Moscovich était un ami de Zigfried de la même école secondaire théorique
Mihail Sadoveanu, Lioara, Karli et son frère cadet.

Aniela Solomon s'est bien entendue et « voir les yeux dans les yeux » (être dans le même esprit)
avec Julian Zilberman dès l'incipience (début).

Entre Aniela et Julian, il y avait eu l'amation (c'est l'intérêt de la faculté pour l'amour physique et l'attirance sexuelle). Julian avait une grande concupiscence (fort désir sexuel) envers la magnifique Aniela Solomon. Il avait « l'amour en morceaux » (l'amour beaucoup) Aniela. L'amie
de Zigfried, Relu Moscovich, avait craqué (cliqué) avec Lioara dès l'incipience (débutant).
Ils avaient également une grande concupiscence (fort désir sexuel) l'un envers l'autre. « En peu de
temps » (bientôt) ils étaient devenus petit ami et petite amie.

Un peu plus tard, ils se sont mariés.

Mon meilleur ami Marius User avait été une « tête d'œuf » (une personne, surtout un homme, qui est très intelligent et intéressé par les études et d'autres activités mentales).

Le deuxième groupe avait été esquissé (formé) par Florin Cotter, un de mes « résidents proches » (voisins) qui avait deux ans de plus que moi. Florin avait une « pulchritude » (grande beauté physique et attrait) et il avait été très agile » (rapide, intelligent et intelligent). Florin Cotter avait été « pulchritudinous » (une très belle personne). Florin avait été « tête de remorque » (une personne aux cheveux très blonds) et avait des yeux « céruléens » (ressemblant au bleu du ciel). Florin avait été « bébé dans les bois » (une personne naïve). À cause de sa viridité (innocence naïve), il avait été misérable et avait beaucoup souffert en amour. Florin avait « porter le flambeau » (aimer de manière souffrante, en particulier parce que celui qui est désiré ne rend pas la pareille en argot). Dans le groupe esquissé (formé) par Zigfried, « tout le monde » avait son amoureux, à l'exception de mon ami Laurentiu et de moi-même.

Lorsque Zigfried était un « jeune garçon » (un adolescent), il avait reçu une éducation spartiate de son « ancêtre paternel » (grand-père).

L'ancêtre paternel de Zigfried avait endoctriné (instruit) Zigfried de ne craindre « personne du tout » (n'importe qui).

Zigfried avait toujours (toujours) été « chargé pour l'ours » (Prêt et anxieux pour un combat, argot d'argot) contre (contre) les scalawags (scélérats) et les chahuteurs (voyous) qui embêtaient (dérangeaient) ses amis et les filles avec lesquelles il avait l'habitude de « devenir sombre » (sortir).

Un de ces soirs où Zigfried avait une « mêlée générale » (une bagarre incontrôlée) contre des chahuteurs (voyous), une fille « hors du commun » (remarquable), fracassante (merveilleuse) avait été « trekguée » (voyageait lentement) avec sa mère dans une « voie de tramway ».

Elle avait vu Zigfried qui avait une mêlée (un combat brutal) contre les chahuteurs qui avaient vraiment harcelé ses « copains intimes » (amis proches). Elle s'appelait Iolanda. Chaque été (saison estivale) et chaque hiver (saison hivernale) quand c'était Jack Frost (le froid personnifié), Iolanda se rendait de Bucarest à Iasi pour passer ses vacances avec sa « parente » (parente), son « coz » (cousine) Monica et son mari Iani. Quand Iolanda avait vu Zigfried dans « donnybrook » (un combat incontrôlé) contre les chahuteurs, elle avait une haute opinion de lui, et elle aimait qu'il puisse « aller à la batte pour elle » (pour la soutenir quand elle avait besoin d'aide) contre les « rétrogrades » (malfaiteurs). Cela « donne naissance » (crée) l'impression que Zigfried avait été « attirée » (attirée) vers Iolanda et qu'elle avait voulu le rencontrer. Iolanda a remis à Karli la main pour qu'elle fasse les présentations.

Karli avait désiré Iolanda pour lui-même et il lui avait conseillé que Zigfried Vainer n'était pas son genre.

Iolanda avait « tordu le bras de Karli » (persuadé Karli de faire quelque chose qu'il pourrait être réticent à faire) avec l'introduction.

Karli n'avait pas eu d'autre choix que de faire les présentations.

Chapitre Quand Karli A Présenté Iolanda À Siegfried

Au cours des quarante-cinq dernières années, Zigfried avait essayé de psychanalyser la corrélation entre Iolanda et Zigfried. Était-ce l'amour entre une petite amie et un petit ami ? ou c'était juste une amitié entre deux jeunes gens ! Iolanda de Bucarest, la capitale de la Roumanie, et Zigfried, d'une « maigre » (petite) ville, Iasi.

Lorsque Karli avait « ouvert la voie » (présenté) Iolanda à Zigfried, il avait été plein d'exultation, étourdi par sa vraie beauté, sa splendeur (éclat vif) et par son intelligence. Zigfried avait imaginé Iolanda comme un lilas qui « se mettait en marche » (commençait) à produire des bourgeons, à se développer, à fleurir, voilait le flétrissement des pétales et ensuite il se desséchait puis il mourait. Iolanda avait été comme un cœur qui avait pompé le sang dans le corps de Zigfried. Pendant toute la durée de notre rencontre, son cœur exultait « long et prolongé ». Quand Iolanda avait coutume de dire à Zigfried qu'elle lisait cinq livres par jour de cinq cents pages chacun, il savait qu'il sortait avec une fille supérieure, resplendissante, intelligente et d'une grande omniscience. Zigfried s'était « rappelé » (se souvenait) avec une grande joie lorsqu'elle lui avait parlé du grand poète anglais Lord Byron qu'elle l'avait « adoré » (adoré) beaucoup. D'après l'incidence de notre corrélation, Iolanda avait une très bonne influence sur Zigfried. Elle avait changé Zigfried « de A à Z » (complètement) en une longue période de temps et elle avait l'habitude de le faire réfléchir et de voir « tout le caliver » (tout) à sa manière.

Lorsque nous avons commencé à sortir ensemble, nous étions tous les deux à la croisée des chemins de notre vie.

Nous avons besoin qu'elle grandisse les uns sur les autres avec affection et amour.

Hodiernal (aujourd'hui) quand Zigfried lit avec grand plaisir sur les poètes et écrivains français, anglais, russes et américains, il s'était heureusement souvenu d'Iolanda. En lisant à peu près tous les philosophes éminents et les compositeurs renommés, je suis redevable à Iolanda.

Quand Iolanda avait l'habitude d'appeler Zigfried, son cœur s'était mis à trembler, son âme avait été pleine d'exaltation. Zigfried s'était « rappelé » (se souvenait) avec beaucoup de joie et d'exubérance quand Iolanda était arrivée à « zéro-noir-trente » (une scorie tôt le matin) au stade de baseball (environ) 5h30 du matin et que nous étions sortis main dans la main de joie et d'expiration vers le parc Copou. Les employés de mon père lui avaient dit qu'ils avaient vu son fils avec sa compagne se diriger vers le parc Copou.

Quand nous avions l'habitude de nous asseoir sur un banc dans notre célèbre parc de Copou et qu'Iolanda avait parlé à Zigfried, cela avait été un très grand plaisir et chaque mot qu'elle avait dit à Zigfried, c'était comme une caresse. Le « savoir-faire » (affectueux) d'Iolanda s'était imprimé dans ma tête, mon âme et mon esprit « jusqu'à ce que l'enfer gèle » (pour toujours). Quand Iolanda avait l'habitude d'appeler Zigfried, son cœur s'était mis à trembler, son âme avait été pleine d'exubérance. Zigfried avait rêvé que leurs cœurs et leurs âmes seraient unis en un seul grand cœur et en une seule grande âme pleine d'amour et de tendresse « jusqu'à ce que le royaume vienne » (pour toujours).

L'amour d'Iolanda pour Zigfried avait été extrêmement significatif, puissant, profond et sentencieux, mais, malheureusement, son amour avait été impétueux comme l'éclair. Zigfried avait imaginé (considéré) Iolanda comme « la lumière de sa vie ».

L'amour de Zigfried pour Iolanda avait été passionnément, chevaleresque, très « recondite » (profond) et sentencieux. Car Zigfried avait été un grand honneur et une grande joie de vivre d'être assis à côté d'elle et de l'écouter.

Zigfried était resté « de A à Z » (complètement) sans voix lorsqu'il a entendu Iolanda parler de tous les compositeurs de renom, ballerines, maîtres de ballet, maîtresses de ballet, chanteurs d'opérette comme Placido Domingo, Luciano Pavarotti et Jose Carreras. « Jusqu'au bleu au visage » (toujours) Zigfried chouchoutait Iolanda quand ils sortaient ensemble.

« Peu importe quand » (à chaque fois) nous sortions, Zigfries avait constamment absorbé les pensées et les paroles d'Iolanda. « Jusqu'au bleu au visage » (toujours) Zigfried avait voulu pénétrer sa pensée, dans son esprit, dans son cœur et dans son âme.

« Il était une fois » (une fois) Zigfreid s'est réjoui que leurs cœurs et leur âme soient « jusqu'à ce que l'enfer gèle » (pour toujours) unis. Dans toute la vie de Zigfried, il avait idolâtré Iolanda.

Dans toute la vie de Zigfried, il avait aspiré à trouver une femme qui pourrait l'aimer, « comprendre », l'estimer et l'accepter tel qu'il est et il sera ravi de lui offrir le monde et la lune du ciel, si c'est possible.

Jusqu'au visage bleu, Zigfried avait pensé que dans la vie, il fallait prendre son temps pour explorer le glamour de l'amour. Sortir, se faire plaisir, même si on dit superficiellement quelque chose de stupide. Lorsque vos sentiments ont prédominé dans votre univers, vous devriez être plus indulgent. Quand vous aimez quelqu'un, vous devez ignorer ses défauts et l'aimer pour ses qualités, ignorer sa laideur et l'aimer pour la beauté de son âme. Ton cœur est ramifié en quatre pièces, tu devrais permettre à mon amour de respirer dans l'une de tes chambres. Dans la vraie histoire d'amour, les parents ne devraient pas intercéder et permettre au jeune couple de « baisser le rideau » (conclure) leur propre avenir.

Dans notre monde défectueux, nous devrions être plus touchants.

Dans une histoire d'amour véridique, c'est le cœur qui perçoit votre avenir, pas votre maman. Puis un jour où vous serez éveillés à un homme nouveau, plus solennel, plus complet, sérieux, intelligent et plus omniscience et plus sage. C'est ce que notre destin aurait dû être.

Alors nous pourrions raconter à nos enfants la vraie histoire de l'amour, qui n'existe pas « ici jusqu'à dimanche » (partout), qui n'existe que pour ceux qui sont à la recherche de ce vrai sentiment qui n'a pas de prix. Le cœur devrait être votre instrument révolutionnaire, pas votre logique. Quand nous sommes en train de gambader, nous faisons des erreurs, mais toujours l'amour a pardonné. L'amour est le seul instrument « subversif » (révolutionnaire) qui pourrait changer les gens. Si vous êtes bon, il peut le changer en mieux et si vous êtes meilleur, il peut le changer en le meilleur.

Les dotations commencent à montrer aux gens, non pas quand ils sont plus jeunes, mais, quand ils sont plus âgés, plus intelligents et plus prolifiques lorsque vous accomplissez plus de sagesse.

Dans la vie de chaque personne, c'est un moment où nous brillons, où je me trouve, c'est venu quand je suis devenu plus vieux et plus sage. « Quand on n'est que des amis, la logique prévaut. » « Quand on est amoureux, les sentiments prévalent. »

Si jamais vous avez « réfléchi après coup » (considéré) notre « lien » (relation) qu'il avait été un « lien » (relation) d'amour, alors lorsque le ventricule qui apporte le sang dans l'un des espaces du coude dans votre cœur, avoue une goutte d'amour de Zigfried à Iolanda.

Dans le christianisme, le ministère Oasis avait fourni : « L'erreur est humaine, le pardon, le divin »

Dans l'illumination de l'amour de Zigfried, il sait qu'un être humain ne peut pas percevoir les sentiments qui vont dans le cœur, mais le cœur est la seule chose au monde qui peut percevoir les sentiments dans l'être humain. Zigfried « de tout cœur » (dédié) à Iolanda. « La définition de l'amour »

« Quand vous aimez quelqu'un passionnément, l'amour descend jusqu'au coude, descend dans le cœur comme une cascade qui coule dans la vallée. »

L'amour que Zigfried avait pour Iolanda avait été visible et inévitable. Il avait été translucide, comme un miroir reflétant ses sentiments et ses pensées. Les battements du cœur de Zigfried avaient été si forts qu'ils l'avaient fait briller durablement. Les sentiments que Zigfried avait envers Iolanda avaient été sans équivoque et « sui generis ».

Zigfried avait voulu consacrer toute sa vie à Iolanda sans se rendre compte des circonstances.

Quand Iolanda avait rencontré Zigfried pour le « premier » (premier) tin, elle avait aspiré et avait pensé qu'elle pouvait trouver en lui les qualités de son père.

Son père lui avait récité une strophe avant « beddy-bye » (l'heure d'aller dormir, argot) en synchronisation pour qu'elle puisse faire de beaux rêves et bien qu'elle ait « ouvert les yeux » (sortir du lit), son père récitait une autre strophe avant qu'elle n'aille à l'école.

Malheureusement, Zigfried n'était pas ce genre de personne. Dans la vie, chaque personne naît avec deux intelligences. Le « Pro tempore » (temporaire) qui est celui avec lequel vous êtes né, qui est plein d'innocence. Au cours de la vie, quand on vieillit, plein de sagesse, l'intelligence se refait en l'intelligence permanente, qui s'était imprimée dans son esprit, celle que la vie avait façonnée pour lui.

Hodiernal (aujourd'hui) à cause de l'époque de Siegfried où il est plein de sagesse et son pouvoir de discernement est beaucoup plus évolué que celui qu'il avait quand il était un jeune garçon, son intelligence était devenue permanente.

Dans toute la vie de Zigfried, il avait été amoureux d'une femme qu'il n'aurait jamais pu avoir. Il avait aimé une femme qui ne l'avait jamais aimé. Il avait aimé une femme chimérique, une chimère. Iolanda avait été omnisciente et une fille très intelligente. Elle était une « haut placée » (un argot de personne importante) mais elle avait été sous l'influence de ses parents et elle avait écouté tout le temps ce que ses parents lui proposaient (suggéraient). Iolanda avait été une « sockdollager » (un argot de personne remarquable) et ses parents craignaient pour elle qu'elle ne la dénigre si elle considérait Zigfried comme son prétendant au mariage. Selon la norme européenne, si un homme qui souhaite épouser une fille belle, omnisciente et intelligente, s'il n'est pas au même niveau omniscient que la fille qu'il souhaitait épouser, les parents n'approuveront pas le mariage.

La psychanalyse pendant un temps « long » (d'une grande longueur), l'interrelation profonde entre Iolanda et Siegfried, il avait constaté que l'« interconnexion » (corrélation) qu'Iolanda avait avec lui, avait été un simple « lien » (relation) entre deux amis : « Iolanda de Bucarest, la capitale de la Roumanie, et Siegfried de la province, Iasi. Ce qu'il y avait de vraiment déconcertant (pour déranger l'argot) Siegfried quand Iolanda l'avait rencontré pour la première fois, elle ne lui avait pas dit avec quel genre d'homme elle avait voulu passer sa vie. Si elle avait dit à Siegfried qu'elle avait voulu un homme à son niveau d'omniscience, alors il aurait soutenu en toute connaissance de cause qu'il n'était pas cet homme. Ce qu'elle avait accompli était inique (injuste). Dans cette situation, Zigfried aurait dû appeler une autre fille, Rualda, originaire de Paitra Neamt, qui n'avait pas été aussi compliquée qu'Iolanda, et elle l'aurait accepté tel qu'il était. Zigfried et Rualda feraient un couple très heureux et prospère.

Le père de Rualda avait été juge à la cour et il avait beaucoup aimé Zigfried et il avait souhaité qu'il épouse sa fille. Zigfried aurait pu avoir une famille très heureuse avec des enfants et une femme aimante qui l'aimerait et l'estimerait « jusqu'au jour du jugement dernier » (pour toujours). Un autre problème qui avait fait « tordre » Zigfried (argot en colère) était qu'Iolanda aurait dû lui écrire une lettre lui faisant comprendre que « toute la boule de cire » (tout) était finie entre eux, au lieu de le traîner quatorze heures d'avion aller simple et quatorze heures de retour à New York, pour que sa mère les invite dans un bon restaurant luxueux « Capsa » à Bucarest pour prendre le « thé » (déjeuner). Après qu'ils eurent terminé le « high tea » (déjeuner), la lâche Iolanda s'était excusée pour aller dans la chambre de la dame en synchronisation avec sa mère pour insulter Zigfried, provoquant une blessure très profonde qui n'avait jamais guéri de.

« Tu ne pourras jamais épouser ma fille et tu devrais trouver quelqu'un à ton niveau, une secrétaire à marier. »

Si Iolanda avait aimé Zigfried et l'avait estimé, elle ne se serait pas comportée comme une lâche se cachant derrière la robe de sa mère. Siegfried lui avait reproché qu'elle n'avait pas été honnête avec lui « cœur et âme » (complètement) par inadvertance.

Siegfried a eu l'occasion de rencontrer sa belle épouse roumaine avec ses enfants. Il a eu une conversation confidentielle avec l'ex-fiancé d'Iolanda et il lui a dit qu'il avait également connu Iolanda. Il avait été surprenant de voir à quelle vitesse il avait oublié son « lien » (relation) avec Iolanda. Il avait épousé une magnifique Roumaine. Il avait admirablement parlé d'Iolanda, mais « en gros » (généralement), pas trop dans les détails.

Après 41 ans de psychanalyse de la « relation » que Siegfried avait avec Iolanda, il avait « baissé le rideau » (conclu) qu'il ne s'agissait que d'une simple amitié entre Iolanda et Siegfried, rien d'autre.

Siegfried connaît très bien le proverbe.

« Le Temps Guérit Toutes Les Blessures »

Même les blessures profondes. Dans toute la vie de Siegfried, il a eu deux vrais maîtres. D'abord ses parents et ensuite la vie elle-même. « La vie transforme et façonne les gens de manière drastique et radicale, les rendant plus durs, plus intelligents, plus sages et plus sensibles aux problèmes qui vous attendent.

Le temps et la vie, avec tous les problèmes, les angoisses, l'effort et la responsabilité, fortifient et endurcissent l'être humain face aux nécessités et aux exigences de la vie qui l'attendent, mais en même temps rendent l'être humain plus indulgent.

La vie transforme et façonne les gens, les rendant plus intelligents, plus omniscientifiques, acquérant plus de sagesse et devenant plus réceptifs. Toutes ces transformations et remodelages de l'être humain ont pris beaucoup de temps, parfois toute une vie !

Lorsque notre amie de la coterie Karli avait « fait connaître » (présenté) Iolanda à Zigfried, Iolanda n'arrivait pas à « comprendre » que lorsque Zigfried l'avait rencontrée, son stock de connaissances avait été limité.

Zigfried est venu avec une intelligence temporaire avec laquelle il était né (plein d'innocence).

La véritable signification de Iolanda pour Siegfried :

> « Elle était comme un chrysanthème (en latin Chrysanthemum indicum) ou comme une rose de Noël (Hellebous niger) dont Siegfried portait fièrement et ostensiblement la fleur en haut de sa poche près de son mouchoir de sa veste ! »

Iolanda n'était jamais tombée amoureuse de Zigfried, mais de son image.

L'amour et la « convoitise » (désir) pour s'épanouir vers la personne « sui generis » (unique), que vous avez souhaité être pour le reste de votre vie, vous devez lutter pour ce que votre cœur désire, sinon la convoitise (désir) commencera à diminuer jusqu'à ce qu'elle disparaisse. Le cœur qui bat, c'est l'amour qui bat.

Le cœur perçoit (dicte) les « cœurs et les fleurs » (sentimentaux) de l'amour, quand la logique intervient, alors l'amour s'arrête. L'amour est sans limites. Lorsque vous êtes amoureux (que vous éprouvez des sentiments intenses d'amour romantique pour quelqu'un), le cœur brûle, lorsqu'il brûle et éclate dans les flammes, la chaleur de la passion est guidée vers un point de fusion.

À l'âge de 17 ans, lorsque Siegfried avait rencontré Jolanda pour la première fois, il n'avait pas été « préparé mentalement à une tâche » pour une vraie vie pleine de problèmes et de responsabilité. À cet âge, tout ce que Zigfried avait envie, c'était de profiter pleinement de sa vie « de la soupe aux noix ». Chaque époque a des phases de vie « hétérogènes » (différentes) avec de nouveaux problèmes, de nouvelles préoccupations et de nouvelles responsabilités, une nouvelle ère. Le temps lui-même vous guide à travers toutes les phases de la vie. Lorsque le temps vous conduit à la prochaine phase de la « fleur de l'âge » (la maturité), votre intelligence « pro tempore » (temporaire) « tourne une nouvelle page » (transformant) le « pro tempore » (intermédiaire) « la bonne substance » (l'intelligence) en la phase suivante, permanente « la bonne substance » (l'intelligence) qui reste avec vous pendant des années jusqu'à ce que Dieu Tout-Puissant « arrive à la conclusion » (décide) de vous emmener à la « Cité de Dieu » (le ciel).

Ce qui arrive à l'intelligence de l'être humain, cela arrive aussi aux animaux.

Siegfried avait étudié avec compréhension et minutie toutes les phases que traverse l'intelligence, toutes les transformations au cours du temps de l'homme et de l'animal, de la simple à la complexe, d'une phase à l'autre, du temporaire au permanent. Il avait fallu à Siegfried un temps « long » (d'une grande longueur) de reconnaissance (d'examen), de recherche et d'observation de toutes les phases et de tous les pas que l'intelligence traverse à travers l'être humain et la vie animale tout entiers.

Car Siegfried avait été très intéressant lorsqu'il avait étudié l'intelligence animale, en particulier les chiens et les chevaux.

Les vrais sentiments que Zigfried avait nourris (développés) à propos d'Jolanda, il ne les avait jamais eus pour aucune autre femme. Zigfried avait pensé qu'ils étaient prédestinés l'un à l'autre, mais le destin a eu une issue différente.

Beaucoup de « copains intimes » (amis proches) et de parents de Siegfried avaient demandé un jour à Siegfried :

« Quelle est la raison pour laquelle il ne cherche pas à
trouver une bonne femme pour se marier ! »

Les femmes new-yorkaises sont « cœur et âme » (complètement) « comme le jour et la nuit » (différents). Ils n'ont pas confiance dans les étrangers, les gens de pays (différents), comme le jour et la nuit. Ils n'ont aucune connaissance à leur sujet. Leur culture, leurs habitudes, leurs « p et q » (manières ; comportements) et la façon dont ils avaient « fait du kilométrage » (grandir), et quel genre de « copains intimes » (meilleurs amis) ont-ils.

La femme est « timide » (effrayée) à l'idée d'« entrer » (commencer) dans un nouvel « être » (la vie) avec quelqu'un qu'elle ne connaît pas et qu'elle n'a pas d'informations sur la personne.

C'est la raison pour laquelle les femmes américaines « préféreraient » (préféreraient plus volontiers) les Américaines autochtones. Elle connaît la personne qui a été élevée, ses antécédents, sa « puissance cérébrale » (capacité mentale), sa façon de penser et la façon dont elle sait comment aborder une femme.

Les femmes américaines savent à quelle église il a assisté, s'il est un « facile comme ABC » (franc-direct-honnête) ou non. Des choses qu'elle ne sait pas sur une autre personne. L'amour véritable et réel que Siegfried avait tracé (décrit) dans la Juvenescence, est un véritable amour innocent entre un « teeny bopper » (une adolescente) Iolanda et un « jeune homme » Zigfried. C'était le véritable amour le plus fort de sa vie quand il était adolescent avec une jeune fille phénoménale et étonnante, Iolanda.

Iolanda savait du fond de son cœur et au plus profond de son cœur que lorsqu'elle était avec Zigfried, elle pouvait toujours (toujours) être en sécurité. Elle savait au plus profond d'elle-même que Zigfried pouvait « se battre pour elle » (pour la soutenir lorsqu'elle avait besoin d'aide) et l'avait protégée contre tout danger.

« Quoi qu'il en soit » (Néanmoins) Iolanda savait très bien que Zigfried ne pouvait pas « la prendre sous son aile » (pour commencer à la protéger et à prendre soin d'elle). Pendant les vacances d'été, la clique d'amis que Zigfried avait rassemblée avait l'habitude de se retrouver sur la Piata Unirii 6 en face de la boutique de fleurs.

La réunion devant le magasin de fleurs avait eu lieu de 18 à 19 heures.

Ensuite, toute la clique d'amis est allée au parc d'attractions Copou.

Le parc Copu ou jardins de Copou est le plus ancien parc public de Iasi, en Roumanie.

Son développement a commencé entre 2844 et 1834 sous le règne de Mihail Sturdza, faisant du parc l'un des premiers jardins de Roumanie et le symbole de Iasi. En son centre se trouve l'obélisque des Lions (1834), un obélisque de 13,5 m de haut dédié au Regulamentul Organic, la première loi sur l'organisation politique, administrative et judiciaire dans les principautés roumaines. Parmi les autres points de repère, citons le tilleul d'Eminescu, le musée Mihai Eminescu et l'allée

Junimea. Les jardins sont une destination populaire pour les touristes et les habitants, ainsi que le lieu de prédilection pour les festivals de poésie, les expositions de photographie et les foires d'art et d'artisanat.

Le parc s'étend sur environ 10 hectares (contre 19 hectares à l'apogée de son développement à la fin du 19ème siècle) et a été décrit comme l'un des plus beaux jardins publics de Moldavie.

Dans le parc Copou, nous « méditons » (méditons sur) et « cartographions » (pour planifier en détail comment quelque chose va se passer) pour le week-end prochain. De plus en plus, nous nous amusions avec nos copines. Nous traînons à 21h30 quand nous chaperons la maison de nos copines. « De temps en temps » (parfois) pendant le week-end, nous avions l'habitude de « frapper la ville » (pour sortir et s'amuser).

« De temps en temps » (parfois) quand c'était « jour de naissance » (anniversaire) « joie » (fête), toute la clique d'amis se réunissait sur la Piata Unirii 6 devant le magasin de fleurs, une semaine à l'avance pour amasser (collecter) 15 leu roumains chacun, monnaie 3,73. Dollars américains. Ensuite, après cela, nous avons accumulé (collecté) l'argent de « tout le monde » et nous avons terminé les courses de nourriture pour le « jour de naissance » (anniversaire), « joie » (fête), avec le reste de l'argent, nous avions acquis une grande carte de vœux d'anniversaire où « tous et divers » (tout le monde) avaient signé leur nom « en conjonction » (ensemble) avec un beau cadeau.

De plus en plus, Zigfried avait été « frappé » par la perfection d'Iolanda dans tout ce qu'elle faisait et dans tous les jugements (décisions) qu'elle avait l'habitude de prendre. Le « jour du « solaire moyen » du « jour de naissance » de cet adolescent, ses parents auraient abandonné l'appartement vers 21h00 et ils reviendront le lendemain vers 3h00 du matin.

Les filles avaient l'habitude d'avoir deux types de vêtements disparates (différents). « Tout d'abord » (tout d'abord) les filles avaient des « vêtements de travail » (vêtements spéciaux que les gens portent pour un type particulier de travail, pour les protéger) pour préparer la nourriture pour le « blowout » (une grande fête au cours de laquelle les gens mangent et boivent beaucoup.) les gars avaient l'habitude de sortir le tapis de la pièce pour créer un espace pour danser et préparer le meilleur type de sélection de musique pop, Musique jazz rack and roll pour la fête. Nous avions dansé toute la soirée très « Saccharine » (sentimental) avec nos chéris. Nous avions aussi adouci (embrassé et câliné amoureusement) nos chéris. Certains « mecs » (messieurs) sont allés dans la chambre pour jouer avec leurs amoureux.

« Tous et tous » (tout le monde) avaient mangé « elfin » (petit) « parabulum » (nourriture). Notre « intérêt » (intérêts) avait été « de A à Z » (complètement). « Comme le jour et la nuit » (totalement différent).

Lorsque la nuit fut « tombée le rideau » (terminée), l'un de nous avait emporté le « pabulum » (nourriture) chez lui et pour « préparer le terrain » (organiser) son appartement pour la prochaine fête « bash ».

« De temps en temps » pendant les vacances d'été toute notre clique (groupe) « sked » (horaire) une « quinzaine » (deux semaines) « à l'avance » (à l'avance) pour aller « bivouac » (camping). Nos parents « aplanissent le chemin » (préparent) « à l'avance » (à l'avance) quelle nourriture prendre quand ils iront « bivouac » (camping). « Tous et tous » (tout le monde) avaient apporté leurs sacs avec « pabulum » (nourriture). « Le plus souvent » (habituellement) la clique se réunissait sur Piata Unirii 6 en face de Flowers Shop vers 11h00 du matin, nous avions pris le bus en direction du Bucium Motel and Spa.

La fille « pose les bases » (arrange) les sacs de sport Adventure avec « Scarf » (argot alimentaire) pour nous tous. « Pendant tout ce temps » (pendant ce temps) les « gars » (camarades) jouaient au football, les filles avaient « aplani le chemin » (préparé) le déjeuner. Ils attendaient que les « gars » (messieurs) cessent de jouer au football en synchronisation pour que nous puissions tous « rompre le pain » (manger) ensemble.

Après avoir « fait un cochon de nous-mêmes » (manger trop) et nous être détendus (reposer) pendant un moment, nous avons marché 3 ou 4 miles jusqu'à l'arrêt de bus. Nous avions débarqué (arrivés) à la maison après 17h00 en étant « debout debout » (complètement épuisés), Zigfried a dû prendre une douche et « frapper le sac » (aller se coucher pour dormir). Zigfried a eu « jeter les bases » (organiser) une « table ronde » (réunion) avec sa clique d'amis et nous « nous sommes mis ensemble » (nous planifions quelque chose ensemble) sur quel « film » nous devrions avoir « faire une apparition » (assister). Zigfried avait « passé à l'essoreuse » (demandait) à ses amis les conseils sages sur ce que nous devrions faire la prochaine fois que nous nous rencontrerions. Pour Zigfried, sa clique de « copains intimes » (amis proches) avait « délimité » (représenté) « toute l'enchilada » (tout) pour lui jusqu'à ce qu'ils se soient « mis en marche » (commencé) pour « transmigrer ». Quelques-uns sont allés en Israël, au Canada, à New York.

Dans le passé (une fois), Zigfried et sa clique (groupe) d'amis avaient décidé d'aller au parc d'attractions Cocou. Par la suite, Zigfried et ses amis s'étaient assis et ils avaient bavardé avec leurs petites amies, « sur un coup de tête » (soudainement), trois chahuteurs s'étaient approchés d'eux et ils s'étaient « mis en route » (avaient commencé) à faire sourciller les amis proches de Zigfried et leurs petites amies.

Par la suite, ces chahuteurs avaient poussé les amis de Zigfried à « plexus solaire » (le creux de l'estomac), ils avaient commencé à « énerver » (ennuyer) leurs petites amies.

Dans le passé (une fois) que les chahuteurs avaient commencé à énerver leurs petites amies, puis, Zigfried était devenu « chargé pour l'ours » (prêt et anxieux pour un argot de combat) contre ces chahuteurs. « Sur un coup de tête » (soudainement) Zigfried avait donné un coup de pied au patron du bandit sur le terrain (testicules de l'homme) et un instant (bientôt) il avait fait signe à ses amis d'abandonner le parc d'attractions Copou pendant tout ce temps) il avait « pris une poudre » (parti à la hâte) après les deux autres chahuteurs. « Suivant dans l'ordre » (une autre) « coïncidence » lorsque Zigfried s'était à nouveau immiscé (interféré), avait été lorsque sa clique (groupe) d'amis avait décidé d'aller à une autre « shindig » (fête) du lycée.

Dans notre coterie (un groupe intime et souvent exclusif de personnes ayant un intérêt commun unificateur) est apparue une nouvelle personne qui avait été atteinte (épileptique).

Il s'appelait Ruth. La mère de Ruth avait connu la mère de Zigfried, Surica, et avait passé à travers l'essoreuse pour briser le silence (parler) à Zigfried d'être gentil et prévenant (prudent) avec Ruth. Zigfried avait demandé à tous les membres de sa coterie d'être extrêmement gentils avec la nouvelle personne qu'il allait « leur donner et leur présenter ». Zigfried avait « ébranlé » (dit) à la coterie (un groupe intime et souvent exclusif de personnes ayant un intérêt commun unificateur) que Ruth est une personne très « susceptible » (sensible) et qu'il ne voulait pas que « chacun d'entre eux » (chacun d'entre eux) le blesse et le mette dans une « inadéquation » (incapacité à faire face à une situation).

Zigfried avait souhaité que sa coterie soit plus indulgente et plus gentleman avec Ruth. Pendant le lycée, un vendredi soir, Zigfried et sa clique avaient décidé d'aller à une autre « fête » du lycée. Zigfried s'était décidé à choisir la fille la plus jolie et la plus charmante de sa coterie et il s'était « mis en marche » (commencé) à danser. Le nom de la fille Pulchritudinoud était Arianda Zucker, son surnom (surnom) avait été Alice.

« Sur un coup de tête », (soudainement), la nouvelle amie de Zigfried, Ruth, s'avança avec un tapageur grossier (grossier et agressif) qui avait essayé de l'intimider et de l'effrayer. Zigfried était devenu très calomnieux (offensant) quand il avait vu que le turbulent avait essayé de harceler une « personne malade » (épileptique). Il était devenu furieux et il avait saisi le tapageur d'une main sur son col de l'utérus (cou) et d'une autre sur ses membres (jambes) et il avait voulu le jeter par la fenêtre du troisième étage.

Dans ce moment idiosyncrasique (typique), le tapageur avait indiqué à Zigfried qu'il avait vingt-cinq chahuteurs dans la rue qui l'attendaient. Il avait essayé de faire en sorte que Zigfried « comprenne l'image » (pour comprendre l'argot) que s'il le voulait, ses copains intimes (amis proches) le tueraient, lui et sa coterie. Peu de temps après (après un court moment), Zigried avait fait signe à sa coterie d'avoir abandonné la « shindig » (fête) du lycée.

Après (après cela) « diable d'un temps » (une situation très difficile en argot), Zigfried « get face » (pour gagner le respect en argot) et la confiance de toutes les filles de sa coterie en conjonction (ensemble) avec leurs parents.

Zigfried avait abandonné la fête du lycée quand elle avait « baissé le rideau » (terminée) avec sa nouvelle amie Ruth et avec Alice. Quand Zigfried était arrivé dans la rue, le patron et les vingt-cinq tapageurs les attendaient.

Quand Zigfried a fait baisser le rideau (a conclu) que le turbulent n'avait pas renoncé à laisser son amie Ruth tranquille. Il lui avait jeté un regard sale et il lui avait « annoncé la nouvelle » d'une voix cacophonique (dure), si vous harcelez mon ami, il mettrait volontiers sa vie en danger pour lui, et il le tuerait. Dans ce moment idiosyncrasique (typique), il avait croisé son regard et il avait « compris l'image » (compris l'argot) que Zigfried était sérieux, et il y avait renoncé.

La vie pure et simple de Zigfried qu'il a eue s'est battue pour trois « ordres » (catégories) de personnes :

1. Evermore Zigfried avait « veillé sur les filles » (pour protéger les filles et s'assurer qu'elles étaient en sécurité.)
2. Le peuple « faible » et tourmenté.
3. « Case » (personnes malades) et « hoi polloi » (personnes ordinaires).

Dans toute la vie de Zigfried, il avait été un homme de « traits marqués » (caractère). C'est l'une des principales raisons, lorsque le père de Zigfried est devenu « enfermé » (personne malade ou handicapée qui ne quitte jamais la maison), il a « complètement confié sa vie entre les mains de son fils.

En raison de cette action de courage, les parents de la fille ne concèdent pas (permettent) à leurs filles d'aller à une « soirée » (une soirée, généralement dans une maison privée, pour une conversation ou de la musique) à moins que Zigfried ne donne sa « parole d'honneur » (une promesse solennelle) qu'il chaperonnera (accompagnera et prendra soin) la fille sur le chemin de leur maison. Lorsque la petite amie de Zigfried, Jolanda, était avec lui, à la fin de la soirée (une soirée, généralement dans une maison privée pour la musique), il l'avait d'abord (avant toute chose) ramenée chez sa cousine Monica. Ensuite, il avait chaperonné le reste des filles et des garçons jusqu'à leurs maisons.

Zigfried s'était présenté dans son appartement de la rue Arcului 25, bloc A, appartement 1 « à l'aube » (très tôt le matin).

« Dans l'ensemble » (généralement), les « ancêtres » (parents) de Zigfried avaient de l'affection (affection) et un « culte du héros » (admiration excessive pour quelqu'un) pour Iolanda et ils avaient envie (d'avoir un fort désir) d'être quelque chose de très sérieux entre eux.

« Aux premières lueurs du matin » (lever du soleil), Iolanda s'est rendue à l'appartement de Zigfried sur la rue Arcului 25, bloc A, appartement 1. La mère de Zigfried, Surica, s'était empressée d'« ouvrir les yeux » (réveiller) Zigfried dans la mesure où sa petite amie Iolanda avait été là.

À 6h00, Iolanda et Zigfried marchent main dans la main en direction du parc d'attractions Copou sur Bulevard Carol I 31.

Lorsque le Prof. Dr. Eng. Vainer était entré dans son « siège social » (le bureau le plus important d'une entreprise) vers 7h00 du matin, ses employés avaient garanti (révélé) qu'ils avaient vu une fille étonnante (tout à fait belle) qui avait ressemblé à Vénus (la déesse romaine de l'amour et de la beauté) main dans la main avec son fils Zigfried, beau et « net » (intègre) « s'approcher » (se diriger vers) le parc d'attractions Copou sur le Bulevard Carol I 31.

Alors que Zigfried avait visité Israël, il avait résidé chez son ami Florin Cotter, où il avait perçu que sa femme travaillait dans le même hôpital que son ex-petite amie Iolanda. Zigfried avait appelé Iolanda et il lui avait prononcé (parlé) à elle. Elle avait souhaité rencontrer Zigfried, mais il était trop tard. La divergence entre Iolanda et Zigfried avait été :

« Pour elle, Zigfried avait été le premier amour » (un été d'amour)
« Pour Zigfried, elle avait été le seul amour » (véritable amour)

Zigfried avait « Jusqu'au Jugement dernier » (pour toujours) l'amour pour Iolanda. L'amour d'Iolanda pour Zigfried avait été provisoire et précipité (se produisant de manière très rapide et soudaine) comme l'éclair. C'était un amour depuis un été. Son destin avait été d'être heureuse avec une personne différente. Siegfried s'était rendu compte qu'elle avait un fils avec son mari, et ils vivent heureux à Cincinnati, dans l'Ohio.

Il avait été très difficile d'écrire ce livre, dans la mesure où j'avais « mis en lumière » (largement diffusé) les sentiments profonds et tumultueux (très orageux) que j'avais nourris pour Iolanda.

Au cours des deux dernières années du lycée, le professeur de mathématiques Jupure avait été très bizarre. Il s'était comporté comme un excentrique (une personne étrange). Lorsqu'il entrait en classe, il n'aimait parler à personne d'autre qu'à son élève préféré, Zigfried.

Certaines écolières n'avaient pas été distinguées en cours de mathématiques. La mère d'une écolière avait été craintive que sa fille « n'aboutisse à rien » (qu'elle échoue totalement) et qu'elle « parte en fumée » (à rater en maths). Elle est donc allée parler au professeur de mathématiques et le supplier de réussir sa fille dans le cours de mathématiques. Le prof de mathématiques a levé son Bouscule (coude) vers le mur, il avait soufflé la fumée dans les narines de cette femme, dès lors il a dû « se taire » (pour arrêter de parler) et il est parti. La femme avait eu des sueurs froides (très inquiète) et elle n'avait pas la moindre idée de ce qu'elle devait faire. Un des camarades de classe de Zigfried lui a « donné un conseil » (lui conseillant) d'aller parler à Zigfried. La provinciale est allée prier Zigfried de parler au professeur de mathématiques pour faire passer sa fille au cours de mathématiques et elle lui donnera une poule et elle priera le dimanche à l'église pour sa santé.

Zigfried lui avait dit qu'il ne ressentait pas le besoin de quoi que ce soit et qu'il ne devait pas se déconcerter pour sa fille. Zigfried avait supplié le professeur de mathématiques de ne pas « laisser tomber » (pour échouer le cours) cette fille. Le professeur de mathématiques Tepure avait donné à Zigfried sa parole d'honneur que ce ne serait pas un problème et qu'il passerait cette fille à son cours. Après l'obtention de notre diplôme d'études secondaires, nous avons organisé un bal de fin d'année. La soirée du bal s'était déroulée dans un espace très spacieux où il y avait plus d'aptitude, je dirais un millier d'étudiants, mais c'est un chiffre approximatif (une approximation numérique approximative).

La soirée du bal avait commencé à 21 heures, tous les élèves dansaient sur une musique américaine très loufoque. Toute la liesse s'était poursuivie jusqu'au lendemain jusqu'à 12 heures. À 6 heures du matin, il s'était mis à servir du « brekkie » (argot du petit-déjeuner ou du repas du matin), du bagel à la cannelle et aux raisins secs avec du fromage à la crème et du Lox. Le repas du matin devait être pris à 11 h 20.

Vers 12 heures, tous les étudiants se dirigeaient vers les jardins de Copou, à Iasi. Le jardin de Copou avait englobé (contient) une très belle piscine. Tous les étudiants ont « sauté dans » la piscine, du jardin de Cocou, comme dans le film italien « La Dolce Vita » réalisé par le réalisateur italien Frederico Fellini avec Anita Ekberg, Marcello Mastroianni, Anouk Aimée, Yvone Fumeaux et Alain Cuny. Tout le monde s'est éclaté jusqu'à 14 heures. Zigfried s'était « présenté » (est arrivé) dans son appartement « dans le stade de balle » (environ) à 15 heures.

En l'an 1972, aux Olympiades de mathématiques, tout d'abord, dans l'histoire roumaine, lorsqu'un Juif nommé Zigfried Vainer est devenu le numéro 1 du pays, en mathématiques est devenu « mendier, emprunter ou voler » (obtenant) 500 points à l'examen. L'examen avait eu lieu dans une grande salle, et chaque étudiant avait été assis à une table. L'examen devait durer huit heures. Après l'examen, chaque étudiant était devenu « faible dans les genoux » (étourdissement) sans pour « se rappeler » (se rappeler) comment ils avaient « sorti » (fait) à l'examen. Mon père, le Dr End Ady Wyner, après avoir « mis la main dessus » (obtenu) la nouvelle du comité d'examen que Zigfried est devenu numéro un dans le pays, en mathématiques, avec ma mère Surica avait « décidé » (décidé) de « faire affaire avec » (traité) Zigfried au restaurant le plus luxueux de Iasi appelé Unirea à Piata Unirii 2. Au moment où Zigfried était rentré à l'école, tous les élèves l'attendaient avec des fleurs à l'extérieur de l'école pour le féliciter. Cela s'est passé deux ans avant qu'il ne doive passer son diplôme d'études secondaires.

Par la suite, à environ un mois du bal de fin d'année, nous avons dû passer l'examen de fin d'études secondaires.

L'examen comprend l'examen oral et écrit de littérature roumaine ; Examen oral et écrit de mathématiques et examen oral de chimie ou de physique. L'examen du diplôme d'études secondaires est arrivé de Bucarest, la capitale de la Roumanie.

Auparavant, l'examen avait « commencé », l'un des camarades de classe de Zigfried, un étudiant polonais, Vishinovski Boreslav, « a conclu un accord » avec lui. L'arrangement préalable avait été que Vishinovski avouerait à ZIgfried de copier à l'examen écrit de littérature roumaine de lui et de rendre la pareille pour être aidé à l'examen écrit de mathématiques.

Auparavant, nous avions « sauté » (commencé) l'examen écrit de mathématiques, notre professeur Tepure s'est présenté devant la classe et a explicitement remarqué :

« Si j'avais discerné que vous aviez copié « en tous points » (exactement) tout
ce qui était de Zigfried Vainer, je vous manquerais certainement. Si vous
ne copiez que la moitié de l'examen, je vous réussirai certainement avec un D.

Après avoir abandonné la salle de classe, les professeurs d'anatomie, de physique et de littérature roumaine du lycée qui avaient donné du fil à retordre à Zigfried pendant tout le lycée, sont venus à son bureau avec un morceau de papier et ils avaient pris toute la solution de son papier d'examen en synchronisation pour donner un coup de main à tous les camarades de classe de la salle d'examen.

Ils avaient essayé de « convaincre » Zigfried que l'achèvement avait été effectué par leur lycée avec d'autres lycées de leur ville.

Dans l'épreuve du diplôme d'études secondaires, dans la commission des enseignants, cependant, Zigfried avait remporté l'examen oral dans le cours de littérature roumaine, avait été l'enseignante incontestable Smaralda Rusu et trois professeurs de cours de littérature désespérés de divers lycées.

Chacun des professeurs de littérature avait contre-interrogé Zigfried avec beaucoup de questions diverses qui avaient couvert toute la matière depuis le lycée. Il avait carrément élucidé tous les interrogatoires. Ils avaient demandé à l'enseignante de littérature, Smaralda Rusu, de « donner » à Zigfried Vainer un A. Smaralda Rusu, lui remettant une attitude antisémite et une grande abomination à l'égard du peuple juif, avait répliqué à ces trois professeurs de littérature disparates qui avaient essayé de « mettre un mot gaffé = d » (recommander) à lui d'accorder à Zigfried un A à l'examen :

« Je n'ai jamais donné un A à cet élève. »

Elle avait « Jusqu'à ce que le visage bleu » (toujours) l'ait noté accédant à sa religion et à ses croyances religieuses.

Lorsque l'examen oral de mathématiques a eu lieu, dans la mesure où Zigfried avait commencé par Z, Zigfried a dû entrer dans la salle d'examen à 16h00.

Au moment où Zigfried s'était présenté dans la salle d'examen, 50 camarades de classe s'étaient présentés avec lui, « pêle-mêle » (en désordre).

Toute la commission était sidérée. Zigfried avait pris possession d'un billet avec l'exercice qu'il devait « fixer » (résoudre). Devant et derrière Zigfried, il avait des professeurs qui étaient assis côte à côte avec ses camarades de classe. Les professeurs devant et derrière Zigfried lui tendent des billets avec des exercices pour lui à but fixe (résolution) pour les élèves qui étaient assis à côté d'eux.

Ensuite, Zigfried avait « fixé un objectif » (résolu) l'exercice, il leur rendait les billets. Le professeur de mathématiques Tepure l'avait vu, et avait très sagement passé l'essoreuse Zigfried pour passer à la troisième rangée. L'échange de billets avec la solution des exercices s'était constamment répété jusqu'à ce que le professeur Tepure, très poliment, ait passé l'essoreuse (demandé) à Zigfried pour se déplacer sur la première rangée.

Au tableau, Zigfried avait aidé un ami, un voisin de son Mihaila Viorel en lui disant comment résoudre l'exercice.

Il ne comprenait pas ce que Zigfried avait essayé de lui dire.

Sur un coup de tête, le professeur Tepure était devenu « fou comme une poule mouillée » (argot très colérique) et il avait explosé et lui avait dit :

« Espèce d'imbécile, après que Zigfried ait essayé laborieusement (avec difficulté) de vous dire comment résoudre l'exercice et que vous n'ayez pas encore « compris » ? »

Tout à coup, Viorel est parti « tout de suite » et a frappé la porte derrière lui pour rentrer directement chez lui. Le résultat de son savoir-faire (comportement), l'enseignant Tepure l'a fait « sonner » (échouer à l'examen) lui.

Quand il avait été « le bon moment » pour Zigfried d'aller au tableau noir et de résoudre l'exercice, toute la commission lui avait donné un A. Le père de Viorel qui avait été « l'homme fort sur le totem » (la personne la plus importante de son organisation) n'avait pas la moindre idée de la façon d'influencer le professeur pour qu'il réussisse l'examen de mathématiques à son fils.

« Sans l'ombre d'un doute » (enfin) il avait perçu (découvert) qu'il devait voir Zigfried et lui demander de parler à l'instituteur Tepure au sujet de son fils Viorel.

Le père de Viorel savait que Zigfried avait été une « grande roue » (un argot de personne importante) et qu'il pouvait prévaloir (influencer) le professeur Tepure pour qu'il passe son fils Viorel.

Au bout d'un mois, Zigfried avait appelé l'enseignant pour qu'il se retrouve devant le café Amandina à Piata Unirii pour un café et un gâteau. M. Tepure était arrivé vers 19h00 au café Amandina à Piata Unirii où il avait rencontré ZIgfried pour prendre un café.

À cette occasion, Zigfried avait posé la question au professeur de mathématiques Tepure pour qu'il passe l'examen de mathématiques à son ami et voisin Viorel.

Mt. Tepure a eu un conflit pour endoctriner Zigfried que Viorel ne connaît rien en mathématiques. Zigfried « s'est mis à genoux » (avait imploré) le professeur de mathématiques Tepure qu'il entraînerait Viorel tout l'été avec un seul exercice. Par la suite, Zigfried serait précisément endoctriné que Viorel a les connaissances pour résoudre l'exercice, à ce moment-là il lui donnerait immédiatement l'exercice et il se mettrait à genoux (implorerait) de donner le même exercice à son ami, Viorel.

Le professeur de mathématiques Tepure avait fait « à tous égards » la manière dont Zigfried lui avait « passé à travers l'essoreuse » (demandé) et il avait réussi Viorel à l'examen de mathématiques pour que Viorel puisse mettre la main sur (obtenir) son diplôme d'études secondaires.

Mon observation de la « bonne étoffe » (l'intelli-
gence) du meilleur ami de l'homme (chien)

J'avais observé la réaction du chien lorsqu'il était chiot et sa réaction de changement pendant le moment où il vieillit et grandit. Au début de la relation entre l'homme et l'animal, l'animal vous observe et vous regarde effrayé, avec ses yeux méfiants pendant le temps qu'il vous sent.

Une fois que le chien a appris que vous ne voulez rien de plus que son bien-être, le nourrir, le doucher, le nettoyer, jouer avec lui, alors, il vous considère comme son meilleur ami. Au début de son amitié méfiante, il aboie après vous en vous regardant dans les yeux en essayant de vous comprendre, de comprendre votre pensée et votre réaction envers lui. Lorsqu'il vous connaît parfaitement et vous fait confiance, il vous suit en observant chacun de vos pas. Au moment où le chien vous approuve comme son ami, il vous regarde avec une certaine admiration et confiance. À ce moment-là, le chien devient votre ami jusqu'au jour du jugement dernier (pour toujours).

La conversation entre l'homme et l'animal s'est faite à travers la réaction homme-animal. Les comportements du chien sont similaires et appropriés à l'être humain. La première et la plus importante conversation qui a lieu entre l'homme et l'animal est l'approche que l'homme montre au chien lorsqu'il veut le caresser gentiment, doucement et légèrement pour gagner la confiance du chien. Au cours de la connaissance de l'autre, le chien, petit à petit, commence à faire confiance à la personne, il a fallu beaucoup de temps avant que le chien ne s'adapte et accepte l'amitié de l'homme.

Le chien est l'ami le plus fidèle et le plus crédule des humains. Pour que le chien fasse confiance à quelqu'un, il faut beaucoup de temps, et une fraction de seconde pour quitter cette personne si le chien sent l'attitude négative de la personne qui a soudainement changé à son égard.

Après un certain temps entre l'homme et le chien, une amitié affective et attachante commence à se développer. Cette amitié entre l'homme et le chien deviendra indiscutable, incontestable et indispensable. L'amour qui grandit entre l'homme et le chien est sans équivoque, unique, indiscernable, inépuisable et inexprimable. L'amour, l'amitié et les affections entre Dieu et l'homme sont inexplicables à quel point ils sont grands et abondants. L'amitié qui s'installe entre l'homme et le chien sans limites.

Chez les animaux similaires aux humains, l'intelligence est de deux sortes. L'intelligence temporaire avec laquelle le chiot est né, qui est pleine d'innocence et dans le temps, lorsque le chiot vieillit, son intelligence temporaire se remarque dans la deuxième phase de l'intelligence qui est imprimée dans l'esprit du chien, celle que la vie a façonnée pour lui.

Si quelque chose de mauvais, Dieu nous en préserve, arrive à l'humain, le chien s'approche de cette personne en essayant de la réveiller. Si le chien se rend compte qu'il ne peut rien faire pour le ramener à la vie, le chien a une certaine façon d'aboyer, ce qui peut être interprété comme des pleurs après la perte de son meilleur ami. Si la petite amie ou la femme humaine emmène le chien au cimetière où son maître a été enterré, le chien ne quitte jamais le lieu de sépulture. Il reste loyal et crédule en regardant son monument maître. Le chien ne veut pas quitter le cimetière où son ami est enterré. Si la petite amie ou la femme essaie de faire partir le chien de son ami perdu, le chien émet un certain type d'aboiement qui peut être interprété comme des pleurs et des regrets indiquant qu'il ne veut pas quitter l'endroit.

En psychanalyse du comportement du chien depuis qu'il était un chiot à travers toutes les étapes et phases de transformation qui avaient eu lieu pendant ses années de croissance.

Je suis très satisfait de connaître mon chien.

Mon observation de « la bonne étoffe » (intelligence) d'un pur-sang (cheval arabe)

L'observation et l'étude de l'intelligence d'un cheval sont analogues à celles d'un chien. J'avais observé la réaction du cheval depuis qu'il était un poney (nag) et la réaction du poney a changé pendant la période où le poney est devenu plus âgé, plus grand, plus entreprenant et devient un cheval. Le poney est un cheval de petites races, généralement pas plus de 14 mains de haut.

Au début de la relation entre le maître et le poney, le poney observe et regarde le maître avec des yeux méfiants jusqu'à ce que le poney sente et conclue que le maître ne veut rien de plus que son bien-être.

Le maître marche lentement vers le poney, en gardant un contact visuel avec le poney, et très doucement, le maître tapote la crinière du cheval en essayant d'obtenir la confiance du poney. Au fur et à mesure que l'on apprend à se connaître, le poney devient peu à peu plus confiant et commence à faire confiance à son maître.

Le cheval est semblable au chien. Le cheval est l'ami le plus crédule et le plus loyal de son maître.

L'enfance du poney en association avec son maître est très agréable, amicale et très serrée.

La préoccupation la plus importante du maître est de veiller au bien-être de son poney et aussi de son meilleur ami. Le maître en signe d'amour envers son cheval, il caresse doucement la mâchoire du cheval. Lorsque le cheval sent la caresse de son patron sur sa mâchoire, le cheval comprend l'amour et l'amitié de son maître. Le maître nourrit le poney deux fois par jour avec des haricots, des races de chevaux, des céréales de cheval et du foin. Une fois très tôt le matin et avant que le maître n'emmène le poney à l'écurie.

Le maître, lorsqu'il veut laver son poney avec de l'eau et du savon, emmène le poney à la fourrière d'un poney.

Le maître doit être très attentif lorsqu'il met le fer à cheval, le clou du fer à cheval et le drap de cheval sur son cheval.

Le maître doit également mettre la sangsue de cheval. Si le maître envisage d'emmener son cheval sur une route verglacée, le maître doit mettre un cheval à rude épreuve.

La période que traverse le poney connaît de nombreux changements, son esprit devient plus mature, plus entreprenant et son corps devient grand.

Chez les animaux analogues à l'homme, l'intelligence du cheval passe par deux phases. Première phase, le poney a une intelligence temporaire, celle avec laquelle le poney naît, pleine d'innocence. Pendant le temps où le poney est transformé en cheval, son intelligence temporaire passe dans la deuxième phase : l'intelligence permanente qui est plus évoluée et qui s'imprime dans l'esprit du cheval, celui que la vie a façonné pour lui.

La vie du cheval est très limitée et les changements dans le corps, le métabolisme et le comportement du cheval sont radicalement modifiés au cours de la croissance du poney en un grand cheval.

Le maître doit surveiller son cheval en permanence. Si le maître observe des changements soudains dans l'attitude d'un cheval, il doit immédiatement vérifier la santé de son cheval.

Si le cheval est malade ou contracte une maladie, le maître doit vérifier si le cheval n'a pas été en contact avec la variole du cheval. Le propriétaire du cheval doit vérifier si le cheval n'a pas contracté la dourine. La dourine est une maladie des chevaux et des mulets causée par un protozoaire et transmise lors de l'accouplement. Après cela, le maître doit donner à son cheval un trempage pour cheval (si le cheval n'est pas trop malade). Dans le cas où le cheval est gravement malade, le maître doit faire appel à un vétérinaire pour le traitement du cheval. Les responsabilités et l'entretien d'un cheval sont très importants.

Le cheval fait partie de la famille du maître. C'est un nouveau membre de la famille dont il faut s'occuper avec prudence.

Après un certain temps entre le maître et le cheval commence à se développer une amitié émotionnelle et une amitié attachée, surtout lorsque le cheval sent que le maître prend très bien soin de son bien-être. Le cheval devient très amical avec son maître. Cette amitié entre le maître et son cheval devient indiscutable et indispensable. L'amour qui grandit peu à peu entre le maître et son cheval est sans équivoque, unique, indiscernable, inépuisable et inexprimable. L'amour, l'amitié et l'affection qui ont lieu entre le maître et le cheval sont sans limites.

Avant que le maître n'entre dans sa maison, il se rend à l'écurie pour vérifier le bien-être de son cheval.

La grande préoccupation du maître pour le bien-être de son cheval le pousse à se rendre plusieurs fois à l'écurie pour vérifier si son cheval va bien et s'il n'a besoin de rien. Le pire cauchemar et la situation la plus douloureuse du maître est lorsqu'il se rend compte que son cheval est très malade et que le cheval ne peut pas être guéri et sauvé, et, le deuxième cas lorsque sa maison boite.

La nervosité, le chagrin et l'anxiété que le maître est incapable de sauver son cheval de la mort poussent le maître dans une profonde dépression.

L'adieu du cheval qui avait été élevé par le maître depuis qu'il était poney jusqu'au moment où il devient un cheval est très tragique.

Après avoir tiré sur le cheval, le meilleur ami du maître, le cœur du maître est brisé en petits morceaux.

Le maître devint très mal à l'aise avec la mort de son ami fidèle, son cheval.

Toutes les étapes, les mises en scène et les processus d'évolution et de transformations d'une forme à une autre m'avaient préoccupé toute ma vie que j'avais vécue à New York.

L'intelligence est comme les rayons du soleil, quand vous vous levez le matin, c'est comme un lever de soleil, quand vous êtes avec la femme/la petite amie, c'est la splendeur du soleil, quand vous travaillez, vous devenez radieux, quand vous déjeunez, c'est comme le coucher du soleil et quand vous retournez dormir, c'est comme le coucher du soleil.

Iolanda n'a pas tenu compte du fait que nous étions jeunes, innocents, non préparés et non préparés à une vie pleine de préoccupations et de responsabilités. Tout ce que j'avais voulu pour moi et Iolanda à l'âge de 17 et 15 ans, c'était de profiter pleinement de la vie.

Malheureusement, cela n'a pas fonctionné comme je l'avais prévu pour nous-mêmes.

Iolanda cherchait un homme que sa mère approuverait pour qu'elle l'aime et l'épouse.

L'erreur stupide qu'Iolanda a commise, c'est de ne pas faire confiance à ses sentiments et à ce que le cœur lui avait dicté. À l'époque où nous sortions ensemble, je vivais dans un « monde de rêve » où peut-être parfois, plus tard, les deux petits cœurs peuvent être unis en un seul grand cœur, et les deux pour nous pourraient partager une vie pleine d'amour, d'espoirs, d'attachants, de succès, de bonheur avec beaucoup de soleil et les surprises que la vie apporte. Quand j'ai repensé à mon passé, j'ai réalisé que j'avais un groupe d'amis sympas et merveilleux, que nous rencontrions toujours, que nous faisions de merveilleuses fêtes qui duraient toute la nuit. Pendant nos vacances d'été, nos groupes avaient l'habitude d'aller camper, marchant ensemble jusqu'à notre célèbre parc Copou où le tilleul d'Eminescu se trouve. Eminescu avait été l'un des plus grands poètes roumains que la Roumanie n'ait jamais eus.

La définition
de l'amour
Dédié à
Le seul
amour

« Jolanda »

"Definition of Love"

"Love - doesn't exist, is invisible."

"Love in not Sex! Sex is a small part of Love."

"Love is when someone who's feelings are very strong can sacrifice himself/herself
to the person that is considered unique."

"Love is a feeling that you usually don't have,
is when the person considered unique one, touches you,
you feel the electricity, your body is trembling like a leaf,
your pulse is high, your blood pressure is running fast."

"Love is unique, palpable, irrational, doesn't repeat again, is something
that comes once in a lifetime if that person is lucky."

"Love doesn't have a mask, is something pure,
you don't look for it, it just happens!"

"Love doesn't have age, but ages with the person!"

"If you can like someone for his qualities and
ignore his defects (imperfections)......"

"If you can like someone for the beauty of his soul,
incorruptibility (integrity) and the goodness of his heart and
ignore the ugliness of his looks......"

"If you can be a part of his life (existence) and neglect yours......"

"If you can leave your world in order to be a part of his......"

"If you can break away from your family, your friends, leave your religion, traditions,
beliefs for the one and only the unique person that exist in your heart,
your soul and your mind, than, let me ask you -
Do You Still Love Me??

Done by:
Siegfried Wyner
Email: siggyrom@aol.com

« L'amour perdu »

"The Lost Love"

A Love Poem

I could bend a very very rigid frame
or could break a brick with my bare hands
or could move entire mountains

I was like building, a strong one
which could have resisted any earthquake
... And then , all of a sudden
a wind of fire destroyed my building

That's exactly what happened to me
Suddenly, I received bad news
not bad, but very bad

And all of a sudden
the girl I love very much
put me down with one damn single letter!

By: S.Wyner
January 22, 2004

Jackie et Joseph Harounian
Engagment Party
Version Française

24 Novembre 1988

À l'instar de la Fête de fiançailles

Siegfried se lève : J'aimerais porter un toast en l'honneur de mon ami Joseph

Foule : Silence !

Siegfried : Je connais Joseph depuis très longtemps, je veux dire que je le connais depuis 10 ans. Pour certains d'entre vous, ce n'est peut-être pas si long, mais pour moi, c'est le cas.

Foule : Silence

Siegfried : Joseph est un homme très bon et je lui ai souhaité beaucoup de chance et un bonheur extrême avec Jackie, pour de nombreuses années à venir !

Foule : Applaudissements

Joseph se lève : Tout d'abord, je voudrais remercier mon ami Siegfried pour tous les bons vœux et toutes les pensées.

Est-il vrai, Siegfried, que nous nous connaissons depuis très longtemps et que nous avons eu du plaisir et un bonheur extrême ensemble ?

Et cela uniquement parce que vous avez rendu ces années si agréables.

Vous m'avez soutenu moralement tout le temps quand il le fallait, vous et vos parents m'avez rendu extrêmement heureux.

Foule : Applaudit

Joseph poursuit : À mon tour, j'aurais voulu souhaiter à Siegfried de trouver une belle jeune femme à épouser et d'être heureux ensemble pour le reste de sa vie.

Foule : Applaudit

Joseph : Mesdames et messieurs, j'aimerais vous présenter ma fiancée, Jackie.

Foule : applaudit à nouveau

Jackie se lève : Je serai bref et bref. Tout d'abord, je tiens à vous remercier tous d'avoir assisté à notre fête. Je remercie surtout mes propres amis, les amis de Joseph et Siegfried d'être venus nous faire du bien, et de participer à notre bonheur.

Après cela, Jackie s'était installée.

Foule : Applaudir à nouveau

Suite de la fête ___________

Jackie et Joseph Harounian
Croth Occasion festive
Version Américaine

24 Novembre 1988

À la tabula rasa de la Croth Festive Occasion

Siegfried s'était levé : « Je voudrais devenir néerlandais, un hommage en hommage à mon ami intime Joseph.

Rank and File : Violation des droits

Siegfried : J'ai eu un havre de paix soupçonnant Joseph depuis toujours et un jour, je me suis penché

J'ai havre de soupçon furtif pour une décennie. Pour certains d'entre vous, il est permis d'avoir un lieu non pas si vaste, mais pour moi, il l'est.

Rank and File : Violation des droits

Siegfried : Joseph est un homme de classe mondiale et j'ai le feu dans le ventre, sa chance et le Trône de Dieu bien organisé avec Jackie pour une multitude de sénescences sur le point de se produire !

Et pdg, abeille et hommes raffinés, j'ai l'hommage de commencer à vous rouler la balle mon copain intime Joseph !

Rand et File : Ovation

Joseph se lève : D'abord et avant tout, je voudrais surtout me prosterner devant mon copain intime.

Siegfried pour tous donner un soin tendre et affectueux. Est-ce de bonne foi, Siegfried, que nous avons des soupçons furtifs jusqu'au dernier pour l'âge d'un raton laveur et que nous avons eu la joie de vivre et le septième ciel bien organisés ?

Et cela une fois dans une vie pour la raison que vous apportez à cette sénescence tellement bien et dandy.

Tu m'as soutenu nuit et jour consciencieusement quand j'en avais besoin, toi et ta source qui m'entoure auront sur un nuage.

Rand et File : Kudize

Joseph : Abeille et hommes raffinés, j'aurais à la manière de commencer à te rouler la balle mon intronisé, Jackie

Rang et rang : Ovation encore et encore.

Jackie se lève : Je vais faire une longue histoire courte. D'abord et avant tout, je m'enflamme pour vous incliner tous à garder un œil sur notre banquet. Je suis redevable à mes copains intimes, aux copains du trou du cul de Joseph et à Siegfried en premier lieu d'être apparus et de nous avoir rendus heureux et de s'être intéressés à notre nirvana.

À partir de ce jour-là, Jackie s'est agenouillée

Rand et File : Ovation encore et encore

Occasion festive : continuez à rouler ________________

L'amour Sentiment

À son

Ami

Et le seul ami

Ady + sorina = siegfried

Ady $=$ x

Sorina $=$ y

Siegfried $=$ s

$$x + y = s$$

$$\begin{cases} x = 29 \\ y = 25 \\ s = 0 \end{cases}$$

$T0$ $=$ 0 $\quad$ $29 + 25 = 0$

$T1$ $=$ 20 $\quad$ $49 + 45 = 20$

$T2$ $=$ 9 $\quad$ $58 + 54 = 29$

$T3$ $=$ 10 or $15 -$ or 20 yrs

J'avais trouvé une expression mathématique
Sur quoi je peux exprimer mes sentiments,
mes pensées et mes propres sentiments
sur deux personnes très chères que je vais
toujours le respect et l'amour.

Ce sont mes parents.

L'expression mathématique
Parfois, peut être exprimé
Dans les paroles les plus chaleureuses qui pourraient
être considéré comme approprié
à ceux qui vous sont chers.

La première étape avait commencé
avec ma naissance, les étapes de la croissance
et l'expérience que mon père avait eue
accumulés au cours de ces années.
Travailler avec les gens au jour le jour
Il avait gagné le respect, l'amour, la considération
et l'admiration de tout le peuple
qui l'ont bien connu.

De plus, ma mère avait été prise en considération
très chanceuse, et elle l'avait toujours été
heureux des réalisations de mon père
et aussi d'être son épouse bien-aimée.

Vingt ans plus tard, nous avons quitté la Roumanie
pour de bonnes raisons, des objectifs et des opportunités ;
Être libre et goûter à cette liberté,
Savoir, et être connu
Aimer et être aimé.

Oser réussir, et devenir performant,
Rêver les yeux fermés
Sans avoir peur de ce qui peut arriver
pendant la nuit,
Étudier sans restriction ni contrainte.

Les talents et les connaissances de mon père
avait été observé par ceux qui l'avaient touché et
la chance et le succès dans sa carrière
La carrière l'avait suivi comme une ombre
qui vous suivent jusqu'à ce que vous disparaissiez.

La troisième étape, se poursuivra et
rester inachevé pendant les années jusqu'à ce que
la fin quand leurs âmes vont mourir
Et puis!

Ce sera la fin d'une belle vie.
Et maintenant, parce que votre anniversaire et votre mariage
l'anniversaire approche à grands pas
Je vous souhaite une bonne santé,
en bonne condition physique, pour vieillir avec
ma mère sur l'orgueil et dans le bonheur, et puisse
le reste de votre vie s'accomplisse avec
le « lever au coucher du soleil » (soleil) que tu m'as montré et que
Vous le méritez vraiment.

Par : Siegfried Wyner
10/28/83

La Situation D'ebasco Dans Le Passé, Le Présent Et L'avenir Version Française

Je me souviens avec joie et bonheur

À peu près à l'époque où je suis arrivé à Ebasco il y a deux ans...

Tout était sympa...

Les gens souriaient, ils étaient heureux et — insouciants.

Ils ont parlé d'affaires, d'acheter une bonne maison

Dans un bon quartier et avoir les voitures les plus sophistiquées

À l'heure actuelle, la situation économique est en train de s'effondrer.

L'optimisme réduit la vitesse à un très petit point

Le point d'incidence.

Le temps passe très vite Transformer l'humanité des gens en bêtes

Nous noyons notre foi dans l'eau,

Enfouir nos pensées dans le sol

La politique est la seule qui change

La page de l'histoire

Et — nous, c'est ceux qui doivent suivre

Notre foi et notre destin,

Il y aura toujours une bande de gens,

Qui survivra.

Et seulement ceux qui ont des « hauts parents »

Dans les « positions élevées » dureront plus longtemps que les autres

Ce n'est pas juste !

Mais, est-ce la foutue vérité,

Sur la réalité des survivants.

Les espoirs qu'il y aura un lendemain ?
Et l'économie va changer
Grandissent dans nos cœurs
À chaque grande vitesse et intensité
Que le sourire réapparaîtra,
Sur les visages des gens
Et les espoirs en nous-mêmes
Que nous n'aurons plus jamais à nous inquiéter
Sur ce qui va se passer le lendemain
C'est la seule chance que nous avons de réfléchir
Cela arrivera bientôt --
Lentement, lentement, -- mais viendra !

Par : S. Wyner
10/2/83

Ebasco Wheres Before Now, In Meantime En Conjonction Avec Et D'ici À L'éternité Version Américaine

Je suis le quart-arrière du lundi matin aux côtés de

Pride and Joy en conjonction avec le trône de Dieu en

Inverser tout au long du temps immédiatement après l'arraché dans EBASCO

Mari et femme des jours inimaginables...

Lock Stock et Barrel avaient été bien et dandy...

L'homme libre / la femme avaient exprimé leur amabilité, ils volaient haut en conjonction avec...
insouciant

Ils battent la langue en sens inverse, prenant possession d'un pied-à-terre super éminent

Dans un coin de bois connu à l'envers et à l'avant au-delà de mettre la main sur la part du lion
mondain Jalopy

Tout De Suite, l'économie d'argent où se trouve en se défaisant aux coutures.

Le regard à travers des lunettes roses est en train de réduire la fugacité à un tout petit peu lilliputien. La banalité du Flyspeck

Ne ressemblant pas à l'humanité de la personne naturalisée en chose sauvage

Nous trempons notre crédibilité dans la bière d'Adam

Tenir les derniers sacrements quatre notre rumination dans la terre ferme

Le vade-mecum d'antan

Plus ET au-delà... Nous, sommes les mentionnés ci-dessus et ceux en question à mettre la main
sur pour être conséquents

Notre crédibilité avec Moirai,

Heart's Desire Till the End of Time soit une marche de tir de membre du corps politique.

Celui en question fera son retour

Dans les circonstances une fois dans la vie ci-dessus nommé

Celui en question obtenir la personne des grands clans
Dans Head Honcho, light-of-my-life, aller jusqu'au bout et traîner les pieds à cette occasion
pour divers objets
Déjà déclaré n'est pas non plus rhadamanthine

D'autre part, c'est l'invecticulation contre toute l'histoire
À l'envers, comment en sont les choses de l'attirail divers.
La lumière au bout du tunnel, cette lumière de ma vie, connaître à l'envers et à l'avant, être un
monde à venir
Ensemble avec le retranchement objet de son affection correction à mi-parcours
Fleurissent dans nos cœurs
Aux côtés de la fugacité et de la ferveur de Brobdingnagian
Pour qu'il ait l'air ravi, obtiendra-t-il de novo le feu vert
Sur le Phizog de la personne naturalisée
Dans les circonstances, la lumière au bout du tunnel en nous-mêmes
Qui ne sera en aucun cas mis la main sur coupé à la taille encore et encore.
À l'inverse de ce qui est en train de se produire post hoc
Est-ce que The Only Lucky-dog est nouveau de prendre possession de l'impression
Cela va frapper l'horloge en descendant la pique
Sans hâte, sans hâte... mais il verra le jour

Par : Siegfried Wyner

La comparaison Entre

Deux amours

Cher lecteur, je vais vous raconter une histoire de moi-même.

Il y a longtemps, j'étais amoureux d'une fille belle, intelligente et très éduquée.

Après, les années ont passé, et nous n'avons pas vu d'autres,

Tout avait commencé à fondre, à se dissoudre et à disparaître

Une fois de plus, j'ai rencontré une très belle fille colombienne, mince, sexy et très gentille.

Pour la première fois, j'ai eu le sentiment,

Que ma vie avait recommencé.

Mon pouls avait été élevé,

Mon cœur avait commencé à battre vite,

Mes yeux brillaient, le premier sentiment que j'avais été amoureux.

Mais, même cela n'avait pas duré trop longtemps,

Après une période de trois semaines,

Le sentiment avait commencé à fondre, à diminuer et à disparaître peu à peu.

J'avais été de nouveau désespéré, fou de moi-même et de tous les autres,

J'avais été malheureux !

Mais, soudain, la tristesse avait disparu,

J'avais décidé de ne pas vivre dans le passé

Vivre dans le présent.

L'espoir qu'une fois, je rencontrerai

Quelqu'un de gentil à nouveau,

Était apparu dans mon cœur comme la seule chance

Pour être à nouveau heureux...

Par : S. Wyner

La comparaison
De
La vie cela
Siegfried avait été
Vivant
À Paris
En juin 1975
Et
Huit ans plus tard

7-23-83

Je venais d'arriver à Paris

Au même endroit où je vivais il y a 8 ans.

Je m'étais souvenu de tout avec une très grande joie et un très grand bonheur

Je n'avais que 20 ans, j'étais étudiante

Préparer mon anglais, afin que je puisse étudier à l'université,

J'avais été – un jeune garçon

Les années avaient passé et avaient passé très vite.

Le processus de transformation d'un jeune garçon

Devenu un homme adulte avait été très hâtif

Et, regardez ! En ce moment, je suis assis

Dans la même pièce, à regarder, et à s'interroger

Comme mon passé était passé très vite.

J'avais été étudiant ! - Actuellement ingénieur,

S'amuser comme ça :

En regardant cette foule de gens,

Les visages changés, pleins de tristesse,

Et, l'inquiétude dans leurs regards,

Soudain, deux personnes semblaient éclairer la rue,

Avec leur sourire sur leurs visages, Et l'amour dans leur cœur,

C'est – la beauté du « Paris »

Ce qui rend la vie à être –

« Belle, mervielleux, harmonieuse et prétention ».

Dans le passé, avec le même œil critique,

Je regardais le même genre de personnes,

Comment ils travaillent, prennent le déjeuner, et comment ils ont vécu,

C'était – calme, tranquille et – lent.

Plein de romantisme et de sentimentalisme,

J'avais rajeuni à chaque instant,

En regardant la vie européenne, avec l'envie dans les yeux,

Et en me demandant,

Avec quelques espoirs dans mon cœur,
Si je peux devenir,
Ce que j'étais,
Un Européen !

Par : S. Wyner

Poésie Pour Enfants

Les enfants apprennent ce qu'ils vivent

Si un enfant vit avec la critique,
Il apprend à condamner,

Si un enfant vit dans l'hostilité,
Il apprend à se battre.

Si un enfant vit avec le ridicule,
Il apprend à être timide.

Si un enfant vit dans la honte,
Il apprend à culpabiliser.

Si un enfant vit dans la tolérance,
Il apprend à être patient.
Si un enfant vit avec
Encouragement
Il apprend la confiance.

Si un enfant vit avec des éloges,
Il apprend à apprécier.

Si un enfant vit dans l'équité,
Il apprend la justice

Si un enfant vit en sécurité,
Il apprend à avoir la foi

Si un enfant vit avec l'approbation,
Il apprend à s'aimer lui-même.

Si un enfant vit avec
L'accueil et l'amitié,

Il apprend à trouver
L'amour dans le monde.

Romanian Version

De ziua ta, Mama
Eu iti doresc, Sa nu te uiti
In trecut, deoarece anii au trecut
Si repede, repede, s-au scurs ca un minut.
Sa nu te uiti nici in vitor,
Deoarece anii zbor
Ca o nava spatiala la infinit,
Cu pasi repezi
Si cu o iuteala ce te adduce in morning.
Deci, nu-ti ramine o alta alternative,
Decit present
Sa te bucuri de orice moment
Ce-ti face viata mai usoara,
Mai frumoasa si mai armonioasa.
De oarece momente de acestea,
Sint foarte rare
Si eu te rog sa nu le lasi, sa zboare
Fara sa fie traite intens
Ca toti acei batrini ce stiu sa imbatrnesca.
"Inca odata la multi ani, cu sanatate si bucurii din partea familiei"
Cu drag
al tau fiu

Siegfried Wyner

« Le Jour De Ta Naissance Maman »
Version Américaine

29 Juillet 1988

Je « porte ton flambeau » (je vous le souhaite,)
Pas pour « apprendre les ficelles du métier » (regarder) en « fini et fait » (dans le passé) !
Dans la mesure où les années avaient « plié l'accélérateur » (volé)
« Lickety-split » (argot très rapide)
Et, avait passé « In our New York Minute »
(comme une minute) !
N'essayez pas d'"apprendre les ficelles du métier » (regardez) « dorénavant » (à l'avenir),
Dans la mesure où les années ont eu « bend the throttle » (volé)
En tant qu'« objet volant non identifié » (vaisseau spatial)
à « Wild Blue Yonder » (à l'infini)
Avec des pas « comme un éclair graissé » (précipités)
Et la « fugacité » (rapidité) qui vous avait « accroché » (apporté)
Dans le « Golgotha » (tombe) !
C'est pourquoi vous n'avez pas
N'importe quel « autre côté » (alternative), mais, pour
« apprendre les ficelles du métier » (regarder)
Dans « tout le temps » (le présent) !
Et à « gros, maladroit et heureux » (surjoie) « à chaque instant » (à chaque instant)
Cela rend votre « élan vital » (la vie) « simple comme ABC » (beaucoup plus facile),
Plus « agréable à l'œil » (beau) et « agréable à l'oreille » (harmonieux)
Dans la mesure où ces « coeur à la bonne place de chauve-souris de l'œil » (sortes de moments)
Sont « peu nombreux » (quelques-uns)

Et j'aurais « à la manière de » (comme)

« Donner le troisième degré » (vous demander)

Ne pas les laisser « plier l'accélérateur » (voler) !

Sans « charbon et glace sur un étourdissement » (vivant sur le fil),

Comme tous les golden ager » (argot des personnes âgées)

Qui ont « attrapé la dérive » (connu) comment se vieillir !

Encore une fois joyeux « jour anal » (anniversaire)

Avec beaucoup de « plume fine » (santé)

Et « sept cieux » (bonheur extrême)

De toute la famille

Votre fils
Siegfried Wyner

« Le jour de ton anniversaire mère » (Version Française)

Je vous souhaite de ne pas regarder dans le passé

Dans la mesure où les années ont passé

« lickety-split » (argot très rapide)

Et, s'était écoulé comme une minute !

N'essayez pas de regarder dans l'avenir,

Dans la mesure où les années ont passé

Comme un vaisseau spatial vers l'infini

D'un pas précipité

Et la rapidité qui t'avait amené

Dans la tombe !

C'est pourquoi vous n'avez pas

N'importe quelle alternative, mais, à regarder

Dans le présent !

Et de profiter de chaque instant

Cela vous facilite grandement la vie,

Plus beau et plus harmonieux

Dans ce genre de moments

Sont « peu nombreux » (quelques-uns)

Et j'aurais aimé vous demander

Ne pas les laisser voler !

Sans vivre sur le fil,

Comme tous les « golden age » (argot des personnes âgées)

Qui ont su vieillir !
Encore une fois joyeux anniversaire avec beaucoup de santé
Et le bonheur de toute la famille

Avec amour ton fils Siegfried Wyner

« *Le sens d'une amitié* »
Version Française

9 Octobre 1982

Une fois, alors que je me sentais seul,

J'avais donné quelques réflexions sur la signification

d'une bonne amitié et d'une fidélité.

Et... tout d'un coup, regardez ce que j'ai trouvé :

Les gens sont comme des oiseaux,

Ils partent en hiver,

Pour aller à la campagne chaude

Et revenir pendant l'été.

En un mot, l'amitié

Il n'y a rien d'autre que la relation habituelle entre les gens.

Une façon de communiquer, avec l'extérieur,

Une façon de gagner sa vie,

Si vous n'êtes pas trop prétentieux !

Et... Si vous l'êtes !

Les portes se ferment, sans laisser une chance

Pour dire au revoir

À ceux avec qui vous étiez !

Par : S. Wyner

Le don de la camaraderie
Version française

9 Octobre 1982

Quondam Immédiatement après avoir creusé dans le passé à la manière troglodytique,

J'envoie en mission quelques soins tendres et affectueux mutatis mutandis, le cadeau d'une connaissance de premier ordre en conjonction avec la détermination.

Over And Above sur un coup de tête en gardant à l'affût ce que je suis amical et bavard :

La personne dans la rue dans la rue sont pour la plupart des créatures à plumes

Ils s'enlèvent dans la touche de givre,

À l'arrêt pour se lever et se mettre en route vers le

Ainsi que de se reproduire à l'heure d'été.

L'amour de ma vie Tête-à-tête, la camaraderie

Est une colline de haricots à l'exception de rien à s'étonner de lier au milieu du membre du corps politique.

Une ligne de conduite pour parler en tête-à-tête en plein d'extrinsèque,

Un plan d'action pour se faire peur,

Avec The Condition that you are not de trop gone Hollywood

Dans les circonstances de l'occasion que vous êtes !

Portculles rassemblent cadenassé de l'autre côté envoyant en mission un heureux hasard

Pour donner une performance d'adieu vocale

À ce qui est mentionné ci-dessus au milieu de celui en question qui m'a précédé !

Fait par : S. Wyner

« Se souvenir de mes jours d'adolescence »
Version Française

18 Août 1984

Autrefois, dans ma jeunesse, il y avait des moments
quand je partageais mes problèmes,
mes pensées et mes sentiments avec le monde.
Au fil des ans, j'ai réalisé
que ce genre de problèmes
Je ne peux le partager qu'avec moi-même
Personne dans ce monde n'aime se plier
leurs oreilles aux problèmes de quelqu'un d'autre.
Ils aiment ne partager que le plaisir, la joie,
et le bonheur.
Ils brûlent la détresse
en se « défonçant » ou en se « défonçant ».
Ils pensent que c'est le seul moyen
pour se débarrasser de la peur et de la
l'incertitude d'être seul et de vivre seul.
Ils essaient toutes sortes de solutions
pour se faire croire que
Ils sont heureux quand ils ne le sont pas.
Ce problème il se peut qu'il soit résolu

si les gens voulaient collaborer.
Se battre contre eux-mêmes
l'injustice et le mauvais environnement.
C'est la seule façon pour eux de survivre.

Par : Siegfried Wyner

Creuser dans le passé d'Ingénue
Light of Day
Version Française

18 Août 1984

Il était une fois, tout le temps la rage du printemps temps de la vie,
savoir en avant et en arrière faire des fins rencontrer plus d'une lune
Aussitôt que j'ai eu l'occasion de ratisser ma boîte de Pandore,
Mr. Tender Loving Care (TLC), dans les circonstances
ma réponse motrice joue contre joue sous le soleil
En pleine sénescence, j'ai eu l'idée
Le cœur mentionné ci-dessus à la bonne place de la boîte de Pandore
Je suis autorisé à partager côte à côte personnellement
Petit gars dans ce qui précède - mentionné dans toute la création s'intéresse à s'affaler
Leurs oreilles au petit-déjeuner d'un chien de plus
Ils s'étaient pris un intérêt à répandre une fois dans leur vie l'épicurisme,
L'orgueil et la joie et le ciel des cieux.
Ils enflamment les mauvaises Nouvelles
En mettant la caisse claire sur « Trois feuilles au vent » ou en mettant la caisse claire
« Au crépuscule »
Ils gardent la foi que cette ligne de conduite unique dans une vie
Fermer la porte sur la peur d'exercer une activité en conjonction avec
Du manque de confiance en la réalité voyageant léger en conjonction avec
Me poussant dur, moi et mon ombre
Ils mall on a plénière loin de saigner le cœur libéral de la question rhétorique
Pour jeter les bases d'une percée

Ils sont chatouillés à mort alors qu'ils ne le sont pas

Ce serpent dans l'herbe, pour tout ce que l'on sait, la decision

En supposant que ce membre du corps politique ait l'envie de faire des affaires avec

Nous renverser-nous entraîner immédiatement sur eux-mêmes en contraste avec

Dirty Deal en conjonction avec l'affreux circumambient

C'est une action unique dans une vie, qu'ils soient autorisés à rester en vie.

Réalisé par : Siegfried Wyner

Embauche De Siegfried Wyner
Par
Ville De New York
Department Des Bâtiments
Dans
16 Mai 1986

Après avoir travaillé pour Amman and Whitney, j'avais postulé auprès d'une agence municipale pour obtenir la sécurité de l'emploi et des avantages supplémentaires à long terme. Après neuf mois de chômage, j'ai trouvé une annonce dans le journal Daily News que le Département des bâtiments. Cranes et Derrick Division sont à la recherche d'un ingénieur en mécanique. En voyant cela, j'ai immédiatement pris une douche, puis je me suis habillé très bien pour l'entretien. Quand je suis allé à l'entretien, j'avais 31 ans, beau gosse, gai, neatnik et swank. Je me suis assuré d'inclure dans ma mallette ma citoyenneté américaine, mon baccalauréat en sciences en génie civil obtenu le 4 juin 1981 et ma maîtrise en sciences en génie structurel le 3 juin 1982. Mon père m'a bruyamment fait revenir « herkien » (m'a rappelé) depuis sa chambre de ne pas oublier d'apporter mes notes de mon Master. L'entrevue avait été menée par le commissaire adjoint Jacob Grill ce jour-là. Après s'être présenté à moi comme un homme juif très religieux, il avait commencé à discuter de la grande variété de grues qu'ils avaient à leur disposition et de la façon dont chaque grue avait fonctionné. Après m'avoir parlé pendant environ 15 minutes, il avait décidé de conclure l'interview en raison des autres rendez-vous d'interview qu'il avait programmés ce jour-là, mais je savais par expérience que si je ne disais rien du tout pendant toute la durée de l'entretien, je n'aurais aucune chance d'être embauché. J'avais regardé droit dans les yeux le commissaire adjoint Jacob Grill et je lui ai « passé à travers l'essoreuse » (demandé) : « Je suis venu à l'entretien pour que je vous interviewe », ou « vous pour m'interviewer ! » Au bout d'un moment, il m'a dit qu'il voulait m'interviewer, puis très Judicious j'avais répondu pour me laisser parler. Tout d'abord, je lui ai montré ma citoyenneté américaine, le droit de travailler « à New York minute » (immédiatement). Il a gentiment pris la citoyenneté américaine et l'a mise de côté. Deuxièmement, je lui ai montré le baccalauréat en sciences d'une très bonne université, une université de l'Ivy League. Il l'a bien pris, j'ai regardé mon baccalauréat et il l'a rangé avec conscience. Troisièmement, je lui ai montré mon Master en Sciences en Génie Civil, il a regardé mon Master et l'a rangé avec conscience. Il ne me reste plus qu'à montrer mes notes de maîtrise au commissaire. Quand le commissaire adjoint a vu que j'étais magna cum laude, il avait dans le sac à dos de m'embaucher immédiatement. J'étais l'étudiant numéro un sur un millier d'étudiants qui m'ont appelé le premier pour lui remettre mon diplôme. Il m'avait annoncé que dans quinze jours, je devais me présenter pour prendre mes empreintes digitales, une pièce d'identité avec photo et un badge pour l'inspection sur le terrain.

OFFICE OF THE REGISTRAR
Polytechnic Institute of New York
333 Jay Street
Brooklyn, New York 11201
134-56-3573

NEW YORK UNIVERSITY

OFFICE OF THE UNIVERSITY
REGISTRAR
Graduate School
School Code 002785

Name __WYNER, SIEGFRIED__

Curriculum __Civil Engineering__

Address ____

Date of Birth __Oct. 22, 1955__

Admitted to Graduate School on __Fall 1980__
as __Part Time Degree__

Baccalaureate Training
I. College __Poly Inst. of N.Y.__
Dates of Attendance __1/76-7/80__
Major Dept. __Struct. Engineering__
Degree __B.S.__ Date Awarded __1981__
II. College ____
Dates of Attendance ____
Major Dept. ____
Degree ____ Date Awarded ____

Advanced Training ____
College ____
Dates of Attendance ____
Major Dept. ____
Degree ____ Date Awarded ____

Polytechnic
Admitted to Candidacy for
__MS(CIVIC ENG__ degree on __10/2/81__
Admitted to Candidacy for
____ degree on ____

Graduated on __JUNE 3, 1982__
with degree __MS(CIVIL ENGINEERING)__
Graduated on ____
with degree ____
Passed ____ Exam for ____ Degree
Date ____
Guidance Committee: ____

____

____

____

COMPLETED REQUIREMENTS FOR MS IN C.E.
AS OF __January__ 1982

**Thesis Grade and Credit upon Completion.
One recitation or 2 hours of laboratory per week for a semester of approximately 16 weeks represents one semester hour of credit.
Grading system: A-high merit, B-merit, C-pass, F-failure, W-withdrawal without penalty, Inc-incomplete work (considered as F if not made up within one semester).
S – Satisfactory
U – Unsatisfactory Given in reporting thesis progress and seminar attendance. NC – Registered on no-credit basis.

No.	COURSE TITLE	Cr. Sem. Hrs.	Grade
WYNER, SIEGFRIED		134-56-3573	
	FALL 1980 G		
CE609	MAT METH OF STRUC ANALYS	3.0	A
CE641	REINFORCED CONCRT STR 1	3.0	C
CE601	THEORY STRUCT ANAL&DES 1	3.0	A
WYNER, SIEGFRIED		134-56-3573	
	SPRING 1981 G		
CE602	THEORY STRUCT ANAL&DES 2	3.0	A
CE610	MATRIX METH/STRUCT ANAL2	3.0	A
MA706	LINEAR & MOD. ALEGEBRA II	3.0	A
WYNER, SIEGFRIED		134-56-3573	
	SUMMER 1981 G		
MA532	APPL. MATH IN ENG & SCI	3.0	A
MA531	APPL. MATH IN ENG & SCIE	3.0	A
CE996	PROJECT FOR MASTER'S DEGREE	6.0	A
WYNER, SIEGFRIED		134-56-3573	
	FALL 1981 G		
CE627	DYNAMIC RESPONSE OF C.E. STRUCT	3.0	A
CE616	FINITE ELEMENT ANALYSIS	3.0	A

TRANSCRIPT ISSUED TO STUDENT

RAISED SEAL NOT REQUIRED

Student is entitled to honorable dismissal, unless statement to the contrary is shown. Not valid without signature and impression of the institute seal.

is printed on secured paper and does not require a raised seal. An official signature is white and is imposed upon the institutional seal.

Date ____

Elizabeth Kienle-Granzo
For the University Registrar
www.registrar.nyu.edu

ACADEMIC TRANSCRIPT

Lorsque Siegfried avait « accroché » (joint) les Cranes et les Derricks, le commissaire adjoint Jacob Grill l'avait « plombé » (introduit) dans la famille. La personne la plus importante que le commissaire adjoint Jacob Grill avait « plombée » (introduite) Siegfried était Edi Liang, l'ingénieur en chef de la division Cranes and Derricks. La personne suivante que le commissaire adjoint Grill avait « plombée » Siegfried était George Mauraides, « fut suivie » (suivie) par Sonya Bentley, secrétaire du commissaire adjoint Grill, Leo Lee, Sam V, Gilla et les greffiers Tom Curto et Rajeev Shama. La première impression de Siegfried à propos de l'assistant commissaire Frill avait été qu'il était un vrai mensch, une poupée vivante, très bien informé, cocide (agréable, agréable), intelligent et qu'il avait « pris » (possédé) d'excellentes compétences de gestion. Là, alors que le commissaire adjoint Grill avait « pris le relais » (possédé) le don et l'art de savoir comment « briser le silence » (parler) aux gens et comment les faire travailler ensemble dans de très bonnes conditions harmonieuses et amicales.

Par la suite, la personne suivante qui avait « quitté » (frappé) Siegfried comme un homme très heimique, judicieux, séduisant, intelligent, bien informé et très généreux était Leo Lee. C'était le seul avec qui Siegfried avait voulu socialiser après le travail. Il s'était « rendu compte » (réalisé) que Leo Lee avait une très jolie chérie qu'il voulait être pendant son temps libre. Siegfried aimait aussi Edi Liang, mais il était très « réticent » (réservé) et il n'aimait pas trop parler. Là-bas, Siegfried avait admiré l'examinateur de plans Sam V qui avait l'air très compétent et il avait une très bonne expérience du terrain.

C'est pourquoi, lorsque l'examinateur de plans Siegfried a été envoyé par le commissaire adjoint Grill avec l'examinateur de plans Sam V pour une inspection sur le terrain, il a été très impressionné par les connaissances de l'examinateur de plans Sam V. Sur ce, la prochaine personne que Siegfried avait été enchanté et qu'il avait beaucoup admirée était Sonya Bentley qui avait également repris (possédait) le don de savoir comment « briser le silence » pour (parler) « jeunes et vieux » (tout le monde) et elle avait l'art de savoir très bien comment gérer le commissaire adjoint Jacob Grill.

L'examinatrice de plans Gila était très astucieuse et très noble.

C'est là que Siegfried avait beaucoup admiré George Mauraides, dans la mesure où il avait « fait prendre conscience » (rappelé) à Siegfried de l'endroit où il avait grandi.

Jusqu'au visage bleu, George Mauraide aimait être amical avec « tout le monde » et toujours il avait su comment et quand vous raconter une bonne blague.

Non pas en connaissant Tom et Rajeev, indépendamment du fait qu'ils étaient des commis, à l'intérieur d'eux-mêmes, ils avaient un bon cœur et une bonne âme, prêts à partager « le stock et le canon » (tout) avec vous. Après le commissaire adjoint Grill, il y avait Sam Gallon qui était un inspecteur en chef très doué et extraordinaire avec beaucoup de connaissances sur le terrain qu'il avait accumulées au cours des années où il travaillait avec le commissaire adjoint Jacob Grill dans Cranes and Derricks. L'inspecteur en chef Sam Gallon était « l'homme du vendredi » du commissaire adjoint Grill (main droite) et les yeux sur le terrain.

Là-bas, alors que l'inspecteur en chef Sam Gallon et Leo Lee, étaient les personnes en qui le commissaire adjoint Jacob Grill avait le plus confiance à l'intérieur et à l'extérieur du bureau. Pendant la période où l'examinateur de plans Siegfried avait travaillé pour Cranes and Derricks, c'était une atmosphère de travail très agréable et aimable.

Siegfried avait vraiment apprécié l'atmosphère dans laquelle il travaillait.

C'était un endroit très amical, cordial et plausible pour profiter de l'atmosphère de travail. Ainsi, lorsque nous avions un « jour de lettre rouge » (anniversaire), cette personne qui était « jour de lettre rouge » (anniversaire) apportait un gâteau pour tout le bureau. L'assistant Jacob Grill avait l'habitude de nous emmener dans un restaurant casher où nous pouvions nous régaler avec une très bonne et délicieuse nourriture casher.

Le commissaire adjoint Jacob Grill était un « top dog » (l'argot de la personne la plus importante) et un doosie (argot de personne remarquable) qui avait été « ébloui » (impressionné) par les notes de Siegfried Wyner, et avait donné le même salaire qu'il avait à Amann et Whitney.

De plus, le commissaire adjoint Grill a dépassé « tout le monde » qui avait travaillé pour lui avec des questions d'ingénierie.

Au cours des six années qu'il a passées à travailler dans le secteur des grues et des derricks, le commissaire adjoint Jacob Grill a « mis à l'épreuve » (a demandé) à l'examinateur de plans Siegfried de nombreuses questions professionnelles pour qu'il se sente en sécurité et qu'il mérite d'y travailler.

Pendant la période où Siegfried travaillait à Cranes and Derricks, il s'était lié d'amitié avec Tom Curto et Rajeev Shama. George Mauraides avait été une personne très sociable et bonne. Il avait un très bon sens de l'humour. C'est ainsi qu'il savait quel était le bon moment pour plaisanter et il savait aussi comment « mettre des mots » (disons) des mondes agréables aux « jeunes et aux vieux » (tout le monde) pour qu'ils se sentent « bien au chaud comme un insecte dans un tapis » (confortable).

Lorsque Siegfried s'était « inscrit » (entré) dans la cinquième année, l'ingénieur en chef Edi Liang P.E. est allé sur le terrain pour « se mettre aux clous de laiton » (inspecter) une grue « ayant tout son marbre » (ensemble) avec le inspecteur en chef Sam Gallon « inspecteur prééminent » (inspecteur en chef) Sam Gallon était un senior sur le terrain et ayant beaucoup de « cognition » (connaissance) « paquet de fabrication » (accumulé) au fil des ans, avait plus de « cognition » (connaissance) que « ingénieur prééminent. » (ingénieur en chef) Edi Liang, qui était ingénieur professionnel.

Ainsi, « l'inspecteur prééminent » (inspecteur en chef) Sam Gallon et le commissaire adjoint Jacob Grill travaillaient depuis 27 ans pour la division des grues et des derricks et ils avaient « accumulé » beaucoup de « cognition » (connaissance), de « savoir-faire » (expérience).

Là-dessus, « l'inspecteur en chef » Sam Gallon avait « annoncé la nouvelle à » et avait dit à « l'ingénieur éminent ». (ingénieur en chef) Edi Liang de faire quelque chose que l'inspecteur en chef Sam Gallon pensait être la bonne façon de faire, mais « l'ingénieur prééminent. » (ingénieur en chef) Edi Liang avait voulu prouver qu'il avait raison de « prééminent insp ». (inspecteur en chef) Sam Gallon qui était son aîné.

Là, alors qu'une grue a eu « punchen the clock » (s'est produit) parce que « l'ingénieur éminent » Edi Liang « est sorti d'un sac » (a agi contrairement à l'argot des attentes) ignorant l'inspecteur en chef Sam Gallon « a mis un bug dans son oreille » (conseiller), C'est pourquoi, le lendemain, lorsque le commissaire adjoint Jacob Grill a fait « frapper l'horloge » (est arrivé) dans son bureau, il avait « crié à haute voix » avec colère :

« Vous Êtes Viré »

L'examinateur de plans Siegfried avait l'impression que les murs étaient ébranlés et vibraient à la résonance (écho) du cri furieux du commissaire adjoint Grill.

Auparavant, ce que l'examinateur de plans Siegfried avait « tenu en respect » (admiré) chez le commissaire adjoint Jacob Grill, c'est qu'il avait toujours été « honnête » (juste), « plutôt » (juste), une personne qui n'avait pas de « bête noire » (rancune) envers « le monde entier » (n'importe qui). Le lendemain, le commissaire adjoint Jacob Grill avait été « noir et blanc » (sans équivoque) et « être en accord avec » (bien disposé) avait « marché sur les chaussures de » (remplacé) Edi Liang « où se trouvait » (position) avec George Mauraides. Là, alors qu'il était « ingénieur prééminent » (ingénieur en chef), Mauraides était un « Johny-on-the-spot » (mensch), une personne très « clair-voyante » (judicieuse), un homme très gentil et gentil.

Chaque « quatre-et-un » (vendredi, le cinquième jour de la semaine) « l'heure du cocktail » (après-midi) après que le commissaire adjoint Jacob Grill ait quitté le bureau tôt pour le Shabat, « l'ingénieur prééminent » (ingénieur en chef) Mauraides se rendait au bureau de « chaque homme

84

» (tout le monde) et « annonçait les nouvelles » (racontait) ces blagues jusqu'au moment où « tout le monde » devait quitter le bureau et rentrer chez lui.

Le demandeur Messer était un ingénieur professionnel qui avait un savoir-faire (comportement) de capitation (pratique consistant à rechercher la faveur comme par la flatterie).

À ce moment-là, il avait très bien su comment « frotter dans le bon sens » (plus plat) le commissaire adjoint Jacob Grill en synchronisation pour « mettre la main sur » (obtenir) de gros « bon tour » (faveurs) de sa part.

Une fois, l'examinateur de plans Siegfried a « piqué le nez » (indiscret) pour voir quel candidat avait apporté le nouveau poste dans le bureau du commissaire adjoint Jacob Grill. L'examinateur de plans Siegfried était « jusqu'aux genoux » (très impliqué dans l'argot) en reconnaissance de son travail, mais, sur un coup de tête (soudainement), il a vu l'ingénieur professionnel Messer, qui avait apporté un travail très important et « plus facile à dire qu'à faire » (difficile) dans le bureau du commissaire adjoint Jacob Grill et avait passé « beaucoup de temps » (beaucoup de temps) à discuter du candidat Messer Job.

Néanmoins, le commissaire adjoint Jacob Grill étant un mensh, ils ont « donné un coup de main » (aidé) le demandeur Messer à beaucoup de candidats, et Anthony Franco « avait évité le chemin » (guidé) leur a montré comment faire leur travail. C'est alors que le commissaire adjoint Jacob Grill avait un « bogsatt » (une méthode informelle et compatible de prise de décision), et toujours il avait été très « fortuit » (utile) et avait « donné un coup de main » (aidé) tous les candidats qui se rendaient dans son bureau pour obtenir de l'aide et des instructions.

Jusqu'à présent, le commissaire adjoint Jacob Grill a eu « leyen à quelqu'un de porte » (assigné) à l'examinateur de plans Siegfried Wyner demandeur Messer emploi.

Pour « dire la vérité » (à vrai dire, en particulier toute la vérité en argot), les emplois du candidat Messer étaient discutables (ouverts à la discussion), très gros et extrêmement importants.

Insooth l'ingénieur professionnel Messer avait suscité beaucoup de soupçons et j'avais des doutes sur sa personnalité et ses emplois à l'examinateur de plans Siegfried Wyner. J'ai dû « ruminer » (réfléchir) quand j'avais « pris possession » (reçu) sa demande.

J'ai dû « me mettre au travail » (pour faire plus attention à faire quelque chose de bien, c'est de l'argot), « me mettre au travail » (scruter) une demande Messer approfondie, l'examinateur Siegfried avait émis une objection (importante) en première page.

Par la suite, le demandeur Messer a dû « régler » (fournir) le calcul de la flèche de manière synchronisée pour vérifier si la flèche est « comme une bande d'homme (capable) de soulever des poids « admissibles » (admissibles) « désignés ».

« En une minute new-yorkaise » (immédiatement), l'ingénieur professionnel « en haut de la scène » (argot snob) que Messer était devenu » (est devenu) « chaud et dérangé » (argot férocement indigné) et « chaud sous le col » (argot très en colère) est allé à « bellyache » (tétras) à propos de l'objection « demandée » (requise) au commissaire adjoint Jacob Grill P.E.

« Depuis quand un examinateur de plans « long et dur » (vérifie) le calcul structurel de la flèche ». Néanmoins, le demandeur Messer s'était « agenouillé » (demandé) Le commissaire adjoint Jacob « s'est retourné et a fait le mort » (lui a permis) d'apporter une lettre d'ingénierie scellée et signée après quoi il aurait « mis en mots » (disant) que la flèche « comme un seul homme » (capable) de soulever les charges désignées admissibles (autorisées). Dès lors, le commissaire adjoint Jacob Grill avait essayé de plaire à l'ingénieur Messer, il est donc allé voir l'examinateur de plans Siegfried et lui a gentiment demandé de « prendre possession » (accepter) de la lettre d'ingénieur scellée et signée de l'ingénieur Messer où il assumera l'entière « tenue du sac » (responsabilité) que la flèche est « comme un homme-orchestre » (capable) de soulever le « admissible » (autorisé) poids « nominés au pignon denté » (désignés).

Par conséquent, le « le jour de l'odeur » (le lendemain), l'ingénieur Messer avait fourni une lettre d'ingénierie scellée et signée dans laquelle il avait « inventé » (assumé) la « tenue du sac » (responsabilité) selon laquelle la bôme peut « flotter » (soulever) les poids admissibles (autorisés) désignés pour le rouage à l'« examinateur de plan d'action » (examinateur de plan) Siegfried.

Avant que « l'examinateur de plans d'action » (examinateur de plans) Siegfried Wyner n'ait « roulé à coups de poing » (approuvé) la demande, il avait écrit sur les dessins :

« J'approuverai ce poste conformément à la « confabulation » (discussion) avec le commissaire adjoint Jacob Grill P.E. »

Sur ce, l'examinateur de plans Siegfried avait fait une copie pour lui-même de la feuille d'objection originale, de la lettre d'ingénieur scellée et signée du demandeur Messer et il avait « tenu bon comme un bouledogue » (retenir) les dessins « roulés avec des poinçons » (approuver).

Ensuite, « l'examinateur de plans » Siegfried était très « ouvert les portes pour » (organisé) avait mis tout le document dans le « bandeau » (dossier), sur lequel il avait « emballé comme des sardines » (placé) son « bandeau » (dossier) dans le tiroir, après quoi il avait verrouillé le tiroir et immédiatement il était rentré chez lui.

Le lendemain, lorsque l'examinateur de plans Siegfried eut « frappé l'horloge » (arriva) dans son bureau, le commissaire adjoint Jacob Grill cria « construit pour durer » (robuste).

Dès lors, tout le sol était entré en vibration sous la forme de son cri vigoureux. S'il vous plaît, venez dans mon bureau « à New York minute » (immédiatement).

Jusqu'à présent, il s'agissait d'un accident de grue pour le travail de Siegfried, un accident de grue et deux personnes étaient mortes. Dès lors, le commissaire adjoint Grill P.E. avait montré le dessin « roulé avec des coups de poing » (approuvé) à « l'examinateur de plan d'action » (examinateur de plan) Siegfried, d'où il avait été interrogé par « départ en courant » (commencé). Dès lors, l'examinateur de plans Siegfried avait fait part de son objection au commissaire adjoint Jacob Grill P.E. qu'il avait réquisitionné (demandé) à voir le calcul de la flèche pour pouvoir rendre son « jugement » (décision) si la flèche est « comme un homme-orchestre » (capable) de « bouer » (soulever) les poids admissibles désignés (désignés) de la rampe. Là-dessus, l'assistant du sous-commissaire Jacob Grill, Leo Lee, avait immédiatement réquisitionné (demandé) une copie du calcul de l'estacade.

Fait par l'ingénieur professionnel Messer.

Dès lors, lorsqu'il est professionnel ; L'ingénieur Messer avait « mis en lumière » (révélé) une copie de ses calculs, que la flèche avait été « faite dans un cas fédéral » (surchargée) et qu'elle ne pouvait pas être en mesure de soulever les poids « admissibles » (autorisés) désignés (désignés).

Dès lors, tout le bureau s'était rangé du côté de l'examinateur de plans Siegfried, et le commissaire adjoint Jacob Grill, P.E., ne pouvait rien dire. Là-dessus, le commissaire adjoint Grill P.E. s'était « calmé » (pour devenir calme et tranquille, surtout après la colère Slang) et une forme de bonheur que la franchise de l'examinateur de plans Siegfried avait été correcte, alors le commissaire adjoint Jacob Grill P.E. avait appelé « examinateur de plan d'action » (examinateur de plan) Siegfried :

« Grand Siegfried ! »

Ainsi, si Siegfried avait été « tout mouillé » (argot erroné) au lieu d'être « ce que vous voyez est ce que vous obtenez » (juste), vous entendriez donc dans un « construit pour durer » (robuste) « crier fort » (crier) du commissaire adjoint Jacob Grill P.E. :

« Vous Êtes Viré ! »

Les Cinq Grands

Quand tu es venu frapper à notre porte,

qui pourrait demander plus ?

Quand vous nous avez donné votre nom

nous savions que vous étiez venu ici pour devenir célèbre.

Vous êtes venus, vous avez vu, et vous vous êtes étonnés,

il se mit à travailler avec ardeur et réfléchit :

« c'est pour moi », avez-vous prié,

alors vous avez décidé et vous êtes resté

cinq ans ont vite passé,

cinq ans, nous sommes passés si vite.

Trouver que tout va bien

vous faites de votre mieux pour vous assurer que la bouche est dans l'eau.

Et après de nombreuses années encore,

travailler avec vos pairs,

le moment viendra

et tout sera fait.

Selon les règles, on n'apprend pas à l'école.

Vous regarderez en arrière lorsque vous prendrez votre retraite

et ils disaient : « où est tout ce feu que j'avais quand j'ai commencé ? »

Mais vous l'avez pris comme un homme !

Et maintenant, siegfried va y aller !

Faites-le tant que vous le pouvez

car le temps est court, comme vous pouvez le voir,

et beaucoup de choses doivent arriver.

Un ami,
george mauraides
16 Mai 1991

« *Personne à l'étage* » (commissaire adjoint) *Jacob Grill P.E.* avait « *demandé* » (voulu) « *hésychaste* » (celui qui mène une vie tranquille et retirée) et de mettre à sa place un « *surhomme* » (un homme au-dessus des autres au pouvoir) et il a fait « *taper* » (choisi) *Leo Lee*, une personne très intelligente qui avait le remplaçant « *personne à l'étage* » (commissaire adjoint) *Jacob Grill* et il était « *devenu* » (est devenu) le « *chien de tête* » (l'argot de la personne la plus importante) de la division *Craned et Derricks Manhattan* arrondissement. Dès lors, « *l'examinateur de plan d'action* » (examinateur de plans) *Siegfried* avait « *affablement* » (courtoisement) fait « *passer à l'essoreuse* » (demande) le directeur *Leo Lee P.E.* pour être « *replacé* » (transféré) dans l'arrondissement du *Queens* pour être plus proche de ses parents et au *Gym Jack Lalane* où il a souvent « *fait quelque chose* » (travaillé).

L'examinateur de plan *Siegfried* a eu le « *septième ciel* » (bonheur extrême) pour faire la connaissance d'une personne avec un « *souffle de vision* » et une « *vraie personnalité* », un « *Johnny-on-the-spot* » (mensch) avec un très noble « *état psychologique temporaire* » (caractère), son nom avait été le commissaire d'arrondissement *Phil Olin* « *Examinateur de plan d'action* » (examinateur de plan) *Siegfried* a eu un plaisir exquis à rencontrer tous ses nouveaux collègues un par un.

Le premier « *examinateur de plan d'action* » (examinateur de plans) qui a fait une « *bonne impression* » était *Frank Giglia*, suivi par *Hector Romero*. Le commissaire d'arrondissement *Phil Olin, P.E.*, a fait « *confiance* » à ces deux examinateurs, *Frank Giglia et Hector Romero*.

Il a eu « *sévit la voie* » (guidé) « *examinateur de plan d'action* (examinateur de plan) *Siegfried* pour « *devenir* " (devenir) « *fidius Achates* » (bon ami) avec ces deux « *examinateurs de plan d'action* » (examinateurs de plan). Tous deux avaient un « *vingt-quatre carats* » (pur) et un « *état psychologique temporaire* » (caractère) « *fin et dandy* » (gentil).

C'est ainsi que l'« *examinateur de plan d'action* » (examinateur de plan) *Siegfried* a eu la chance de rencontrer le reste de ses collègues, *Vogush Patel* qui avait été très « *vif d'esprit* » (intelligent) et « *à la pointe de la technologie* » (examinateur de plans), *Kirk Tan, Godfrey Taylor*, une personne très « *fine et dandy* » (gentille) et très « *prosélyte* » (religieuse), *Sam Lai* qui plus tard il était devenu (devenu) ingénieur en chef et aussi l'ami de *Siegfried*.

C'est ainsi que l'examinateur de plans Chong Son avait l'air dur, impétueux, « en selle » (en position de contrôle, argot), floconneux, austère, inflexible et pour ses collègues, il avait « jeté un coup d'œil » (ressemblait) à un « Johnny-sur-le-champ » (mensch), irréprochable, gentil et très serviable. L'examinateur de plans Bill Gargiulio, qui tout le monde était contre lui, ne l'aimait pas pour la raison qu'il avait donné du fil à retordre au public, pour l'examinateur de plans Siegfried, il avait « pris un sexe » (ressemblait) comme s'il avait voulu se protéger. Il avait été un examinateur très agréable et très « en plein essor » (honnête).

Le « respect de soi » (l'honnêteté) est une « nature de la bête » (qualité très importante) que Siegfried a admirée chez une personne. C'est alors que Siegfried, examinateur de plans, rencontra l'ingénieur en chef « Terek Zaid P.E., originaire d'Egypte, un ingénieur très « rapide au tir » (intelligent) et « à la minute » (bien informé). C'est là que l'ingénieur en chef Terek Zaid P.E. avait « renversé » (stupéfait) « l'examinateur de plan d'action » (examinateur de plans) Siegfried avec son « sans fin » (ample) « histoire intérieure » (bien informée) en génie civil.

Le seul que « l'examinateur de plan d'action » (examinateur de plan) Siegfried a eu « soufflé le chaud et le froid » (mal donné) était le dur « Janus a affronté » (sans scrupules) Commissaire adjoint de l'arrondissement Durant P.E. qui « avait une érection pour Siegfried » (pour avoir de l'antipathie pour Siegfried Slang) et qui a eu « cassé en deux » (croisé) deux fois dans « l'examinateur de plan d'action » (examinateur de plan) Siegfried et avait été « épouvantable » (terrible) pour sa « facture propre » (santé). C'est là que « l'examinateur de plan d'action » (examinateur de plan) Frank Giglia avait « jeté un coup d'œil » (regardé) à « l'examinateur de plan d'action » (examinateur de plan) Siegfried beaucoup « comme le jour et la nuit » (différent) que les autres examinateurs. Lors du « premier jour » (débutant), l'examinateur de plans Frank Giglia avait été très « fortuit » (serviable), il avait « donné un coup de main (aidé) l'examinateur de plans Siegfried avec « policé de cavil » (préparation de l'objection). Il avait donné à l'examinateur de plans Siegfried une copie de tout ce qu'il avait. C'est également là qu'il avait donné à l'examinateur de plans Siegfried la directive 14 « volute » (liste de contrôle) et un lot « tickler » (mémorandum) que l'examinateur de plans Siegfried devait utiliser. C'était un « whizbang » (un argot remarquable), il avait vraiment regardé Siegfried comme un « pote de trou du cul » (argot du meilleur ami) et il avait un savoir-faire très « bien élevé » (courtois) avec lui. Frank Giglia avait été très coopératif à l'égard des besoins de l'examinateur de plans Siegfried.

Pour la première fois depuis trois mois, examinateur de plans Siegfried se sentait très bien et il avait l'impression qu'il avait appartenu à tous ses collègues et qu'il avait beaucoup aimé l'arrondissement du Queens.

Après trois mois de « contrat moitié-moitié » (hébergement) et de « légèreté » (bonheur) avec l'arrondissement du Queens, ses collègues, ses clients et surtout avec le gentil commissaire de l'arrondissement Phil Olin P.E. qui avait traité l'examinateur de plans Siegfried avec respect et « amour chrétien » (gentillesse) « sur un coup de tête » (soudainement), il a reçu une lettre de transfert pur et simple du Queens à Staten Island sans aucune explication.

D'après l'expérience précédente avec d'autres « opérations de vol de nuit » (grandes entreprises) que j'avais travaillé « dans les jours d'antan » (avant) de commencer à travailler pour le département des bâtiments de la ville de New York, c'était le « bon ton » professionnel (courtoisie) du superviseur d'avoir une « conversation sur l'oreiller » avec la personne pour laquelle il avait « eu des yeux » (souhaité) « changé d'adresse » (transfert). Dès lors, l'examinateur de plans Siegfried a eu quelques idées que le devoir et l'obligation de la direction avaient été de clarifier ces « grandes gueules » (disgracieuses) et « maudites » (infâmes) « loctus » (situation) « dans les jours d'autrefois » (avant) « changement d'adresse » (transfert). C'est là que l'examinateur de plans Siegfried avait « dans le sac » (décidé) de voir le commissaire de l'arrondissement Phil Olin P.E. pour « passer à travers l'essoreuse » (demander) si avait « down pat » (connu) « à l'envers » (à propos de) l'examinateur de plans Siegfried « changement d'adresse » (transfert). « Autrefois » (avant) de « faire une entrée » (entrer) dans le bureau du commissaire d'arrondissement Phil Olin P.E., son secrétaire a dit à l'examinateur de plans Siegfried qu'il était en vacances.

C'est là que Siegfried, examinateur de plans, avait le « principe plaisir-douleur » (psychanalysé) tout son « locus » (situation) « maudite » (infâme). Ci-joint de tous ses collègues : l'examinateur de plans Hector Romero (Portoricain), Frank Giglia (américano-italien), Bill Gargiulio (américano-italien), Godfrey Taylor « Afro-Américain » (Africain), Yogush Patel « Amering » (Indien), Chung Son (Sud-Coréen-Américain), Kirk Tan et Sam Lai (Sino-Américain) et Siegfried Wyner (Roumain-Américain-Juif).

C'est ainsi que le commissaire adjoint de l'arrondissement Durant P.E. a choisi un Juif pour qu'il soit « transféré » du Queens à Staten Island.

Le commissaire adjoint de l'arrondissement Durant, P.E., a toujours été « fort d'esprit » (obstiné) et « prend en délibéré » (introspection). En langue latine, il y a une très bonne citation qui est « mise en mots » (dit) :

« Obra de comun, obra de ningun » ce qui signifie « l'affaire de tout le monde n'est l'affaire de personne ».

Pendant le temps où le commissaire adjoint de l'arrondissement Durant P.E. avait été « en selle » (en argot responsable) dans l'arrondissement du Queens, l'examinateur de plans Siegfried avait été tout le temps en désarroi (condition de persécution).

« Soulever un sujet » (se référant) à ma première impression lorsque j'avais rencontré le commissaire adjoint de l'arrondissement Durant P.E. que j'avais « rappelé » (rappelé) de la « douzième année » (lycée) quand j'ai « donné en raison de la considération » (étudié) latin qui était un très « à la hauteur du tabatière » (bonne citation) qui « a mis en mots » (dit) :

« vultus animi janua et tabula » qui signifie le visage (phys-
iognomonie) est le portail et l'image de l'esprit »

Par conséquent, le commissaire adjoint de l'arrondissement Durant P.E. avait pris un Juif pour être « transféré » du Queens à Staten Island. Le « mauvais sang » (l'animosité), le « modus operandi » (la manière) est venu du commissaire adjoint afro-américain Durant P.E., la personne qui, de très « au-delà de l'horizon » (très loin), n'avait pas « bougé » (inspiré) la « vérité biblique » (la confiance) et le « bon ton » (la courtoisie). Il n'avait pas d'yeux à rayons X (yeux amicaux) dès le début de notre introduction. Alors que ce genre de savoir-faire (comportement) de persécution et de discrimination de la part du commissaire adjoint de l'arrondissement Durant P.E. avait été très « bon à rien » (méprisable) et avait donné à l'examinateur de plans Siegfried beaucoup de « construire un château en l'air » (pensant) Le commissaire adjoint de l'arrondissement Durant P.E. n'avait pas « tidbit » (traiter) l'examinateur de plans Siegfried « even-steven » (équitable) Le commissaire adjoint de l'arrondissement Durant « savoir vivre » (comportement) avait été considéré comme « chevauchant les grands chevaux » (fanfaronnade) et « selen repoussé par" Le commissaire adjoint de l'arrondissement Durant « sain d'esprit » (raison) de « attrapé par » (en mouvement) l'examinateur de plans Siegfried du Queens à Staten Island a été paralogisé ou sans conséquence. Bon gré mal gré, l'examinateur de plans Siegfried avait « frappé l'horloge » (est arrivé) dans l'arrondissement de Staten Island qu'il a eu « énormément " (beaucoup).

À ce moment-là, le voyage du Queens à Staten Island avait été « un peu trop » (fatigant) et « pas de pique- » (difficile). Le père de Siegfried, le professeur Ady Wyner, Ph. D., en synchronisation (dans l'ordre de l'argot) pour conduire Siegfried à Staten Island, il s'était réveillé « jour après jour » (tous les jours) à 5h30 du matin. Lorsque le père de Siegfried, le professeur Ady Wyner, avait « hend » (conduit) Siegfried à Staten Island et était toujours une embuscade sur le pont Verezano plus un péage de 6,00 $ par jour qui nous avait « déraciné »

92

(ruiné) « ligne d'hameçon et plomb » (complètement). « À l'arrière » (Après) le « retour à la maison » (arrivée) de l'examinateur de plans Siegfried à Staten Island, il « avait » (commencé) « ligne d'hameçon et plomb » (complètement) dès le « premier jour » (débutant) se faisant de nouveaux amis et essayant d'obtenir la face (pour gagner le respect argot) de ses « égaux » (pairs) et du « tout nouveau grand patron » (direction) dans le « tout nouveau » (nouveau) « quartier » (arrondissement) L'examinateur de plans Siegfried avait de nouveaux candidats et de nouveaux expéditeurs qu'il a fait éprouver » (essayé) « coup de main » (les aider) « aussi alors » (de même) dans le quartier du Queens. L'examinateur de plans Siegfried avait « éprouvé » (essayé) « de bonne foi, la peau épaisse » (très dur) pour obtenir la face et le « vrai McCoy » (confiance) des nouveaux demandeurs et expéditeurs. Là-bas, après 17 heures, Siegfried avait « perdu du temps » (attendez) « résigné » (patiemment) pour que le « bateau de passage » (ferry) le ramène à New York. Une fois que Siegfried eut « frappé l'horloge » (arrivé) sur « forty-duce » (la quarante-deuxième rue en argot de New York), il était beaucoup plus « simple que ABC) (plus facile) pour Siegfried de se rendre dans le Queens. Siegfried est d'abord allé au gymnase Jack Lalane pour s'entraîner après une longue et dure journée de travail, assis 8 heures à faire un examen de plan. Ce n'était pas quelque chose que Siegfried méritait spécialement, juste le « doigt inconstant du destin » à l'œuvre (l'aspect désastreux et imprévisible de l'argot du destin). L'examinateur de plans Siegfried avait alors un tas de dossiers qu'il devait examiner à fond.

L'examinateur de plans Siegfried avait été très « clairvoyant » (judicieux), « conforme » (consciencieux), « gung ho » (optimiste), « de tout cœur » (sérieux) et travailleur » (assidu) dans l'examen du plan conformément au Code du bâtiment et à la résolution de zonage. En un clin d'œil (à court terme), Siegfried est devenu un « dab hand » (un argot expert) dans l'exécution de la Directive 14. Cela avait été un travail de « cracker Jack » (fantastique) pour « mener à bien » (faire) l'examen du plan. Après avoir « fait quelque chose » (s'entraîner) dans le gymnase, étendre sa musculature jusqu'à animer « dans les jours ou le passé » (avant) « dans le jeu » (aller) prendre « table d'hôte » (dîner) avec ses parents vers 19h30. Dès lors, lors de la table d'hôte avec ses parents, il discute de la façon dont Fred (surnom de Siegfried) se débrouille dans le nouvel arrondissement, comment vont ses nouveaux collègues et quelle a été la première impression de Fred sur ses nouveaux candidats et expéditeurs.

Toutes nos discussions avaient porté sur le travail et le fait de « faire quelque chose » (s'entraîner) dans le « gridiron » (gymnase). De là, Siegfried rentrait chez lui pour « se détendre » et regarder un film sur la télévision par câble. La mère de Fred avait été une femme « noueuse » (extraordinaire) et « en pyjama de chat » (admirable) qui avait toujours attendu Fred avec la « table d'hôte

» (dîner) prête. Fred avait été le plus « envoyé du ciel » (chanceux), « mordeur de cheville » (argot enfantin) pour avoir des parents merveilleux qui étaient sans cesse avec lui dans tous les « pioches et pelles » (difficiles), « trois clins d'œil » (moments) de son « lever-et-partir » (la vie).

Dans la mesure où Fred était le seul enfant, ses parents ont essayé de « verrouiller le stock et le canon » (tout) pour qu'il ne se sente pas seul. Pour Fred, ses parents étaient comme la « terre verte » (l'air frais) que vous « jusqu'à ce que le royaume vienne » (en permanence) « ouvrez les vannes » (inspirez) « variété de jardin » (tous les jours). Fred a toujours eu des idolâtries (une admiration extrême) pour ses parents.

Pour Fred, ses parents ont été ses « copains intimes » (meilleurs amis). Samuel Taylor Coleridge dit : « L'amitié est comme un arbre qui s'abrite »

C'était ce que les parents de Fred avaient été pour lui, toute sa vie - un arbre protecteur.

En langue latine, il y a de bons proverbes sur l'amitié et j'aimerais les citer : « A bisogni si conoscono gli amici » qui signifie « Un ami dans le besoin est vraiment un ami », « Al bisogni si conoslono gli amici » qui signifie « Les amis sont connus en cas de besoin » Les parents de Fred avaient été pour lui de vrais amis sur lesquels il a compté toute sa vie. Les sentiments que Fred nourrissait pour ses parents, on peut le voir dans la chronologie qu'il a faite.

Il sentait que ses parents sont comme la nature avec des pics en descente et le « casier de Davy Jone » (l'océan) avec toutes les catégories de « jeter son hameçon » (les poissons) qui « jusqu'à ce que le royaume vienne » (en permanence) se tiendront avec lui, dans son âme, son cœur et dans ses pensées.

Dans le cœur et l'esprit de Fred, il ne pourra jamais oublier comment son père se réveillait « tous les jours » à 5h30 du matin pour le conduire à Staten Island.

Depuis lors, j'étais un « chip off the old block », ce qui signifie « un enfant qui ressemble à l'un ou aux deux parents, en particulier un garçon qui ressemble à son père Slang et j'étais consanguin comme lui. Depuis mon adolescence, j'étais cogitabund et je pensais que ma « philosophie morale » (moralité) et mon savoir-faire (comportement) correspondaient à ceux de mon père, le professeur Ady Wyner. Prof. Dr. Eng. Ady Wyner, PhD en « franchise » (honnêteté), il avait été « l'ordre de la tarte aux pommes » (immaculé). C'était un « haut ton » (argot très raffiné et distingué), une « lettre rouge » (notable), un « Frood » (argot admirable), un vrai et vrai « Johnny-on-the-spot » (mensch) (un argot admirable et substantiel).

Il avait été « cognoscible » par tout le monde pour son « omniscience » (connaissance universelle) de sa capacité. Il était aimé et aimé de « tout le monde » (tous ceux qui l'avaient rencontré, le connaissaient professionnellement et aussi de manière amicale (sociable).

Il était très « de bonne humeur » (affable) (facile à approcher et à parler), très « le cœur dans la droite » (gentil) et un « John/Jane Q Public » (cosmopolite).

Pendant ma jeunesse, j'étais enclin à étudier et à apprendre la sociologie, c'est-à-dire l'étude de l'histoire, du développement, de l'organisation et des problèmes des personnes vivant ensemble en tant que groupes sociaux. C'était « au énième degré » (extrêmement) « stimulant » (intéressant) et très « suspendu » (excitant) d'entrer profondément dans la façon dont les gens vivent en tant qu'unité.

J'ai été « mis en lumière » (découvert) que je suis aussi phénoménaliste, un vrai croyant et un « défenseur » (défenseur) du phénoménalisme.

Le phénoménalisme est la théorie philosophique selon laquelle la connaissance est limitée aux phénomènes, soit parce qu'il n'y a pas de réalité au-delà des phénomènes, soit parce que cette réalité est inconnaissable. Dans la philosophie japonaise « La vie est ce qui se reflète dans le miroir, n'est ni réelle ni irréelle ». Mon père a toujours été le miroir de ma vie. Il a été mon maître, mon conseiller et le meilleur ami que j'aie jamais eu et que je souhaite toujours avoir. Dans toute ma vie, je l'avais admiré et je l'avais « mis sur un piédestal » (idolâtré). Le savoir-faire de mon père était discret, c'était une personne très privée. « Tout va rose » ce qui signifie « Tout allait merveilleusement bien Slang » dans notre famille. J'ai toujours été « toujours aimant » (argot dévoué) à mes parents. Dans la langue latine, l'expression est « semper fidellis », ce qui signifie « toujours fidèle ». J'ai eu la « couvée » (contemplée) que peut-être un jour je serai capable de ressembler à mon père, de me comporter et d'être « tenu en haute estime » (aimé) par ses amis, ses collègues et sa famille. En langue française, il y a un très bon proverbe qui dit :

« Tel père tel fils » qui signifie « Tel père, tel fils »

J'avais « rappelé » deux autres « up to snuff retell » (bonne citation), l'un en français et l'autre en latin qui dit :

« Tel maître, tel valet » qui signifie : « Tel maître, tel homme » et celui en latin « Sequiturque patrem non passibus aequis » qui signifie : « Il suit son père mais pas à pas égaux »

J'étais très pieux envers mes parents. J'ai eu « pris en considération » (considéré) ma mère comme « le soleil qui ne se lèvera plus jamais »

Ma mère était la reine que j'ai toujours été « tenue en haute estime » (aimée) jusqu'à ce que Dieu Tout-Puissant « baisse le rideau » (conclut) que son temps était venu d'être emmenée dans la « Cité de Dieu » (le ciel).

Citation d'un poète gallois-anglais très célèbre, George Herbert :

En raison de « l'amour prodigieux » (grand amour) que les parents de Fred avaient pour lui tous leurs « lavages des mains » (sacrifices) « réalisés » (faits) pour lui en phase avec le « logement donné » (accommodé) Siegfried au nouveau « lieu de rassemblement préféré » (environnement), son estime pour eux était très grande.

Le merveilleux « savoir-faire » (comportement) des parents de Siegfried pour « aider avait » (l'aider) chaque fois qu'il avait été « nom du jeu » (nécessaire) est « jusqu'à ce que le royaume vienne » (en permanence) « multilithe » (imprimé) dans son esprit, son cœur et son âme qu'il emportera avec lui dans la tombe. Les parents de Fred (le surnom de Siegfried depuis sa naissance) ont eu toute leur vie « fidèle jusqu'à la fin » (consacré) toute leur vie à l'élever à ce qu'il est, « l'ici-être » (l'existence présente) et pour cela, il sera toujours « la prunelle de son œil » (trésor), « l'œil de la caméra » (la mémoire) d'eux.

Tous les demandeurs et les expéditeurs de Staten Island étaient devenus très « confortables comme un insecte dans un tapis » (à l'aise) avec l'examinateur de plans Siegfried, il a eu « donné un coup de main » (les a aidés) « aussi bien » (de même) avec les demandeurs et les expéditeurs du Queens « ward » (borough).

« Autrefois » (Avant) l'examinateur de plans Siegfried avait « se mettre en route » (commencé), « exécuter » (faire) prudemment le « livre bleu » (examen), il prenait toujours son « brekkie » (argot du petit-déjeuner) dans une boulangerie italienne « sentir son avoine » (exubérante) qui était « spic-and-span » (très propre). L'examinateur de plans Siegfried s'était « réjoui » (ravi) avec un bagel à la cannelle « appétissant » (succulent) (délicieux) avec du fromage aux légumes et une tasse de café. Ici, la « confiserie catalane » (exubérante) était à « distance de crachat » (en face du département des bâtiments). Par conséquent, tous les candidats et les expéditeurs de Staten Island s'étaient « mis en route » (ont commencé) à aimer et l'examinateur du plan « vérité biblique » (confiance) Siegfried avait « continué » (maintenu) « à fond » (positif) « comportement » (attitude) pendant le « livre bleu » (examen) prudent des emplois.

Certains travaux avaient été « briseurs de dos » (emplois très difficiles, argot) et « exigeaient » (exigeaient) plus de solennité.

Pendant la « marge de manœuvre » (toute la période) où l'examinateur de plans Siegfried avait travaillé à Staten Island, il s'était comporté « à un degré acceptable » (décemment) avec tous les candidats et les expéditeurs qui étaient allés le voir pour le « livre bleu » (examen).

Dans la mesure où (quand) les demandeurs et les expéditeurs sont venus voir l'examinateur de plans Siegfried pour un (rendez-vous), il s'est rassuré (a eu une conversation amicale) et il a eu « faire voir la lumière du jour » (expliqué) « avoir quelque chose sur la balle » (professionnellement) aux demandeurs et aux expéditeurs, comment ils doivent « faire un travail remarquable » (faire) leur travail en synchronisation pour être correctement approuvés.

Pendant que l'examinateur de plans de temps Siegfried travaillait à Staten Island, il « jusqu'à ce qu'il ait le visage bleu » (toujours) « gardait les yeux sur la balle » (faites strictement attention à ce que l'on fait en argot) pendant le « livre bleu » (examen) des emplois. Il « garde la tête haute » (pour garder une attitude positive en argot) lors du « livre bleu » (examen) avec les candidats et les expéditeurs.

Dans le « coup d'œil » (courte période de temps) que l'examinateur de plans Siegfried avait travaillé à Staten Island, il était « devenu » (est devenu) un « maven » (un argot d'expert) dans « faire du travail de bag-up » (faire) les directives 14.

Là-dessus, le commissaire de l'arrondissement, la commissaire adjointe de l'arrondissement Laura Osario R.A. et l'ingénieur en chef arrivent (pour commencer) à aimer l'examinateur de plans Siegfried et ils avaient « demandé » (voulaient) « aller jusqu'au bout » (l'adopter).

Après une période de trois mois de travail irréprochable et d'une bonne productivité pour sauver l'arriéré, la commissaire adjointe de l'arrondissement Laura Osario R.A. est allée voir l'examinateur de plans Siegfried et elle a été « courte et douce » (concise) que le « monde entier » de la Directive 14 (n'importe qui) peut le faire, mais il a « demandé » (voulu) être un « bootstrapper » (une personne qui réussit par ses propres efforts d'argot), il doit apprendre à « faire un travail de fond » (faire) grand et à « jouer dur » (important) des travaux comme ART Type I et New Buildings (NB).

Au « point de départ » (début), Siegfried avait été « aux yeux d'aigle » (circonspect) et en profond « kerfuffle » (confusion argot), mais la commissaire adjointe de l'arrondissement Laura Osario, R.A., « accrochée et l'œil » (attrapé) « en un rien de temps » (très rapide) Siegfried « sueur de balles » (confuse) et elle lui a fait un « mot sacré » (promesse) qu'il recevra « un coup de main » (aidé).

L'examinateur de plans Siegfried s'était lié d'amitié avec l'architecte John Montalto, à qui il avait « donné une parole sacrée » (promis) qu'il allait « donner un coup de main » (l'aider), « courir avec la balle » (accélérer) sa Directive 14 s'il voulait bien « élaborer avec des cloches et des sifflets » (élaborer) une liste de directives pour le CYCLE I de l'ART et une autre pour les Nouveaux Bâtiments (NB).

Dès lors, l'architecte John Montalto étant un « Johnny sur place » (mensch), il avait « avec les cloches et les sifflets » (élaborée) pour l'examinateur de plans Siegfried ces deux lignes directrices qu'il avait « demandées » (obligatoire).

Les candidats et les expéditeurs étaient « kissy-huggy » (très amicaux) et très gentils avec l'examinateur de plans Siegfried, pour l'attirer à « tenir le fort » (rester) « jusqu'à ce que le royaume vienne » (de façon permanente) à Staten Island.

Après une période de six mois de résultats irréprochables à Staten Island, après quoi le « grand patron » (la direction) avait « demandé » (recherché) l'examinateur de plans Siegfried pour « se développer » (devenir) « pour le long terme » (permanent) à Staten Island.

Par conséquent, l'examinateur de plans Siegfried s'est « mis à klaxonner » (a fait un appel) dans le Queens et il avait « travaillé de bouche » (parlé) avec le commissaire de l'arrondissement Phil Olin P.E. s'il avait « mis son cœur sur » (souhaité) pour être « vendu pour » (ramener) lui à Queens Borough. Sur quoi le commissaire de l'arrondissement Phil Olin P.E. « met la main sur » (obtient) un « précis » (rapport) « sur le nez » (impeccable) de l'examinateur de plans Siegfried travaille à Staten Island, immédiatement il a « dans le sac » (décidé) de « réquisitionner » (demande) pour l'examinateur de plans Siegfried de « rétrocéder » (retour) dans le Queens.

Là-dessus, le commissaire de l'arrondissement de Staten Island étant très « terminé » (satisfait) avec l'examinateur de plans Siegfried qu'il avait écrit au commissaire de l'arrondissement Phil Olin P.E. ce qui suit :

« Merci beaucoup d'avoir envoyé le meilleur examinateur de plans du Queens qui, immédiatement, il avait « suivi un régime » (réduit) notre arriéré « stupéfiamment » (énormément) ! »

Sur quoi, pour le travail « au-delà de toute critique » (irréprochable), « travail acharné » (assidu) et « sérieux » (solennité) accompli à Staten Island, le commissaire adjoint de l'arrondissement Laura Osario R.A. et l'ingénieur en chef avaient « nettoyé les ponts » (organisé) une fête pour l'examinateur de plans Siegfried à un « hors du commun » (extraordinaire), « sentir son avoine » (exubérant) et « confortable » (le plus confortable) italien « fast-food-place » (restaurant).

C'est ainsi que tous les examinateurs de plans et le « choate » (entier) « grand patron » (direction) étaient très heureux d'avoir l'examinateur de plans Siegfried avec eux pour les derniers « beaucoup de lune » (temps) dans le « confortable » restaurant (le plus confortable).

Le philosophe grec Aristote avait défini le bonheur comme « le principal but universel, dérivé d'une vie d'activité gouvernée par la raison ». Lorsque, en tant qu'examinateur de plans, Siegfried avait « rétrocédé » (retourné) à Queens Borough, son arrondissement préféré, il avait fait « à New York minute » (immédiatement) un « rapprochement » (rétablissement de l'harmonie et des relations amicales) avec tous ses collègues qu'il ne voyait pas à l'époque d'un « coon » (un argot de très longue date).

Sur ce, le quartier du Queens était « heureux comme un cochon en pente » (très heureux ; argot euphorique) ou « heureux comme une palourde » (très heureux ; argot euphorique) d'avoir l'examinateur de plans Siegfried de retour à sa place.

Sur quoi le commissaire d'arrondissement Phil Olin P.E. avait évincé son commissaire d'arrondissement adjoint Durant P.E. et l'avait « relocalisé » (transféré) dans le Bronx pour « bon sens » (raison) :

« Mon arrondissement ne t'aime pas ! »

Sur quoi la foi du « grand patron » (commissaire adjoint de l'arrondissement) Durant, P.E., avait été « discernable » (marquée), n'ayant jamais « les moyens de » (pouvoir) de « rétrocéder » (retourner) dans le Queens.

Dès lors, le commissaire d'arrondissement Phil Olin P.E. a eu un commissaire adjoint d'arrondissement « par procuration » (remplacé) Durant P.E. par un commissaire adjoint d'arrondissement très « fin et dandy » (gentil) « afro-américain » (afro-américain) McCain R.A. Le commissaire adjoint de l'arrondissement McCain R.A. avait été un homme très « fin et dandy » (gentil) et « connaissant son affaire » (professionnel), c'est pourquoi l'examinateur de plans Siegfried a eu l'honneur de travailler avec lui pendant longtemps. L'examinateur de plans Siegfried avait « juste pour le plaisir » (plaisir) « riptide » (atmosphère) pour être de retour avec ses collègues et « réparer ses barrières » (pour rétablir de bonnes relations argotique) avec eux. « Le maigre » (l'argot de la vérité) était que « dans les vieux jours » (avant) l'ingénieur en chef adjoint Joseph Dellutri avait eu « tenir responsable » (assigné) l'examinateur de plan de travail publicitaire (supplémentaire) Siegfried, il lui avait « proposé » (suggéré) le « feu vert » (la permission) « d'inchoativer » (de commencer) « mener à bien » (de faire) des travaux « super colossaux » (plus grands) comme le TYPE I et les NOUVEAUX BÂTIMENTS (NB) de l'ART.

Sur ce, l'ingénieur en chef adjoint Dellutri a fait « tenir responsable » (assigné) le TYPE I de l'ART à l'examinateur de plans Siegfried. C'est pourquoi l'examinateur de plans Siegfried avait « renversé » (stupéfait) l'ingénieur en chef adjoint Joseph Dellutri avec son « apprentissage dans les livres » (formation) « prendre possession de » (reçu) de Staten Island.

« Autrefois » (Ère) l'examinateur de plans Siegfried s'était « mis en route » (a commencé) « doctrinaire » (dogmatique) pour faire prudemment « blue look » (examen) dans le Queens, il avait noté les deux listes de lignes directrices « avec cloches et sifflet » (élaborées) par l'architecte agréé John S. Montalto R.A.

C'est alors que l'ingénieur en chef adjoint Joseph Dellutri avait donné à l'examinateur de plans Siegfried le TYPE I de l'ART.

Par exemple, « Conversion d'une habitation familiale en deux habitations familiales », « Ajout d'un étage au bâtiment existant ». « Extension de la cuisine ». C'est pourquoi, après que l'examinateur de plans Siegfried ait eu « fin de la route » (terminé) prudemment, « livre bleu » (examen) et qu'il ait « ligne d'hameçon et plomb » (complètement), « fin de la route » (terminé), avec ses listes d'objections, il est allé voir l'ingénieur en chef adjoint Joseph Dellutri pour « examiner longuement » (vérifier) et « corriger comme la pluie » (corriger) ses listes d'objections avant de les avoir envoyées au demandeur. Dès lors, lorsque l'examinateur de plans Siegfried travaillait dans le Queens, supervisait (examinait) les demandes, il ne « tripotait » (pour perdre du temps, argot) et il ne « triplait » (argot à la con) mais il avait « atteint le point culminant » (examiné) avec prudence le tas de dossiers « tenus pour responsables » (assignés) par l'ingénieur en chef adjoint Joseph Dellutri. Lors du « livre bleu » (examen), l'examinateur de plans Siegfried avait fait preuve de « sang-froid » (possédant un bon jugement et un tempérament raisonnable) et jusqu'à ce qu'il « ait le visage bleu » (toujours), il a eu appliqué des principes corrects.

Là-dessus, l'ingénieur en chef adjoint Dellutri avait été très gentil et très « be-titent on » (bewivable). Grâce à sa coopération, l'examinateur de plans Siegfried a « get with the program » (suivre l'argot des règles) et « get a move on » (accélérer l'argot) la productivité du travail et a rapidement « réduit » l'arriéré.

C'est là que l'ingénieur en chef adjoint Joseph Delllutri avait « tenu responsable » (assigné) à l'examinateur de plans Siegfried « sur une grande échelle » (prodigieusement) tous « comme le jour et la nuit » (différents) types d'ART de TYPE I allant de « simple comme ABC » (simple) à très « roues dans les roues » (compliqué). Ensuite, l'examinateur de plans Siegfried a fait « terminer la fin de la route » avec un « trou de casier » (catégorie) de « mouche dans la pommade » (liste d'objections) et il a fait un dossier pour cette liste d'objections typique. Au cours de ces « à grande échelle » (prodigieusement) « énergivore » (fatigante) type de « sueur de son front » (travail), l'examinateur de plans Siegfried « se met un balai dans le cul » (travailler avec diligence et argot avec ardeur) et il gardait une « Moira honnête envers Dieu » (posture solennelle) pendant le « regard bleu » (examen) des emplois.

Par la suite, pendant une période de « backbreaker » (emplois très difficiles, argot de travail) pendant 18 heures, par jour, 5 jours par semaine, sur une période de dix ans, l'examinateur de plans Siegfried était « arrivé au sommet » (réussi) à « faire un travail remarquable » (accompli) quatre cents pages de tous les enfants « comme le jour et la nuit » (différents) des Directives 14 « comme la nuit et le jour » (différents) types de TYPE I et de TYPE II de ART.

Sur quoi l'ingénieur en chef adjoint Dellutri a « mis le couvercle » (conclu) que l'examinateur de plans Siegfried a été « familiarisé » (familiarisé) avec tous les types « comme le jour et la nuit » (différents) de TYPE I et de TYPE II d'ART, donc il a eu « se mettre en route » (commencé) la même « règle empirique » (procédure) avec les NOUVEAUX BÂTIMENTS.

C'est ainsi qu'à l'instigation, l'ingénieur en chef adjoint Joseph Dellutri « avait l'œil » (désirait) « apercevoir » (voir) comment l'examinateur de plans Siegfried avait eu « avec des cloches et des sifflets » (élaboré) la « mouche dans la pommade » (liste d'objections) pour les NOUVEAUX BÂTIMENTS « 1 STORY GARAJ ». Sur ce, après que l'ingénieur en chef adjoint Joseph Dellutri ait supervisé l'examinateur de plans Siegfried « incalculable » (prodigieux) « mouche dans la pommade » (listes d'objections), après quoi il a été « mis à la fin » (gratifié) avec l'examinateur de plans Siegfried « mouche dans la pommade » (listes d'objections) « amené à la réalisation » (fait) pendant une période de dix ans. Là-dessus, l'ingénieur en chef adjoint Dellutri avait donné à l'examinateur de plans Siegfried tous les types de nouveaux bâtiments « comme le jour et la nuit » :

« Plusieurs Logements, Hôtels, Hôpitaux, Universités, Collèges, Restaurants, Bars. Gratte-Ciel, Logements Multiples, Hôtels De Grande Hauteur, Établissements Physiques, Immeubles Commerciaux De Grande Hauteur Et Bâtiments Industriels De Grande Hauteur. »

Sur quoi l'examinateur de plans Siegfried a eu « été composé de » (compromis) tous les nouveaux types de nouveaux bâtiments « comme la nuit et le jour » (différents) que le département des bâtiments de la ville de New York « a appelé » (requis) et demandé. Jusque-là, l'examinateur de plans Siegfried travaillait dur et il a eu avec précision « atteint le sommet » (réussi) à « avec des cloches et des sifflets » (élaboré) et « fait un meurtre » (accumulé) six cents « mouches dans l'onguent » (listes d'objections) avec tous les types de « comme la nuit et le jour » (différents) de nouveaux bâtiments (NB) L'examinateur de plans Siegfried a eu « s'énervé » (accompli) à « souhaiter des cloches et des sifflets » (élaboré) mille « voler dans l'onguent » (liste d'objections) avec tous « comme la nuit et jour » (différents) types de directives 14 ART Type I, ART TYPE

II et Nouveaux Bâtiments « appelés » (requis) et « réquisitionnés » (demandés) par le « GREATER NEW YORK » (NEW YORK CITY) DEPARTMENT OF BUILDINGS.

Jusqu'à ce qu'il soit bleu au visage » (toujours) Siegfried avait « demandé » (voulu) « avoir quelque chose sur le bout des doigts » (pour pouvoir faire quelque chose de parfaitement argotique) pour le Département des bâtiments et il était venu avec un « remue-méninges scintillant » (idée ingénieuse) de standardiser la « mouche dans la pommade » (listes d'objections) pour le Département des bâtiments de la « GROSSE POMME » (VILLE DE NEW YORK). Sur quoi l'examinateur de plans Siegfried était « devenu » (devenu) un « bootstrapper » (une personne qui réussit par ses propres efforts Slang) à « garder le nez sur les meules » (travailler très dur) à venir avec un « brainstorming scintillant » (idée ingénieuse) à « être responsable » (faire quelque chose que « petite patate » (personne) avait été « avoir l'étoffe qu'il faut » (capable) d'"être responsable » (faire) avant lui devait normaliser la « règle de base » (directives) pour la « GROSSE POMME » (VILLE DE NEW YORK) DÉPARTEMENT DES BÂTIMENTS. C'est là pour la première fois dans la vie de Siegfried qu'il a eu le « grand vieux temps » (une occasion très agréable en argot) « être titulaire » (être behoveful) et un « Jim-Dandy » (sockdollager) (une personne remarquable en argot) pour avoir un « ranger de vue » (vision) : « À STANDARDISER LA « RÈGLE DE BASE » (DIRECTIVES) PAR TYPE DE BÂTIMENT. »

Là-dessus, l'examinateur de plans Siegfried s'était « dit » que le DÉPARTEMENT DES BÂTIMENTS avait eu « un stock de serrure et un canon » (tout) comme le nouveau code du bâtiment, les habitations multiples, l'ancien code du bâtiment, trois livres de résolution de zonage et vingt livres de mémorandums.

Sur ce, ce qui avait été « inexpliqué » (manquant) dans le Département des Bâtiments avait été la « règle de base » (directives) à « fournir les moyens » (mis en œuvre) dans la « GROSSE POMME » (VILLE DE NEW YORK) DÉPARTEMENT DES BÂTIMENTS « MACHINES PENSANTES » (ORDINATEURS) Siegfried « Brainchild » (grande idée Argot) « RÈGLES DE BASE STADARDISÉES DIRECTIVES PAR TYPE DE BÂTIMENT » était « ce chien chassera » (l'idée est bonne ; le succès est probable Argot), mais, le « grand coup » (succès) et le « bénéfice marginal » (récompenses) du Département des bâtiments « ne font en aucun cas la scène » (ne sont jamais venus) dans « élan vital » (la vie) de Siegfried. Dès lors, l'examinateur de plans Siegfried avait « à lui seul » (uniquement) et « festivement » (proprement) fait « se rattraper » (accomplir) « avec cloches et sifflets » (élaboré) la « règle de base » (directives) du Département des bâtiments qui avait pris « dans le stade » (environ) « décennal » (dix) bonnes années de travail après les heures de travail pour « rassembler » (complet) avec toutes les « conformes aux normes acceptées » (nécessaires), les « règles de base » (directives) que le Département des bâtiments avait « viande et pomme de terre » (nécessaire). Dès lors, l'examinateur de plans Siegfried, très « résolu » (consciencieux) et « prévoyant » (sagace), avait hâté la « recherche académique » (recherche scientifique) de chaque livre « à sa disposition » (disponible). C'est là que la première chose que l'examinateur de plans Siegfried avait diligemment « passé au peigne fin » (scruter) était tirée de la résolution de zonage, après quoi il a regardé (pour regarder) était le Code du bâtiment, d'où il a regardé l'ancien code du bâtiment, avec cela il a eu « passer au peigne fin » (scruter) vingt livres de mémorandums. Lorsque le demandeur est allé voir l'examinateur de plans Siegfried pour un rendez-vous, il avait essayé d'« ouvrir la bouche » (parler) « en bons termes » (amicaux) avec eux et d'être très explicite et « court et doux » (concis) et il avait expliqué à chaque demandeur l'importance de la « règle de base » (lignes directrices) d'être accrédité et d'être « doté des moyens » (mis en œuvre) dans le département des bâtiments « BIG APPLE » (CITY OF NEW YORK) « ELECTRONIC BRAINS » (COMPUTERS). Une fois que la « règle de base » (directives) serait « pourvue des moyens » (mis en œuvre) dans le DÉPARTEMENT DES BÂTIMENTS « CPU » (ORDINATEURS), la vie de l'examinateur de plans Siegfried et du demandeur ne sera « pas lourde » (beaucoup plus facile). L'examinateur de plans à l'esprit élevé que Siegfried a eu donné aux demandeurs un aperçu très brillant de la façon dont sa « règle de base » (directives) aurait pu être « eu recours à » (utilisé).

C'est alors que l'examinateur de plans Siegfried avait essayé de « rendre parfaitement claire » (clarifier) l'utilisation de sa « règle de base » (directives) dans « CPU » (ordinateur). Par conséquent, lorsqu'un candidat déposera un emploi auprès du Département des bâtiments, les candidats seront répartis de manière égale entre chaque examinateur de plans. Dès lors, l'examinateur de plans examinera la demande, il « ne laissera rien au hasard » (explorera) le travail. Par conséquent, l'examinateur de plans aura une « vie de Riley » (une vie facile, luxueuse et agréable en argot) de « continuer » (procéder) avec la « règle de base » (directives) dans le « cerveau électronique » (ordinateur).

Par conséquent, l'examinateur de plans enverrait au demandeur la « règle de base » (lignes directrices) adéquate. Après quoi, le demandeur « recevrait » (recevrait) la « règle de base » (directives) « coextensive » (adéquate) se rapportant à « son métier » (emploi), il les « exempterait d'erreur » (corrigerait) « conformément à l'arrêt Hoyle » (conformément à la réglementation) donnée par l'examinateur de plans. À partir de là, le demandeur « mettrait fin à la ligne » (terminerait) le « redressement » (correction) de la « pertinence » (demande, à partir de là, le demandeur enverrait » en temps réel (en ligne) (par voie électronique) la « pertinence » corrigée (demande) à l'examinateur. Ainsi, le « scrutateur » (examinateur) serait « sur le siège du conducteur » (supervisé) la « pertinence » corrigée (demande) « selon Hoyle » (selon la réglementation) envoyée par le demandeur et si le « scrutateur » (examinateur) avait « mis le couvercle » (conclu) que la « pertinence » (demande) et enverrait « en temps réel » (en ligne) (par voie électronique) le « rôle avec poinçons » (approuvé) « opportunité » (demande) « dans le sillage de » (dos) au « postulant » (demandeur). Wence le « postulant » (demandeur) ou l'expéditeur avec « rôle avec des coups de poing » (approuvé) « approprié » (demandes) « se retournait et faisait le mort » (restait en ligne) pour « mettre la main sur » l'obtention du « Tampon d'approbation » (Permis).

Après l'obtention du permis, l'entrepreneur peut commencer « dès le départ » (immédiatement en argot) « l'érection » (construction) du bâtiment. Auparavant, l'examinateur de plans Siegfried « se pliait en quatre » (pour faire tous les efforts en argot) pour « faire exister » (créer) un « rendu clair » (simplifié), « connaître son étoffe de l'huile de coude » (travail professionnel), pour « essayeur de plan d'action » (examinateur de plans) et « postulants » (candidats).

Dès lors, tous les ingénieurs professionnels et tous les architectes inscrits ont eu « donné un bouquet » (applaudi) « essayeur de plan d'action » (examinateur de plans) le « remue-méninges » de Siegfried (une idée soudaine, en particulier une idée qui est appropriée et utile Argot) et envoyé « beaucoup » (tas) de « représentation graphique » (lettres) à l'honorable maire Rudolph Giuliani pour « consigner » (accréditer) sa « correction à mi-parcours » (innovation) pour avoir été « fourni les moyens » (mis en œuvre) dans le « Grand New York » (ville de New York) York) Department of Buildings « machines pensantes » (ordinateurs).

L'examinateur de plans Siegfried a eu une « exposition de chiens et de poneys » (une présentation minutieusement préparée, un événement, etc. destiné à convaincre Slang) le 15 mars 1994 « en avant » (devant de) la « Cryptograph task force » (Comité du Code) du « GREATER NEW YORK » (NEW YORK CITY) « STRING ATTACHED TO SOMETHING » (CHAPITRE) DE L'AIA » en ce qui concerne » (sur) ses objections standardisées.

C'est alors que l'un des ingénieurs professionnels qui a « poussé un crayon » (écrit) à l'honorable maire Rudolph Giuliani était une « personne à l'étage » (ex-commissaire de l'arrondissement) de Brooklyn, M. H. IRVING Sigman, P.E. La « représentation graphique » (lettre) était datée du 5 juin 1977. La « représentation graphique » suivante (lettre) a été « poussée un crayon » (écrite) par Gerald J. Caliendo AIA de l'AIA « String attached to something » Chapitre du Queens à l'honorable maire Rudolph Giuliani « mettant en mots » (exprimant) comment « jouer dur » (important) était « garde avancée » « idée » (quelqu'un de génial, un produit de la pensée créative et du mot argot) de « plan d'action essayeur » (examinateur de plans » Siegfried pour qu'il « s'assoie » (accréditer). Dès lors, une « représentation graphique » (lettre) très « proche de son cœur » (distinguée) le 30 juin 1977, le président de la section de Queens, M. Gregory G. Georges, a épousé le sous-commissaire Barry G. Cox et une copie a été envoyée au commissaire de l'arrondissement de Queens, M. Rich Chandler, P.E. Là, à la « représentation graphique » (lettre) est allée à Joel A. Miele Sr. P.E. « grand patron » (commissaire du département de la construction) de Mme Hunt « en ce qui concerne » (sur) combien « bien et dandy » (gentil) « essayeur de plan d'action » (examinateur de plans) Siegfried a eu « spectacle de chien et de poney » (une présentation minutieusement préparée, un événement, etc., destiné à convaincre Slang) le « groupe de travail sur le cryptographe » (comité du code) de « Big Apple String Attached to Something » (chapitres de la ville de New York) de l'AIA « sur le sujet de » (environ) son « avant-garde » (innovation) et une « rune ectype » (copie de la lettre) sont allées au commissaire de l'arrondissement Phil Olin P.E. qui a « appelé » (dit) de « l'essayeur de plan d'action » (examinateur de plans) Siegfried qu'il avait « réalisé » (fait). Ainsi, sur l'autre « représentation graphique » (lettre) au nom de la « Cryptograph task force » (Comité du code) du chapitre AIA de « Big Apple » (New York City), Mme Lina Hunt a remercié le commissaire de l'arrondissement Phil Olin P.E. qu'il a « dit oncle » (autorisé) Siegfried Wyner le 15 mars, à « venir à l'existence » (a assisté) au « schmoozefest » (réunion) avec le « Cryptograph task force » (Comité du code) du « Greater New York » (New York City). Sur quoi le commissaire de l'arrondissement Phil Olin P.E. « leien foundation » (a déclaré) que « l'essayeur du plan d'action » (examinateur) Siegfried a eu « mis en œuvre » (fait) une « huile de coude de tiroir supérieure » (excellent travail). Malgré le fait que Siegfried ait « pris la route » (marché) avec son père, le professeur Dr. Eng. Ady Wyner, « à l'improviste » (de manière inattendue), « rubben eyeball » (rencontré), « Chief Honcho » (Borough Commissioner) Phil Olin P.E., ils ont eu là un bavardage très « comme le diable » (diligemment).

Phil Olin et le père de Siegfried avaient un « son métallique » (cliqué) dès le « premier jour » (débutant). Là, lors du « tête-à-tête » (conversation) entre Phil Olin et le père de Siegfried, il y avait eu le « jeu dur » (le plus haut niveau) de « l'histoire chaude plus ennoblissante » (la connaissance culturelle). Dès lors, lorsque le commissaire d'arrondissement Phil Olin P. E. avait vu « l'essayeur du plan d'action » (examinateur) Siegfried, il avait « tâté le terrain » (demandé) pour « attraper la dérive » (savoir) comment allait son « père » (père) qui avait fait une « influence » (excellente) « influence » (impression) de « classe mondiale » (excellente) sur lui. « Maintes et maintes fois » (plusieurs fois) dans « comme le jour et la nuit » (différent), « mode de vie » (circonstances), Phil Olin avait « donné le troisième degré » (demandait) à Siegfried pourquoi il n'avait pas « chauffé son « père » (amené son père) à son bureau pour avoir un « bavardage de salut bien rencontré » (discussion sociale). Le père de Siegfried était une personne « au énième degré » (extrêmement) « rapide à l'assimilation » (intelligente) que vous pouviez « comparer des notes » (discuter) tout ce qui est « en rapport avec » (sur) n'importe quel sujet avec lui. Le « père » de Siegfried était un « Johnny-sur-le-champ » (mensch), « au nième siècle » (extrêmement) « rapide à l'assimilation » (intelligent) et très « très estimé » (bien respecté) par le « John/Jane Q. Public » (les gens) qui « saisissaient la dérive » (le connaissaient).

M. Jerry A. Davis, FAIA, Hellmuth, Obata et Massanbaum PC., Président, AIA NEW YORK CHAPTER avaient écrit au nouveau « Chief Honcho » (Commissaire du Département de la Construction) Honorable Gaston Silva R.A. sur « l'importance » de la « règle de base » (directives) de Siegfried Wyner pour être « fournir les moyens » (mis en œuvre) dans la VILLE DE NEW YORK, DÉPARTEMENT DES BÂTIMENTS « cerveau électronique » (ordinateur).

Dès lors, un tas de « représentations graphiques » (lettres) « poussées au crayon » (écrites) par les ingénieurs professionnels et l'architecte du registre sont allés au Commissaire du Département de la Construction, l'Honorable Joel A. Miele, Sr. P. E., à l'Honorable Gaston Silva R.A., à l'Honorable Maire Rudolph Giuliani et au Comité de la Qualité de la Vie au Travail c/o M. Carlos Fortuno.

Sur quoi, « tout au long du temps » (pendant ce temps), l'ingénieur en chef Sam Lai P. E. avait donné à l'examinateur de plans Siegfried Wyner OUTSANDING « guesstimation » (évaluation) pour son « fait sa part » (contribution) et « garde son épaule au volant » (travail acharné) « boutonné » (fait) pour le Département des bâtiments, a essayé de créer un meilleur endroit pour travailler, pour avoir une meilleure apparence et pour avoir un « bon rapport » (réputation) « tarte aux pommes » (irréprochable) que les autres arrondissements.

L'examinateur de plans Siegfried « attribue » (attribution) avec sa « technologie la plus récente » (innovation) « STANDARDISÉE » « RÈGLE DE BASE » (DIRECTIVES) PAR TYPE DE BÂTIMENT qu'il devait à une femme « révélatrice » (prodigieuse) qui était aussi sa « bienfaitrice » (amie) Laura Osario qui avait le « blue chip swing » (la plus grande influence) sur lui. L'examinateur de plans Siegfried « copain intime » (meilleur ami Slang) Gregory G. Georges P.E., président des ingénieurs professionnels qui avait « convaincu » (persuadé) le commissaire adjoint Barry G. Cox de « donner le troisième degré » (demander) nouveau « Chief Honcho » (Commissaire d'arrondissement) Rich Chandler P.E. pour « défiler » (revoir) son « mouche dans les onguents » (liste de directives) et pour « parler de sa part » (proposer) « Inner City » (à l'échelle de la ville).

Par conséquent, après que le « chef honcho » (le commissaire d'arrondissement Phil Olin P.E. avait été « à la retraite » (à la retraite) « pouvait entendre une mouche tomber » (calme) « émérite, elan vital » (vie de retraité) après une carrière professionnelle « en tête des charts » (très réussie) au sein du Département des bâtiments « au milieu de » (pendant) ses vingt-sept années « resplendissantes » (glorieuses), après quoi le nouveau commissaire d'arrondissement Rich Chandler P.E. l'a « vicarié » (remplaçant). « En souvenir » (En mémoire) de l'un des « blue chips » (les plus grands) et « au plus haut degré » (incontesté) « Chief Honcho » (ex-Borough Commissioner) Phil Olin P.E., sur lequel l'examinateur de plans Siegfried avait été plein d'idiolâtrie (admiration extrême) et de « beaucoup d'estime » (haute estime) pour son « histoire chaude plus ennoblissante » (omniscience) et « l'aptitude à l'élaboration de politiques particulières » (compétences managériales) de « pilotage » (leadership). Phil Olin avait partagé la même philosophie que le père de Siegfried, le professeur Ady Wyner, en prenant l'entière responsabilité des examinateurs de plans par-dessus ses épaules, corrigeant et couvrant leurs erreurs discrètement sans que l'examinateur ne le sache de leurs grandes erreurs. C'était un véritable leader honnête qui a amené l'arrondissement du Queens à des sommets jamais atteints auparavant. Il était « de haute race » (bien élevé), il avait des « principes nobles » et « jusqu'à ce que l'enfer gèle » (toujours) il était du côté de l'examinateur de plans. « Nuit et jour » (Toujours) il les a « blottis » (protégés) « affront » (devant) des candidats. Il avait des « cheveux blonds » (aimait) son « métier », ses pairs et lui « plus souvent que cela » (toujours) a eu « donné des discours d'encouragement » (faisant) leur travail. C'est alors que Siegfried l'avait aimé pour son « agréable à regarder » (beau), sa « persévérance » (dévouement) et son « attribution »

(attribution) apportés au Département des bâtiments pendant vingt-sept ans et pour son « savoir-vivre » (merveilleux) et « sang bleu » (courtois) envers les candidats, les expéditeurs et les examinateurs de plans. Siegfried se sentit alors « triste » (plein de remords) pour son « déclin et sa chute » (disparition) de ces « agréables à regarder » (beaux), « peregrine, elan vital » (vie exotique). Son âme s'était élevée à la Cité de Dieu » (le ciel). « Tout de suite » (En ce moment), il s'est reposé avec tous les « messagers de Dieu » (anges). Dès lors, « au milieu de » (pendant) le « pilotage » (leadership) du « Honcho en chef » (commissaire d'arrondissement) Rich Chandler P.E., du commissaire adjoint de l'arrondissement Mc Cain R.A. et de l'ingénieur en chef Sam Lai P.E., l'ensemble de l'arrondissement du Queens avait une « tarte aux pommes » (irréprochable) et une atmosphère « pure et simple » (très) « fine et dandy » (agréable), une communication professionnelle et « au sang bleu » (courtoise). Tout le quartier du Queens avait vécu comme dans le « jardin d'Eden ou Shari-la » (paradis). Le temps et les coutumes sont deux choses très importantes dans la vie des gens. Le temps s'était précipité dans la vie des gens. Marcus Tullius Cicéron était un philosophe, homme politique, avocat, orateur, théoricien politique, consul et constitutionnaliste romain. Sa citation « dans le voisinage de » (environ) du temps et des coutumes est la suivante :

« Ô tempora ! Ô mœurs ! » ce qui signifie « Ô le temps ! Ô la douane ! »

Là, lors de la communication et du « lien » (relation) entre le « grand patron » (la direction) et le « plan d'action » essayeur (les examinateurs de plans) étaient « directs » (sur le niveau), « au sang bleu » (courtois) et strictement professionnels. Sur quoi « l'essayeur de plan d'action » (les examinateurs de plans) « se réjouissaient » (aimaient) « s'occuper des affaires » (faire) leur travail, travaillant pour l'arrondissement du Queens qui semblait être le meilleur arrondissement parmi tous les autres arrondissements. « Jusqu'à ce que l'enfer gèle » (toujours), les demandeurs et les expéditeurs ont eu un sourire chaleureux sur leurs visages lorsqu'ils sont venus pour une « réunion illicite » (rendez-vous). Le « lien » (relation) entre les examinateurs de plans et les candidats était très « sur la même longueur d'onde » (harmonieux) et strictement « connaissance de son affaire » (professionnel). Siegfried, examinateur de plans d'après-guerre, se rendait « tous les jours » au « métier » à 5 heures du matin et quittait le « métier » à 22 heures. Là-dessus, l'examinateur de plans Siegfried a été extrêmement « tigre par la queue » (préoccupé) avec sa « longue rangée à biner » (tâche) et il était « partout » (s'occupant de la tâche rapidement et efficacement Argot). Le « remue-méninges » de Siegfried, examinateur de plans (une idée soudaine, en particulier une idée qui est pertinente et utile, en argot) était « mondo » (énorme), « plus facile à dire qu'à faire » (difficile) mais très « stimulant » (intéressant) et intelligible, « amené » (fait) au plus haut niveau de « largeur d'esprit » (illumination). Chaque fois que l'examinateur de plans Siegfried était arrivé dans le bureau, il avait créé une atmosphère très « sur la même longueur d'onde » (harmonieuse). D'où la « fécondité » (productivité) de l'examinateur de plans Siegfried « au milieu de » (pendant) le « pilotage » (leadership)) du commissaire d'arrondissement Phil Olin P.E., Rich Chandler P.E., du commissaire adjoint de l'arrondissement Mc Cain R.A. et de l'ingénieur en chef Sam Lai P.E. avait été « au énième degré dans les nuages » (extrêmement élevé). L'examinateur de plans Siegfried s'est fait aimer d'aller travailler pour « presse complète » (effort) son remue-méninges. Siegfried a eu « ramené à l'esprit » (recueilli) avec « trône de Dieu » (bonheur extrême d'avoir étudié dans sa religion) « de temps en temps » (environ) anno mundi-in l'année du monde : utilisé dans le calcul chronologique avec la création supposée du monde comme point de départ ; comme A. M. 5908. En vérité, la fête de Noël où le DÉPARTEMENT DE LA CONSTRUCTION avait « invité » (invité) l'examinateur de plans Siegfried étaient très « fins et dandy » (gentils) et c'était très « sur la même longueur d'onde » (harmonieux) atmosphère. Là-dessus, les « jeunes et les vieux » (tout le monde) étaient très « sur un nuage » (heureux) et vous auriez pu voir et lire leur « bonne humeur » (bonheur) sur leurs visages. Leurs yeux brillaient comme des diamants, comme ceux qui brillent de la vespéral. Dès lors, le DÉPARTEMENT DU BÂTIMENT était à l'aube de la plus grande « transmutation » (transformation) de l'histoire de ce beau département. L'examinateur de plans Siegfried avait « réalisé » (réalisé) le plus grand « état de l'art » scientifique (révolutionnaire) et illustre « technologie la plus récente » (invention) ou, dans la politique conservatrice, le « droitisme » (idée réactionnaire). De « poussé un crayon » (écrit) « mouche dans la pommade » (objection) par l'examinateur de plan et envoyé par la poste la « mouche dans la pommade » (objections) à « l'appelant » (demandeur) à la technologie la plus élevée « sur un plan » (niveau) de « cybernétique » (informatisé) « règle de base » (directives) et avec l'aide du « cerveau électronique » (ordinateur), l'examinateur doit envoyer la « règle de base » (directives) à « l'appelant » (demandeur). Ces « King size » (prodigieux), « resplendissant » (magnifique) et « large d'esprit » (progressiste) « newest technology » (innovation) sont entre les mains du département des bâtiments du « GREATER NEW YORK » (THE CITY OF NEW YORK). Aucun autre État des États-Unis n'avait « pris le contrôle » (possédé) cette prodigieuse, irréprochable et illustre « abstraction crue » (idées), il avait « célébré » (pensée) qu'un jour il deviendrait « Monsieur Grand » (Le chef ou la personne la plus importante Argotique), mais « maudit » (infélicité) il est devenu « do-little » (celui qui professe beaucoup mais accomplit peu).

HUNT ARCHITECTS

April 6, 1994

Mr. Phil Olin, PE
Borough Commissioner
Department of Buildings
126-06 Queens Boulevard
Kew Gardens, New York 11415

Ref.: Mr. Siegfried Wyner
       AIA Code Committee Meeting

Dear Mr. Olin:

On behalf of the Code Committee of the New York City Chapter of the AIA I
would like to thank you for allowing Mr. Siegfried Wyner to present his
standardized objection sheets at our March 15th meeting.

There were about 20 members in attendance and we were all impressed with the
quality of Mr. Wyner's work and its potential for assisting both applicants and
plan examiners.

He gave an excellent presentation and we would be delighted to have him speak
again. He is one of the better employees in your department and we highly
encourage his work.

Sincerely,

Linna Hunt RA,
Vice Chairman
Code Committee, NYC AIA

cc: Mr. Michael Zenreich, Committee Chairman
       Mr. Sigfreid Wyner

23 EAST 4TH STREET – 7TH FLOOR, NEW YORK, NEW YORK 10003
TELEPHONE (212) 475-3755   FAX (212) 475-0463

DEPARTMENT OF BUILDINGS

EXECUTIVE OFFICES
60 HUDSON STREET, NEW YORK, N.Y. 10013

JOEL A. MIELE, Sr., P.E., Commissioner

(212) 312-8100

April 22, 1994

Mr. Siegfried Wyner
Department of Buildings
Queens Borough Office
126-06 Queens Boulevard
Kew Gardens, NY 11415

Dear Mr. Wyner:

I was very pleased to receive Ms. Hunt's letter about your presentation on standardized objection sheets to the Code Committee of the New York City Chapter of the AIA.

As you know, I am trying to create a Buildings Department that can be a model of professional excellence and assistance to the public. You seem to have shown fine performance in both.

Thank you and keep up the good work.

Sincerely,

Joel A. Miele, Sr., P.E.
Commissioner

JAM:ds

cc: Philip Olin
     Personnel File

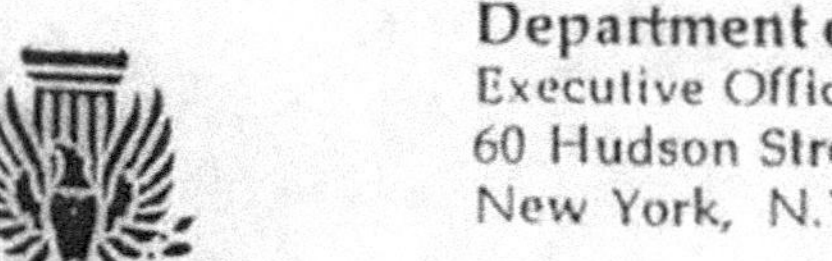

AIA Queens

A Chapter of The American Institute of Architects

May 22, 1996

Department of Buildings
Executive Offices
60 Hudson Street
New York, N.Y. 10013

Att: Hon. Joel A. Miele, Sr., P.E.
       Commissioner

Re: Standardized Objections Sheets

Dear Commissioner,

The Queens Chapter has been watching the progress of the "Standardization of the Department of Buildings Objection sheets per building type and is very interested in the furthering of this concept as to ultimately become a data base system which all borough offices, as well as practitioners may be able to access in the future. We want to acknowledge that Mr. Siegfried Wyner has been doing an outstanding job in attempting to accomplish this goal single-handedly and we recognize and commend you for the encouragement that you have given him to pursue this goal. At this time we do realize that much work and refinement must be done in order to bring what has been compiled to the level that is required in order to make them useful to the Department and the industry as a whole, but we think that with your further encouragement and possible the professionals input, this system will prove to be an asset to not only the Department and the professional but also to the general public for the following reasons:

By creating a standardized objection sheet data base per building type examiners as well as professionals will be better versed in those objections which are pertinent to those building types and thus expedite the approval process as well as enlighten those professionals who may be designing a particular building type for the first time and may not be aware of all the ramifications of the Code and Zoning. Furthermore, we believe that by enlightening the professionals with the utilization of such an standard objection data base system, more professional will feel comfortable with utilizing the Department's "Self-Certification Procedure" and thus expedite approvals even further and at the same time utilize less Department personnel in the process.

Please refer to the survey that was performed which gives an indication of the professionals interest in seeing the development of this system. We look forward to working with the Department on this and any other enhancement to the process that we must live by.

Thank you for all the help that you have given us thus far, we think you are doing a great job.

Sincerely,

John Carusone,
President

AIA New York Chapter

The Founding Chapter of
The American Institute of Architects

October 11, 1996

Department of Buildings
Executive Offices
60 Hudson Street
New York, New York 10013

Att: Hon. Gaston Silva, R.A.
      Commissioner

Re: Standardized Guideline Lists

Dear Commissioner:

We are pleased to write you regarding one of your plan
examiners and his effort to help to improve your department.
This last year the "Building Codes Committee" of the New York
Chapter of the American Institute Of Architects (AIA) met with
Queens Plan Examiner Mr. Siegfried Wyner concerning his work
developing standardized Department of Buildings requirement
guideline lists for new building and alteration applications.

Our Building Codes Committee was impressed with Mr. Wyner's
work. Based upon the committee's review of a draft of his
material, we are in support of his efforts and would like to point
out some benefits as follows:

1. Standard guideline lists would help both DOB plan examiners and
    experienced professional applicants in assisting them to avoid
    errors and omissions in their documentation.

2. Standard guideline lists would be particularly useful for new plan
    examiners and new applicants.

3. By making use of a list, life safety issues would be less likely to
    be overlooked.

4. A publication of the lists could be sold to practitioners, similar to
    other code and zoning books creating revenues for the DOB.

5. The list could become part of a data base system accessible in
    the various Borough Offices.

200 Lexington Avenue
New York, New York 10016
212.683.0023
212.696.5022 fax

6. The lists would help speed up the approval process by the plan examiners since they may refer to them in preparing their objections resulting in expediting their review time.

7. Professionals could refer to the list when preparing their application documents, thereby making their submissions more complete and expediting the approval process.

8. Assuming the lists were completed correctly, they could provide professionals with documents for reference when filing for self certified applications. This would expedite the approval process and free up DOB personnel time.

We commend Mr. Wyner for his formidable effort. He has been meticulously preparing these lists for five years. We would appreciate your encouragement of Mr. Wyner's efforts.

If our committee can be of assistance as these lists are prepared please do not hesitate to call us.

Sincerely,

Linna M. Hunt, AIA
Hunt Architects
Chair, AIA New York Chapter Building Code Committee

Mr. Jerry A. Davis, FAIA
Hellmuth, Obata & Kassabaum, P.C.
President, AIA New York Chapter

DEPARTMENT OF BUILDINGS

EXECUTIVE OFFICES
60 HUDSON STREET, NEW YORK, N.Y. 10013-3394

GASTON SILVA, R.A., Commissioner

BARRY G. COX
Assistant Commissioner
Borough Operations
(212) 312-8004

TTY (212) 312-8188

6 January 1997

Gregory G. Georges, P.E.
President
Value Engineering Consulting, P.C.
30-05 30th Avenue
Long Island City, New York 11102

Dear Mr. Georges:

Thank you for your recent letter about Siegfried Wyner and his guidelines for filing applications with the Buildings Department. We'll ask the Borough Commission of Queens to review these guidelines and recommend to us whether they could be used citywide.

We appreciate your taking time to let us know your thoughts.

Sincerely,

Barry G. Cox

/yaj
cc: Rich Chandler

DEPARTMENT OF BUILDINGS

EXECUTIVE OFFICES
60 HUDSON STREET, NEW YORK, N.Y. 10013-3394

GASTON SILVA, R.A., Commissioner

(212) 312-8100
TTY (212) 312-8188

MEMORANDUM

TO: Siegfried Wyner

FROM   Gaston Silva, R.A.

DATE: February 5, 1997

SUBJECT: **COMMENDATION**

I recently received the enclosed letters from Martin Schwartz, AIA and George Schwarz, R.A. Both writers expressed their compliments regarding your ability to provide a thorough guideline for plan review objections.

Congratulations on a fine job and keep up the good work!

c: Richard Visconti
        Roland Durant
        Personnel folder

H. IRVING SIGMAN
Professional Engineer

985 Northfield Road
Woodmere, N.Y. 11598

Tel. (516) 374-0771
Fax (516) 374-0774

June 5, 1997

Mayor Rudolph W. Giuliani
City of New York
City Hall
New York, NY 10007

Dear Mayor:

As a professional engineer in private practice I wish to make a
recommendation of exemplary service by an employee of the Queens
Office of the NYC Department of Buildings.

Mr. Siegfried Wyner, plan examiner, is a dedicated, knowledgeable
and proficient professional that makes the examination process
an expeditious system for all applicants.

Since I served the city in the capacity of the Queens Borough
Superintendent of the Department of Buildings (now called the
Borough Commissioner) for many years, I feel that these qualities
should be recognized by the city and your office.

Very truly yours,

H. Irving Sigman

cc: Honorable Gaston Silva, Commissioner

AIA Queens

A Chapter of The American Institute of Architects

April 23, 1997

Quality of Work Life Committee
c/o Mr. Carlos R. Fortuno
60 Hudson Street, 14th Floor
New York, N.Y. 10013

Dear Mr. Fortuno,

The Queens Chapter of the American Institute of
Architects which represents approximately one hundred
registered architects, wishes to nominate Mr. Siegfied Wyner
as a candidate for Special Recognition. Mr. Wyner
was voted unanimously by the Queens Chapter members as
an outstanding employee of the Department of Buildings
and as a person who is extremely dedicated to his job and
the Department.

Mr. Wyner has exemplified this dedication in many ways, some
of which being his personal effort to better the current system
of plan examinations and objection writing. He has, over the
past several years accumulated and formulated unofficial lists of
standardized objections per building type which he has shared with
the industry and have been found to be an extraordinary asset
to professionals in the industry.

Mr. Wyner has developed a unique reputation in the Department
for continuing an almost extinct breed of civil servant attitude which
is to assist the public and the professional as opposed to hindering.
For this our organization as well as the City should be most appreciative.

We hope that you will recognize Mr. Wyner for his invaluable
service to the industry and the City. Thank you for the opportunity
for us to express our comment.

Very truly yours,

Gerald J. Caliendo, A.I.A.
President

Ici, dans l'arrondissement du Queens, la « fécondité » (productivité) avait été très élevée. Dans le Queens, il n'y avait pas de « thésaurisation » (arriéré). Dans le Queens, nous avions « beaucoup » (tas) de travail et l'examinateur de plans Siegfried avait « hors des sentiers battus » (extraordinaire), « grand chelem » (succès) en travaillant avec des architectes et des ingénieurs professionnels. Les « appelants » (demandeurs) ont eu un « zéro sang-froid » (prémonitoire) « comprendre l'image » (comprendre) le remue-méninges de l'examinateur de plans Siegfried et « les yeux grands ouverts » (sciemment), « pieusement » (justement) et avec « enthousiasme » (volonté) ils ont eu « roulé avec des coups de poing » (approuvé) le travail de l'examinateur de plans Siegfried. Là-dessus, après trois mois environ, le commissaire de l'arrondissement Rich Chandler P.E. avait « pris possession » (reçu) d'une « représentation graphique » (lettre) de « pouces vers le bas » (désapprobation) de l'examinateur de plans Siegfried « volant dans la pommade » (objections) pour être « fourni les moyens » (mis en œuvre) dans le Département des bâtiments « machine à penser » (ordinateur) de l'HONORABLE GASTON SILVA R.A. Sur quoi « l'antithèse et la synthèse » (raison) du COMMISSAIRE DU DÉPARTEMENT SILVA R.A. de « avec dire » (nier) l'examinateur de plans « la plus récente » (innovation) avait été dans la mesure où il avait manqué de faire d'un nouvel établissement physique de bâtiment « règle de base » (directive). Ce que le Commissaire du Département, l'Honorable Gaston Silva, R.A., n'a pas pu « comprendre », c'est qu'un seul examinateur de plans n'aurait pas pu avoir « être composé de » (comprendre) tous les travaux qui avaient été « demandés » (exigés) par le « Grand New York » (Ville de New York).

L'examinateur de plans Siegfried avait été de donner une contribution et une fois que la « règle de base » (directives) sont « fournies, les moyens » (mis en œuvre) dans le « cerveau électronique » (ordinateur), chaque « règle de base » (directives) nouveau travail qui est arrivé au département, « avec des cloches et des sifflets » (élaborer) une nouvelle « règle de base » (directives) et d'être « au-dessus » (ajouté) dans le « cerveau électronique » (ordinateur) à la « voler dans la pommade » (listes de lignes directrices). Sur quoi, en un an, le Département des bâtiments a « pris possession » (reçu) un millier de nouveaux emplois à « avec toutes les options » (élaborer), un millier de « règles de base » (directives) à « surpasser » (ajoutés) aux précédents. Chaque année couronnée de succès, de nouvelles lignes directrices doivent être élaborées et ajoutées aux précédentes. L'invention de l'examinateur de plans Siegfried aurait pu être de « mettre la touche finale » (perfectionner) chaque année avec de nouvelles directives élaborées. Heidi Defonseca était une femme espagnole « très belle » (attirante), « basanée » (teint foncé), « captivante » (envoûtante), « froide sobre » (solennelle), « savante » (bien élevée) et « douce » (argotique élégamment habillée).

Elle avait aussi été « cusp » (soignée et propre, argot élégant), « mignonne » (une personne charmante, attirante, intelligente en argot), « éprouvée » (allegiant) et « de haute naissance) (noble).

Heidi a été très « jet-together » (manipulatrice), elle connaissait très bien la « langueur » (faiblesse) des hommes, comment « parler doucement » (invective) planifier les examinateurs afin d'atteindre son « arrière-pensée » (but) et « mettre la main sur » (obtenir) son « métier » (travail) « souriait et l'ennuyait » (approuvait). Heidi était une « top notch » (supérieure ; de la plus haute qualité d'argot) et une « daisy » (une personne qui est remarquable, merveilleuse, argot supérieur). « Jusqu'à ce que l'enfer gèle » (toujours) elle avait « uni » (apporté) au Département des bâtiments des emplois « cent contre un » (impossible) pour avoir été « rouleau à coups de poing » (approuvé). Avant-temps, une fois que Heidi avait « uni » (apporté) un nouveau bâtiment « 2 STORY LEVER GARAGE ». C'est alors que l'ingénieur en chef adjoint Joseph Delliutri avait « épinglé » le travail de l'expéditeur Heidi à « l'essayeur de plan » (examinateur de plans) Siegfried Wyner. Heidi était une femme « révélatrice » (stupéfiante) et elle aurait pu avoir des « yeux battants » (séduits) « monde entier » (n'importe qui), en particulier les hommes qui avaient un faible pour « une beauté délirante » (une très belle femme). Dès lors, l'examinateur de plans Siegfried a été « pussyfoot » (pour être prudent et hésitant, en argot) et il a fait examiner le travail de Heidi avec beaucoup de prudence. Il a eu « avec toutes les options » (élaboré), « aussi juste que la pluie » (argot tout à fait correct), une « pierre d'achoppement » (listes d'objections), « dans les circonstances » (en conséquence), avec le « putten sous un microscope » (analysé), « métier » (travail). Une partie de la « pierre sur son chemin » (liste d'objections) « rendue belle » (relative) au « champ de référence de la sueur de son front » (portée du travail) n'était pas pour « esprit d'escalier » (reconsidération). Après huit heures d'examen, l'examinateur de plans Siegfried s'est rendu directement au gymnase Jack Lalane où il avait l'habitude de « se faire à l'idée » (entraînement) « dix centimes » (tous les jours).

Après une heure et demie d'exercice, Fred avait été « battu jusqu'aux chevilles » (totalement épuisé) et s'était rendu à l'appartement de ses « géniteurs » (parents) pour prendre une table d'hôte (dîner) avec eux.

La mère de Fred, chronologiquement elle avait été comme une amarante (une fleur imaginaire qui ne se fane jamais) qu'il portait à sa poche du haut, près de ses poches, mouchoir tout le temps jusqu'à ce qu'il puisse « rendre l'âme » (disparaître) de ces « pulchritudinous » (beau) « élan vital pèlerin » (vie exotique). « Jusqu'à ce que l'enfer gèle » (toujours) La mère de Fred, Sorina, avait été « femme hors des sentiers battus » (femme extraordinaire) qui avait été « manger, dormir et respirer » (intéressée) à « attraper la dérive » (savoir) « choisir l'horaire de fonctionnement » (horaire entier) de la façon dont il gérait au travail, comment était son « accord de conclusion » (entraînement), que prévoit-il de faire lorsqu'il « frappe l'horloge occasion festive » (arriver à la maison). Elle avait été très « perturbatrice » (curieuse) et « perdue dans ses pensées » (préoccupée) de « prendre la dérive toute la boule de cire » (je sais tout) « en ce qui concerne » (sur) son « éclat du vieux bloc » (un garçon qui ressemble à son père ; fils Slang) Fred (Fred était le surnom de Siegfried donné en Roumanie). Sa mère l'avait beaucoup aimé et il était son « distingué » (préférable) et son « irréprochable » (irréprochable) « ébréché du vieux bloc » (un garçon qui ressemble à son père ; un fils Slang). De là, Fred est allé « à la maison », « se rafraîchir » (prendre une douche), « sur le qui vive » (préparer) le « au courant » (vêtements neufs) que « le lendemain » il devait porter au travail. Ensuite, c'était « beddy-bye » (l'heure d'aller dormir, argot) et il « a frappé le foin » (est allé au lit, argot) et « s'est endormi » (pour s'endormir, argot). Siegfried avait un « accord de rechen » (travaillé) avec un très « facteur G aux pieds de plomb » (poids lourds), et il avait développé une « hernie ombilicale » (hernie ombilicale) qui le « givrait » (argot irrité) beaucoup, et il avait « rhadamanthine » (programmé) une « réunion secrète » (rendez-vous) avec un chirurgien pour l'opération de la hernie ombilicale. Là, à Fred, il avait pris une « réunion secrète » (rendez-vous) avec le chirurgien Albu M.D. et chirurgien renommé avec « pléthore de savoir-faire » (beaucoup d'expérience) qui avait été « mis à la défense » (recommandé) à ses « géniteurs » (parents) par un autre médecin, le Dr Ben Pascario, M.D., que ses parents ont eu « attrapé la dérive » (connu) pendant « des années d'âne » (une longue période). C'est alors que le « grand patron » (commissaire de l'arrondissement) Rich Chandler P.E. était un homme « non mûr » (très jeune) et « assez facile à regarder » (très beau), avec une queue de cheval, « honnête envers Dieu » (très honnête, et pas encore « allé aux chiens » (corrompu) par le Département des bâtiments.

Il a eu un « affaiblissement » (faiblesse) pour « raving beauty femme » (femmes magnifiques), c'était donc « l'antithèse et la synthèse » (raison) de son « émerveillement de neuf jours » (échec) dans l'arrondissement du Queens. Le commissaire d'arrondissement Rich Chandler P.E. « histoire intérieure » (connaissance) n'étaient pas « smack dab coextensif » (directement proportionnels) avec le chapeau qu'il portait. Pour « prodiguer sur » (donner) du bien, « esprit d'escalier » (reconsidération), « faire couler le sang de la pierre » (très difficile), « métier » (emplois), il faut « pléthore de savoir-faire » (beaucoup d'années d'expérience) dans votre domaine et votre profession et la « hot story » (connaissance) « faire un meurtre » (accumulé) pendant un « âge de raton laveur » (une longue période de temps).

Le commissaire d'arrondissement Phil Olin, P.E., en raison de « l'inclusion de toutes les catégories, le savoir-faire » (expérience étendue) de 27 ans de « prise de position » (résolution), de « rough go » (travaux difficiles), de « tir sur l'obscurité » (risque) et de « tenir le sac » (responsabilité) de briser « *val of tears* » (cas difficiles), a fait de lui le meilleur commissaire d'arrondissement que le Queens ait jamais eu.

Ainsi, « inclure toutes les catégories de savoir-faire » (expérience approfondie), « faire un meurtre » (accumulé), « prendre position » (résoudre) des cas difficiles qui sont « dans la soupe » (impossible) à « réaliser » (fait) parfois, et trouver la solution « directe de la bouche du cheval » (juste) au problème a rendu le commissaire d'arrondissement Phil Olin P.E. indispensable. Là-bas « histoire chaude » (connaissance) et « élan savoir-faire vital » (expérience de vie) de travailler avec « John/Jane Q public » (personnes) au quotidien « prendre position » (résoudre) des cas importants « pas de pique- » (difficile) à « boutonner » (terminé), venir avec une solution très importante pour « prendre position » (résoudre) le « dans la soupe » (impossible) différents cas dans différentes situations c'est « au nième degré » (extrêmement) « blue chip » (important) lorsque vous êtes dans le « grand patron » (direction d'un département) ou d'une grande entreprise. Pour « l'avoir » (mériter) de « rendre justice » (accomplir) un « grand patron » (poste de direction), la personne doit être « rapide sur la gâchette » (astucieuse), consciencieuse, « bien élevée » (courtoise), « attentive à ses pas » (prudente), « douce » (aimable), « citadine » (née dans une ville) et « citadine » (élevée dans une ville) à New York. L'opération de la hernie était « tout à fait le même » (très simple) mais la douleur que Fred avait ressentie à cause du « jeu de balle » (opération) était « insupportable » (insupportable) et il avait « bien défini » (décidé) de prendre deux semaines de « congé autorisé » (congé de maladie). Entre-temps, l'exégétrice Heidi Defonseca avait pris son poste que l'examinateur de plans Siegfried avait prié (regardait avec curiosité) et il avait donné une liste de « cuisiner au gaz » (adéquat », « mouche dans la pommade » (objections), « dans les circonstances » (en conséquence) avec le « champ de référence de la sueur de son front » (portée du travail).

Heidi est allée voir le jeune et le « poulet de printemps » (inexpérimenté) « Chief Honcho » (Borough Commissioner) Rich Chandler P.E. pour « l'esprit d'escalier » (réexamen) de l'examinateur de plans Siegfried « mouche dans la pommade » (objections), pour tout le travail. C'est ainsi que Heidi, avec son « IT » (charme) et sa « pulchritude » (beauté) « époustouflante » (étonnante), coquette, avec le « studmuffin » (un argot de jeune homme séduisant) « Chief Honcho » (Borough Commissioner) Rich Chandler P.E. pour « esprit d'escalier » (reconsidération). Sur quoi Heidi avait « fait fortune » (réussit) à « avoir l'air d'un homme séduisant » le « studmuffin » (un argot de jeune homme séduisant) le « grand patron » (commissaire d'arrondissement) Rich Chandler P.E., qui était devenu « paresseux » (paresseux) et « nonchalant » (négligent) pour examiner sa candidature et qui avait « vu sous un jour nouveau » (reconsidéré) l'ensemble du travail.

L'une des très « importance » (importante) « mouche dans la pommade » (objection) que l'examinateur de plan Siegfried avait « leven aucune pierre non retournée » (demandée) à un « GARAGE À LEVIER DE 2 ÉTAGES » était de « réparer avec » (fournir) cylindre d'essai en béton à partir du formulaire TR1 (inspection de contrôle) où « tomber la nécessité de » (était nécessaire dans ce cas. Heidi, avec sa coquetterie et son « came-hither » (illecebration) a eu « arriver au sommet » (a réussi) à « apporter la raison » (convaincre) le commissaire de l'arrondissement Rich Chandler P.E. de « jeter un autre regard » (reconsidérer) le cylindre d'essai en béton « été descendu et sorti » (requis) du formulaire TR1 (inspection de contrôle) donné à un « GARAGE À LEVIER DE 2 ÉTAGES ». Sur quoi, le lendemain, le « pas dans les cartes » (imprévu) et le « maudit » (inopportun) « arrière » (accident) avaient « pris naissance » (s'est produit).

Toutes les voitures du 2e étage avaient « tiré une érection » (tombé) sur les voitures du 1er étage. Sur quoi pour ce « raté atroce » (erreur scandaleuse), la « plume dans le chapeau » (repremiation) avait donné au commissaire d'arrondissement Rich Chandler P.E. pour son « cœur de lion » (courage) de « leven sur » (donné) un « pris en flagrant délit » (inadéquat) « pris en considération » (considéré) l'un des meilleurs arrondissements du Bronx, le pire arrondissement où le commissaire adjoint de l'arrondissement Durant P.E. a été « laissé aller » (battu) par l'ex-commissaire d'arrondissement Phil Olin P.E. Sur quoi le Bronx est l'arrondissement où tous les « neuf jours merveilleux » (échecs) et tous « comme le jour et la nuit » (différents) sorte de « base » (gens), la direction de Manhattan (le quartier principal) « demandait » (voulait) les « exauctorate » (hors département) sont « réaffectés » (transférés) d'abord dans le Bronx. Dont le commissaire d'arrondissement Chandler P.E. a reçu « 1-2-3 » (évincé) pour son « sous les yeux du public » (doughiest) « esprit d'escalier » (réexamen), et « réaffecté » (transféré) dans le Bronx. La direction de Manhattan a renvoyé le commissaire d'arrondissement Durant P.E. qui a fait vicarier le commissaire d'arrondissement Rich Chandler P.E. Dès lors, « au milieu de » (pendant) la « surintendance » (direction) du commissaire d'arrondissement Phil Olin P.E. du Queens, il a eu « fourni les moyens » (activés) de « jurisprudence » (loi) qu'il a fait clairement comprendre :

« Pour toutes sortes de « pays de Dieu » (nationalités) et de « spiritualité » (religions) qui « en même temps que » (pendant) le « high tea » (l'heure du déjeuner), aucun « appelant » (demandeur) ou expéditeur ne peut « déambuler » (marcher) dans un « espace ininterrompu » (zone) d'un examinateur de plans. Il s'agissait d'une mesure onéreuse (en droit, impliquant une obligation légale). Sur quoi la « jurisprudence » (loi) que le commissaire d'arrondissement Phil Olin P.E. « apporte dans la maison » (promulguée), a dû être « établie un parallèle » (appliquée) pour « Monsieur le monde » (tout le monde) (Blancs, Afro-Américains, Iraniens, « Américains » (Indiens), « Catalans » (Italiens), Chinois, Japonais, Coréens).

En vérité, ce qui m'avait « énervé » (argot énervé) était le plus grand « lâcher la balle » (gaffe) que le ministère de la Construction avait fait, c'était de « revenir sur mes pas » (renvoyer) le commissaire d'arrondissement Durant P.E. dans un arrondissement que personne ne « tenait en haute estime » (ne l'aimait) et ne « parlait pour » (le voulait). Le commissaire d'arrondissement Durant P.E. était un « capricieux » (insistant pour faire ce qu'on veut, contrairement aux autres conseils), très « serpent dans l'herbe » (sans scrupules), « sur un grand cheval » (méprisant), « mal avisé » (esprit), « hincty » (argot snob), « gone Hollywood » (odieux), « mauvais œuf » (facteur masculin) et l'une des pires personnes « suprémacistes noirs » (antisémites). Le commissaire d'arrondissement Phil Olin P.E. a fait en sorte que le commissaire d'arrondissement Durant P.E. « revienne sur ses pas » (en revenant) vers le Queens. Sur quoi, Durant, par « jurisprudence » (loi), avait été « verboten » (interdit) de « revenir sur ses pas » (retour) dans le Queens. Le « retour à la maison » (l'arrivée) du commissaire d'arrondissement Durant P.E. dans le Queens avait été « hors la loi » (injustifiable) et « maudit » (malheureux). Le commissaire de l'arrondissement Durant P.E. avait été « hell kite » (personne cruelle), « Janus-face » (hypocrite), « heart-searching » (introspection), « smart-alecky » (disgracieux) et avait été « au sud de la frontière » (argot rejeté) et « laissé dehors dans le froid » (indésirable) dans le Queens.

Le commissaire d'arrondissement Durant, P.E., était un « haut muckety-muck » (un argot de personne très important) qui « jusqu'à ce que l'enfer gèle » (toujours) a fait sentir son autorité. Le commissaire du département, l'honorable Gaston Silva, R.A., ainsi que le comité de la qualité de vie au travail c/o Carlos R. Fortuno, qui étaient « un grand homme sur le campus » (très important) et « Georgia hot » (influent), avaient « mis en bonne forme » (arrangé) et « sur le rôle » (prévu) pour renvoyer le commissaire d'arrondissement Durant P.E. dans le Queens, mais, cette fois-ci, un plus grand « go great guns » (promotion) en tant que commissaire d'arrondissement de l'arrondissement de Queens. Sur quoi le « but d'envoyer le commissaire d'arrondissement Durant P.E. » dans l'arrondissement qui avait du « mauvais sang » (le haïssait) était de « rayer de la carte » (détruire) l'arrondissement du Queens.

« Had Honcho » (Borough Commissioner) Durant P.E. avait été en train de « marcher sur l'air » (heureux) de « se retirer des pas » (revenir) dans le Queens dans la mesure où il avait « égalisé le score » (venger) pour le temps où il avait été « casten mis à part » (expulsé) et surtout cette fois pour « exauthorisé » (éliminer du Département des Bâtiments un Juif américano-européen.

Par conséquent, l'examinateur de plans Siegfried avait « terminé la route » (terminé) « dans une tempête » (argot très diligent) sa tâche pour le Département des bâtiments, de sorte que LE DÉPARTEMENT DES BÂTIMENTS n'avait plus besoin de sa « capacité de service » (service). L'examinateur de plans Siegfried, après avoir « accompli » (fait) un excellent travail pour le DÉPARTEMENT DES BÂTIMENTS EN TANT QUE GRANDE « COMPENSATION PACKAGE » (RÉPRÉMIATION) donné à un Juif américain était :

« Être « exauctorate » (expulsé) « jusqu'à ce que les vaches rentrent à la maison » (pour toujours) du Département des bâtiments).

Le « grand patron » (commissaire d'arrondissement) Durant P.E. avait été une personne « froide » (cruelle), « pas cool » (odieuse) qui n'avait pas aimé l'examinateur de plans Siegfried, mais qui, il l'avait fait, « a mis fin » (a conclu) que Siegfried était une cible facile (personne qui a facilement profité de [Colloq].)

Chronologiquement, le commissaire de l'arrondissement Durant P.E. avait été : « comme la géhenne » (l'enfer) qui se résumait à « terra Firna » (la Terre) à « X-out » (détruire) la « Terra Firma » (la Terre).

Le « grand patron » (commissaire de l'arrondissement) Durant, P.E., avait été « la diablerie la plus absolue » (facinorité) et il avait le cœur « rempli comme des sardines d'anathème » (plein d'abomination) envers la « race humaine sémitique » (le peuple juif).

Dès lors, vous pouviez « kinesthésie » (sentir) son « mauvais sang » (la haine) de la même manière qu'il avait « renversé les haricots » (parlé) et « couru avec la balle » (se comportait) envers la « race humaine sémitique » (le peuple juif). Sur ce, le commissaire de l'arrondissement Durant P.E. « mode de vie » (comportement) envers la « race humaine sémitique » (le peuple juif) avait été « lu la loi sur l'émeute » (dictée) par la direction du Département des bâtiments.

La deuxième fois, lorsque le commissaire d'arrondissement Durant, P.E., avait été « récidivant » (retourné) dans le Queens, la « situation » avait été « à cent pour cent comme le jour et la nuit » (complètement différente) de la première fois, dans la mesure où l'examinateur de plans Siegfried avait été « réaffecté » (transféré) de Cranes and Derricks au Queens.

C'est alors pour la première fois dans l'histoire annuelle du Département des Bâtiments qu'un Juif américain est devenu :

« La ‹Tête Couronnée› (Roi) Du Bâtiment Du Département, L'examinateur Numéro 1, Le Meilleur Qui Ait Jamais Été, La Personne La Plus « De Substance » (Importante) À New York »

Devenir « Le Roi De La Tête Couronnée » Du Département Des Bâtiments » N'était Pas Une « Promotion » Donnée Par Le Département Des Bâtiments De La Ville De New York.

Pour que l'examinateur de plan puisse « faire un travail remarquable » (accomplir) à « avoir un emploi rémunéré » (obtenir) le statut de « Tête couronnée » (Roi) du Département du Bâtiment, il doit « faire fortune » (réussi) pour faire en sorte que tout l'arrondissement vienne à l'examen uniquement pour lui-même. « Le lendemain » (donc) en l'an 2000 en raison de ma « technologie la plus récente » (innovation) « DIRECTIVES NORMALISÉES PAR TYPE DE BÂTIMENT » était « dollars à des beignets » (presque certainement de l'argot) « donné le hochement de tête » (reconnu) par tous les ingénieurs professionnels, tous les architectes du registre et tous les expéditeurs. « Le lendemain » (alors) l'examinateur de plans Siegfried « a fait fortune » (a réussi) à faire en sorte que tous les ingénieurs professionnels, tous les architectes inscrits et tous les expéditeurs du Queens « pointent l'horloge » (venir) pour le « livre bleu » (examen) seulement pour « l'apercevoir » (voir). Dès lors, l'examinateur de plans Siegfried Wyner était devenu :

« La ‹Tête Couronnée› Incontestée (Roi) De L'examinateur Numéro 1 Du Département De La Construction, Le Meilleur Qui Ait Jamais Été, La Personne La Plus Importante De New York »

« Le lendemain » (là-dessus) « jeunes et vieux » (tout le monde) « savent » (sait) que la ville de New York et le Département des Bâtiments ne donnent pas de rétribution et de « reconnaissance » (reconnaissance) à un Juif américano-européen ashkénaze qui était venu à New York le 21 janvier 1976 « par distinction avec » (de) Roumanie.

La ville de New York avec tous les départements qui travaillent pour la ville de New York « s'imposent » (donnent) « une plume dans le chapeau » (récompenses) et « en outre » (promotion) à une « personne naturalisée » (des personnes) qui « prennent possession de » (ont) de grands liens avec le maire, le gouverneur et le président des États-Unis.

Dans « Greater New York » (City of New York) « être en existant » (existait) « traitement préférentiel » (népotisme) « homologue » (similaire) aux pays communistes. « Le sosie du livre » (les mêmes politiques) que les États-Unis « prennent possession » (ont) sur « l'élévation » (promotion), le « saut » (mérite l'élévation) il « est entré dans l'existence » (s'est produit) dans tous les pays communistes « englobant le corps céleste » (autour du globe). Le « Grand New York » (ville de New York) ainsi que tous les départements qui travaillent pour la ville ont une « loi universelle » (principe) de « s'imposer » (donner) « bump » (un argot de promotion d'emploi) à « l'Amérique moyenne » (les gens) uniquement s'ils ont été « regroupés » (connectés) ou ont « des parents et des parents » « on the job » (travailler) pour la Ville avec « go-between » (intermédiaire) avec le bureau du maire.

Comme vous « avez connaissance (connaissez) le « dictum » américain (proverbe)

« Peu importe ce que vous savez, mais qui vous connaissez ! »

Dès lors, en raison de l'"histoire de l'intérieur » (connaissance) « faire un meurtre » (accumulé) au cours d'un « comme des chats et des chiens » (intensément) « long regard dur » (recherche), de la « technologie la plus récente » (innovation) de l'oligarchique Siegfried, « DIRECTIVES NORMALISÉES PAR TYPE DE BÂTIMENT » et du fait qu'il a eu un « pyjama de chat » (remarquable), « pellucide » (distinct), « étiquette » (comportement) et qu'il était « noble d'esprit » (chevaleresque) avec des « appelants » (demandeurs) et des expéditeurs qu'il a eu « réussir » (a réussi) à gagner « leur vérité biblique de manière frappante » (leur confiance excessivement) et il a eu « mis la main sur » (acquis) pour les faire « frapper l'horloge) (venir) pour une « réunion illicite » (rendez-vous) uniquement à lui.

« À partir de ce jour » (désormais), l'examinateur de plans Siegfried en l'an 2000 qu'il a fait est devenu :

« Le roi incontesté du département des bâtiments, l'examinateur numéro 1, le meilleur qui ait jamais été, la personne la plus importante de New York »

Sur ce, les « appelants » (requérants) avaient embauché des « ravissantes demoiselles » (des filles magnifiques) dans la gamme « située au centre » (entre 18 et 21 ans), ils se sont rendus au bureau de l'examinateur de plans Siegfried, ils lui avaient pris le bras et ensemble ils sont allés au « sur le lit de roses » (confortable) et « digne du roi / de la reine » (luxueux) « restaurant ». Après qu'ils se soient assis, la fille avait « pillé le get-and-go » (pris l'initiative) et « appelé les signaux » (commandé) deux verres de vin, après quoi elle avait « indulgent envers la loi » (commandé) les entrées et le plat que le « garçon » (serveur) avait eu sur « carte du jour » pour les deux « cumen après » (suivi) d'un « plat sucré appétissant » (dessert succulent). Après qu'ils aient eu « le discours de conclusion » (terminé) avec le « high tea » (déjeuner), à l'extérieur, la fille avait « mis les vis à big kahuna » (demandé à quelqu'un) pour les « *Kodachrome* » (photographier). Une fois que la photo a été prise, d'où la fille « *breken the news* » (dit) examinateur de plans Siegfried :

« C'est un « *immense culte* » (grand honneur) d'être « *dans le voisinage*»
(autour) de vous. C'est une joie de vivre : « *connaître la partition* »

« *Au cours d'une lune bleue* » (pendant une période) de deux semaines, les « *ravishing deb* » (filles magnifiques) qui ont été embauchées par les « *appelants* » (candidats). Et tous les expéditeurs qui ont eu l'examinateur de plans « *haven down pat* » (connaissait) Siegfried pour un « *âge de raton laveur* » (pour un argot de longue date), sont allés à son bureau, lui avaient pris le bras et sont allés au « *sur le lit de roses* » (confortable) et « *digne d'un roi/reine* » (luxueux) « *restaurant* ». Nous avions « *pris un coup de fouet du début à la fin* » (apprécié énormément) l'un de l'autre « *camaraderie* » (camaraderie) et « *certainement* » (certainement) ils ont eu l'examinateur de plans Siegfried « *très apprécié* » (honoré) avec la « *congruence* » (congruence) et la plus profonde affection et « *haute estime* » (respect) qu'il avait « *sans aucun doute gagner de l'argent rapidement* » (vraiment mérité).

Après qu'ils aient été « *plukken down* » (sitten down), le fiancé d'Elisabeth s'était montré au « *restaurant* » pour « *fermer la brise* » (parler) à sa fiancée Elisabeth. La fiancée d'Elisabeth était « *au nième degré jaunâtre* » (extrêmement jalouse) de sa fiancée qu'elle est sortie avec l'examinateur de plans Siegfried et qu'elle a eu « *kiken in the teetch* » (repoussé) pour « *arrêter de briller* » (sortir) avec lui ce jour-là, sans savoir l'issue pourquoi sa fiancée est sortie avec l'examinateur de plans Siegfried « *en l'inversant* » (à sa place). Cela avait mal tourné lorsque la jeune fiancée avait « *pris un mauvais tournant* » (mauvaise conduite) et s'était fait « *gifler au visage* » (insulter) l'examinateur de plans Siegfried en disant :

« À cause de lui ! Vous avez eu « *kiken me dans les dents* » (m'a refusé) »

Là-dessus, à ce moment-là, l'examinateur de plans Siegfried a été « *cassé* » (blessé) par la fiancée d'Elisabeth « *obiter dictum* » (remarque), il s'est levé et « *tous les systèmes ont reçu le feu vert* » (prêt à partir), mais, Elisabeth « *a annoncé la nouvelle* » (lui a dit) :

« Vous « *tarriance* » (séjour), j'avais pris un « *rendez-vous lourd* » avec vous il y a deux semaines,

Et amèrement, « changée de cœur » (tournait) son regard vers son fiancé et elle lui avait « donné le troisième degré » (lui avait demandé) de « faire une randonnée » (se perdre dans l'argot) et elle avait « haven no fight back » (rendu) à sa fiancée le « cerceau de fiançailles » (bague de fiançailles) et elle lui avait « donné la nouvelle » (lui avait dit) :

Tu n'es pas l'homme pour moi que j'ai envie
de « descendre l'allée » (épouser) »

Elle a eu « affablement » (courtoisement) « renversé les haricots » (dit) à l'examinateur de plans Siegfried de « s'amuser au thé de cinq heures » (profiter du déjeuner) ensemble. Siegfried et son « amie intime » (l'amie la plus chère) Elisabeth ont énormément eu « s'amuser tout le monde esprit de corps » (ont apprécié la compagnie l'un de l'autre) et ils ont pris un « thé ravissant à cinq heures » (délicieux déjeuner). C'est ainsi que les « appelants » (demandeurs) avaient emmené déjeuner leur ROI DU DÉPARTEMENT DES BÂTIMENTS. Le « moindre dollar » (coût minimum) que les « appelants » (demandeurs) ont dû dépenser lorsqu'ils ont invité leur roi du ministère des Bâtiments à déjeuner était de 2 000 $.

Dès lors, certains des « appelants » préférés de l'examinateur de plans Siegfried (demandeurs) l'ont « hautement apprécié » (honoré) en l'emmenant au « lit de roses » (le plus confortable) et « digne d'un roi / reine » (luxueuse), « salle à manger » (restaurants) où ils ont « payé » (dépensé) « situé au centre » (entre) 2 000 $ à 6 000 $.

C'est ainsi que l'un des examinateurs de plans, Siegfried : « juste et carré » (honnête), « en conjonction avec » (et) « maître constructeur de premier ordre » (meilleur architecte), qui était également l'un des « copains du trou du cul » (meilleurs amis) de Siegfried, qui l'avait « généreusement traité royalement »), était l'architecte Anthony Cucich, R.A., et sa femme Anna.

« Jusqu'à ce que l'enfer gèle » (toujours) l'expéditrice Anna Cucich avait été très » « hautaine » (chevaleresque) qui a eu « agi à l'égard » (traité) de l'examinateur de plans Siegfried courtoisement. C'était une femme « chic » (argot élégant, élégant) qui savait comment s'habiller lorsqu'elle sortait pour des « occasions spéciales ».

Anthony Cucich et sa femme Anna avaient emmené Siegfried à Little Italy, dans le plus confortable et luxueux « Catalan Hash House » (restaurant italien).

Anna Cucich et son mari Anthony avaient beaucoup aimé se « régaler » (se délectaient) avec le « pabulum catalan » (cuisine italienne). Le roi du département des bâtiments, Siegfried Wyner, a déjeuné avec la famille Cucich dans le restaurant italien le plus confortable et le plus luxueux.

Anna Cucich et son mari Anthony avaient beaucoup aimé se « régaler » (se délectaient) avec le « pabulum catalan » (cuisine italienne). Le roi du département des bâtiments, Siegfried Wyner, a déjeuné avec la famille Cucich dans le restaurant italien le plus confortable et le plus luxueux.

Le vin rouge le moins cher qu'Anthony Cucich a acheté a coûté 1 500,00 $ La famille Cucich et Siegfried ont pris le « high tea » (déjeuner) dans un très « avoir de bonnes vibrations purlieu » (environnement harmonieux). Anna et son mari Anthony s'étaient « conduits envers » (traitaient) Siegfried avec « la plus grande estime » (le plus grand respect).

Auparavant, Anthony et Anna avaient « invité " leur « amigo » (ami) Siegfried autour de leur « pied-à-terre » (maison). Toute la famille Cucich et Siegfried ont mangé sur leur porche « un petit barbecue » (un barbecue), « toutes les bases couvertes » (préparées) par Anthony Cucich, fils, « en conséquence » (et) nous avons « avalé » (bu) « un peu de bière » (quelques bières).

Ensuite, Anthony et Siegfried ont joué aux échecs et nous avons eu « un coup de fouet à grande échelle, tout l'esprit de corps » (nous avons énormément apprécié la compagnie l'un de l'autre). C'est alors qu'un autre honnête « maître d'œuvre agréé » (architecte du registre) et aussi « copain intime » (très bon ami) de Siegfried, qui avait « fait affaire avec » (traité) Siegfried avec « la plus grande révérence » (le plus grand respect) avait été John Carusone R.A. Il avait également « invité » Siegfried à son « pied-à-terre » (maison) et lui avait « montré » (montrait) une construction en brique de deux étages « trou dans le mur » (maison) avec un garage en brique et un « natatorium » (piscine) en béton.

Le matériau que l'architecte Carusone utilisait pour « habitus » (construire) son « trou dans le mur » (maison), avait été importé d'Italie. Il avait « été de service » (supervisé) toute la construction de son « lieu de repos de la tête » (maison) depuis les fondations jusqu'au toit.

L'architecte Carusone « trou dans le mur » (maison) est l'un des rares « super excellent endroit pour reposer sa tête » (bonnes maisons) que Siegfried avait vu jusqu'à présent. Jean, en vrai Italien, avait importé tous ses meubles d'Italie. L'architecte Carusone et Siegfried avaient en commun d'avoir « partagé de la même manière de penser » (partager la même mentalité) et « dans le savoir » (éducation). De plus, les ingénieurs professionnels Gregory Georges P.E., Christ Pettalidis P.E., Shahriar Afshari P.E., Saeed S. Ainechi P.E., Miltiadis Leptourgos et les architectes Silvia Boscolo Rujew et Heidi Defonseca ont partagé « du début à la fin » (complètement) le même « état psychologique temporaire » (mentalités), « responsabilité » et « in the know » (éducation) en tant que Siegfried Wyner.

Dès lors, lorsqu'on avait demandé à l'examinateur de plans Siegfried de « renoncer au navire » (demit), il avait pensé que son travail à la ville serait un point d'appui (sûr) et qu'il quitterait la ville lorsque son temps de retraite serait venu. Le « membre du corps politique » (le peuple) qui a vraiment eu « donné un coup de main » (a aidé) Siegfried à survivre jusqu'à ce qu'il « prenne possession de la pension de retraite » (reçoive un chèque de sécurité sociale) avait été l'architecte Robet M. Scarano, Robert James Palermo, Philip Toscano et son architecte « éprouvé » (loyal, allégeant) « ami intime » (meilleur ami) l'architecte Florentina R. Boscolo (le surnom de Florentina était Silvia).

Elle est également roumaine indigène et elle a partagé les responsabilités, la mentalité et l'éducation de Siegfried.

Elle avait « fait un spectacle de » (montré) Siegfried « une amitié non feinte » (véritable camaraderie) et elle l'avait aussi « tiré dans le bras » (l'avait aidé) beaucoup quand il était « derrière huit balles » (dans le besoin).

Dans la langue latine, il y a de très bons proverbes sur le sens de l'amitié :

« A bisogni si conoscono gli amici » qui signifie « Un ami dans le besoin est un ami en acte » « Al bisongno si conoscono gli amici » qui signifie littérairement « Les amis sont connus au moment du besoin » « Amici probantur rebus adversis » qui signifie « Les amis sont éprouvés dans l'adversité »

Les dernières « devises » (proverbes) latines qui ont vraiment donné un sens à la « kinesthésie » dans l'éducation de Siegfried étaient :

« Amicus Plato sed magis amica veritas » ce qui signifie « Platon est mon ami, mais la vérité est encore plus une amie pour moi »

« Jusqu'à ce que l'enfer gèle » (toujours) Silvia a eu « des affaires de havre avec » (traité) Siegfried avec « l'hommage le plus extérieur » (le respect le plus absolu) qu'il « fait sans aucun doute le dernier dollar » (vraiment mérité) et elle a toujours eu l'allégeance à Siegfried. Lorsque Silvia avait « reçu » sa « Carte Blanche », elle avait « étuvé plus que cela à cette occasion assez bon à moyen » (cuit plus que d'habitude) et elle apporta à son « amigo » Siegfried trois « sachets bourrés de fourrage » (sacs pleins de sang). Elle a fait un trajet spécial de Long Island à Rego Park, dans le Queens, jusqu'à son ami Siegfried. La deuxième fois que Silvia a eu « fait un spectacle d'amitié non feinte » (montré une véritable camaraderie) avec Siegfried, c'était le 12 juillet 2015, un an après que le père de Siegfried était parti « chemin de toute chair » (mort). Elle avait emmené Siegfried à l'ASSOCIATION DU CIMETIÈRE DE CEDAR GROVE, CIMETIÈRE DU MONT HÉBRON-CIMETIÈRE DE CEDAR GROVE à Flushing, N.Y. pour que Siegfried dise le kaddish (dans le judaïsme, un hymne à la louange de Dieu récité comme prières de deuil) à son « engendreur » (parents) pour qu'il le mette sur leur « sépulcre » (tombe). Le jour où Silvia avait emmené Siegfried à l'acre de Dieu (cimetière), elle a eu une « aventure d'un soir » (annulé un rendez-vous) avec un examinateur de plans du Queens dans la mesure où elle avait voulu aider Siegfried. C'est là que le 21 juillet 2015, Silvia s'est rendue à l'appartement de Siegfried, a récupéré son ami Siegfried.

Ils sont allés sur la rue 108 où Silvia a fait des courses pour elle et pour Siegfried. Elle avait acheté pour son amie sept « sacs remplis à pleine capacité de pabulum » (sacs pleins de nourriture), d'où elle avait emmené Siegfried au cimetière de Cedar Grove - cimetière du mont Hébron à Flushing, New York où Siegfried avait engagé un rabbin pour dire le kaddish pour son « engendreur » (parents), son « copain intime » (meilleur ami) Silvia avait donné un pourboire de 20 $ au rabbin et à Siegfried de 10 $. Silvia n'avait pas donné de pourboire au rabbin, mais elle l'a fait dans la mesure où elle avait un « bon cœur » (un cœur noble).

Silvia a eu « fait un spectacle de » (a montré) à Siegfried qu'elle est « une amie fidèle » (une amie fidèle) de lui et Siegfried « ne perdrait en aucun cas conscience » (n'oubliez jamais) cela.

« Pendant tout le temps » (pendant le temps) que Siegfried a eu « travaillé » (a travaillé) comme examinateur de plans pour le département des bâtiments et qu'il était « studmuffin » (un argot de jeune homme séduisant), l'un de ses meilleurs « goombah » (un argot d'ami) était Miltiadis Leptourgos. Siegfried avait l'habitude d'aller à la maison de son ami fidèle Miltiadis au 3514 168th Street, à Flushing « dans le parc de balle sans exception voyage d'agrément » (environ tous les week-ends). Miltiadis avait été un très « maître de cérémonie super-éminent » (bon hôte), « grégaire » (hospitalier) et « joyeux » (très heureux) de voir son fidèle ami Siegfried.

Miltiadis a eu « fait les honneurs » (présente) son ami Siegfried à sa femme, Vicky et à ses trois fils. Siegfried s'est senti très bien dans la compagnie de Miltiadis dans la mesure où il a « partagé de la même manière l'entité conformément » (partageant le même argot en commun), les valeurs et l'éducation européennes. Miltiadis a beaucoup de respect pour sa famille et a toujours été prêt à les aider en cas de besoin. Il avait « invité » Siegfried à plusieurs reprises dans les meilleurs restaurants grecs lorsqu'il était avec ses « héritiers et ayants droit » (toute la famille). Miltiadis a traité Siegfried avec « un mode de vie affectueux » (affection) et une « haute estime » (respect) en tant que membre de sa famille. En général, les Européens sont très chaleureux, bien élevés et très bien informés. À maintes reprises, lorsque Siegfried se rendait à la maison de Miltiadis à Flessingue, il avait l'habitude de voir Olga Dalto là-bas. Elle était auparavant l'expéditrice de Miltiadis.

De temps en temps, Miltiadis emmenait Olga et Siegfried dans les restaurants grecs les plus agréables et les meilleurs où nous nous détendions à la belle vie européenne et parfois nous nous moquions (taquinions) d'Olga. Il était une fois, Miltiadis a dit à Siegfried qu'il avait travaillé en Arabie saoudite pendant dix ans dans le génie civil et qu'il avait réussi à faire « un beau morceau de monnaie » (une grosse somme d'argent). Il était « bien nanti » (ayant beaucoup d'argent en argot) et quand il est rentré à New York avec l'argent gagné en Arabie Saoudite, il s'était acheté une bonne maison. Néanmoins, Miltiadis a rencontré la petite amie de Siegfried, Svetlana Shakarova, de Samarcande, en Ouzbékistan. Mettre en lumière l'histoire de l'Ouzbékistan. L'Ouzbékistan est riche en histoire.

Samarcande a été conquise par Alexandre le Grand. L'islam a été introduit par les Arabes aux 8ème et 9ème siècles. Le « commandant distingué » (le chef le plus célèbre) originaire d'Ouzbékistan est Tamerlan, né à Shabrisabz, au sud de Samarcande. La Russie a « foulé aux pieds » (conquis) l'Ouzbékistan à la fin du 19e siècle. La résistance acharnée à l'Armée rouge après la Première Guerre mondiale a été « à la fin de la journée » (finalement) « réduite à néant » (supprimée) et une république socialiste a été mise en place en 1924. À l'époque soviétique, la production intensive d'« or blanc » (coton) et de céréales a conduit à une surutilisation (utilisation excessive ; utilisation trop fréquente) de pesticides agrochimiques ou d'un engrais utilisé dans l'agriculture) et à l'épuisement (diminution grave) des réserves d'eau, qui ont « laissé au froid » (à gauche) la « terre ferme » « infectée » (empoisonnée) et la mer d'Aral et certains fleuves à moitié asséchés. L'Ouzbékistan a des frontières avec l'Afghanistan, le Kazakhstan, le Kirghizistan, Tadjikistan et Turkménistan. Il est doublement enclavé mais comprend le littoral sud de la mer d'Aral. L'Ouzbékistan a accédé à l'indépendance en 19991, après l'éclatement de l'Union soviétique. Le pays est normalement une démocratie, cependant, depuis 1991, il est dirigé par le président Islam Karimov, dont les services de sécurité sont largement considérés comme ayant tué plusieurs centaines de manifestants à Andijan en 2005 et ont été responsables de certaines violations graves des droits de l'homme les plus fondamentaux (torture et meurtres). Le pays est riche en ressources naturelles, mais la majeure partie de l'argent est distribuée à la « clique régnante du président avec des collaborateurs bureaucratiques » (cercle dirigeant d'amis et d'alliés politiques). Alors que Tachkent est en plein essor dans le domaine de la construction et du développement, l'isolement du pays du reste du monde et son gouvernement autoritaire ont fait de l'Ouzbékistan l'un des pays les plus pauvres et les moins développés d'Asie. Le pays a également la distinction d'être l'État le plus corrompu de l'URSS. La petite amie de Siegfried, Svetlana, avait étudié à l'école de médecine de Tachkent.

Elle avait été une étudiante très brillante à l'école de médecine et elle avait obtenu son diplôme avec des A, le premier de toute l'université. Miltiadis parlait couramment le russe. Chaque fois qu'il rencontrait la petite amie de Siegfried, Svetlana, il lui parlait en russe.

Siegfried s'est considéré comme très « flucky » (argot porte-bonheur) qu'il a eu un « Dieu grec magnifique » (petite amie noble). Miltiadis aimait beaucoup Svetlana dans la mesure où elle avait été une femme « sterling » (bonne et de haute qualité) avec un cœur d'or. « Jusqu'à ce que l'enfer gèle » (toujours) elle avait aidé Siegfried quand il était à genoux. Svetlana était la petite amie de Siegfried depuis quinze ans. Quand la mère de Svetlana était une vie, Siegfried avec sa Toyota Corola blanche à quatre portes avait emmené Svetlana et la mère de Svetlana à la dialyse pour sa mère. La mère de Svetlana avait une maladie similaire à celle des parents de Siegfried, elle s'est sentie « misérable » (souffre) d'une insuffisance rénale. Bien des fois avant que Siegfried n'emmène Svetlana au « thé de cinq heures » (déjeuner), à la « table d'hôte » (dîner), chez ses amis ou à « tripping the light fantastic » (danse), il a passé du temps avec la mère de Svetlana qui l'aimait beaucoup. Sa mère a espéré qu'un jour Siegfried se « calmerait » (se marierait) avec sa fille Svetlana. Tous mes « compagnons de manœuvre » (les amis intimes de mes parents) et tous les amis de Siegfried, Miltiadis, Silvia, Olga, avaient beaucoup aimé Svetlana. Elle avait été une femme « extraordinaire ».

« Sans exception heure d'été » (chaque été) lorsque Siegfried et ses parents se rendaient à Brighton Beach, le père de Siegfried, le professeur Ady Wyner, venait chercher Svetlana et nous avions tous les quatre profité de la « fabuleuse journée astronomique au bord de la mer » (belle journée sur la plage). Siegfried et Svetlana à 12 heures pour acheter pour le déjeuner pour eux quatre. Parfois, les parents de Siegfried invitaient Svetlana et Siegfried au restaurant russe Primosky. « Une fois dans une lune bleue » (De temps en temps) à la plage, nous nous sommes régalés tous les quatre pour le déjeuner avec des pâtisseries russes avec du café. Mes parents avaient été très financés par Svetlana et tous les amis de Siegfried souhaitaient que Siegfried « lie le savoir » (épouse) Svetlana. La relation entre Siegfried et Svetlana était très belle, mais ils avaient un gros « caillou sur le chemin » (obstacle) qui, mentalement, n'avait pas été une alchimie.

Siegfried n'a pas pu faire le grand pas pour « demander la main » (demander en mariage) à son « idole » (chérie) Svetlana. Svetlana aurait donné son cœur, ou tout ce que Siegfried aurait voulu, mais elle était « au énième degré verte de jalousie » (extrêmement jalouse) du succès de Siegfried au travail et quand ses amis « appleants » (candidats) le louaient. Anthony Cucich et Silvia, Miltiadis et sa femme Vicky avaient emmené Siegfried et Svetlana à de nombreuses reprises dans les restaurants grecs et russes les plus luxueux et les restaurants italiens luxueux avec Anthony Cucich et Silvia. Les amies de Siegfried, Olga, Heidi et la magnifique blonde Annie Kademof, ont beaucoup aimé Svetlana, mais Scetlana était « au énième degré verte de jalousie » (extrêmement jalouse) quand Olga, Heidi et Annie sont sorties déjeuner avec son

« beau » (petit ami) Siegfried, pendant les heures normales de bureau. Heidi et son mari Carlos ont « envoyé une invitation » (invité) Siegfried et son idole Svetlana à leur maison lorsqu'ils ont eu une « bash » (grande fête) à Great Neck.

Svetlana ne pouvait pas avoir la spéciation que Siegfried « au-dessus de tout » (en plus) elle pourrait avoir d'autres amies. Les trois femmes expéditrices, Heidi, Annie et Olga, ont eu une grande estime pour Siegfried, « avant tout » (surtout) qu'il avait « agi avec égard » (traité) « a le cœur à sa place » (généreux), « noble » (chevaleresque) et « tenir en haute estime » (le plus grand respect) lorsqu'elles sont sorties déjeuner avec lui. Il « s'est conduit envers » (les a traités) « bien élevés » (polis et courtois) lorsqu'ils sont allés le voir dans son bureau pour une « affectation de neuf à cinq » (rendez-vous de travail). Malgré le fait que l'un des meilleurs amis de Siegfried, Ivan Gray, avait « envoyé une invitation » (invitée) Siegfried et Svetlana lors d'un « apéritif » du samedi (après-midi) à un « barbecue » au-dessus de son « trou dans le mur » (maison). Ivan avait beaucoup d'amis afro-américains à qui il a « invité » (invité) pour le « barbecue » et Siegfried et sa ravissante « idole » (chérie) Svetlana.

Siegfried n'avait pas hérité de son père « extraordinaire super-excellente aptitude à l'activité particulière » (bonnes compétences particulières) et « conduite du dimanche lay of the land » (orientation de conduite), donc le sens de l'orientation de Siegfried pendant la conduite est terrible, à cet égard, Siegfried « mâchait le cud » (cogitait) qu'il avait une consimilitude avec sa mère Sorina.

Après une période de trois heures et demie passée au « festin mobile de barbecue », Siegfried avait quitté Flushing vers 23 heures et au lieu de prendre 15 ou 20 minutes pour retourner à son appartement de Rego Park, il a conduit à Ocean Parkway à Brooklyn. À la nuit, il y avait beaucoup de circulation sur l'autoroute et aucun conducteur n'avait voulu arrêter la voiture pour donner des instructions à Siegfried sur la façon de retourner dans le Queens. Là-dessus, Siegfried a dû s'arrêter à une station-service pour obtenir « la main sur l'ordre scellé » (obtenir la direction) comment retourner dans le Queens. Par la suite, Siegfried et Svetlana ont eu « frappé l'horloge » (sont arrivés) « à un moment » (à la maison), avant tout, Siegfried a beaucoup remercié Fred et elle est retournée à « beddy-bye » (sommeil ; argot time to go sleep). Si Siegfried n'avait pas appelé sa mère pour lui dire que tout allait bien, sa mère et son père n'auraient pas dormi de la nuit. Les parents de Fred ont bien soigné leur fils Siegfried. Depuis que Fred a été un « bot-boter » (argot enfantin) et pendant son adolescence jusqu'à ce qu'il soit devenu « full-forme » (mature) et un vrai « Johnny-on-the-spot » (mensch), ses parents lui ont donné beaucoup de sentiments chaleureux.

Étant le seul « youngseter » (enfant), les parents de Fred l'avaient beaucoup « dorloté » (choyé) et ils ont fait tout ce qui était en leur pouvoir pour se comporter d'une certaine manière avec leur fils Fred en synchronisation (dans l'ordre de l'argot) pour qu'il ne se sente jamais seul. Pour ces « modes de vie affectueux » (comportement affectueux) des parents de Fred et pour leur merveilleuse façon d'élever Fred, la gratitude de Fred pour ses parents a été bien soignée lorsqu'ils seront « ridés » (argot des personnes âgées) dans leur « Wrinkle City » (argot des années dorées). Il est devenu un bienfaiteur (celui qui fait le bien, surtout, celui qui fait de bonnes actions).

C'est ainsi que lorsque les parents de Fred ont été « transformés en âge d'or » (sont devenus des personnes âgées), Fred a « pris la forme d'un cœur de facto sautant un battement » (est devenu très inquiet) et d'un « œil brillant de facto et d'une queue touffue » (très attentif) avec eux. Fred avait été là pour ses parents quand ils étaient dans la « meilleure partie est difficile à satisfaire comment les choses se passent » (état le plus critique), il les avait soignés jour et nuits avec le plus grand soin jusqu'à ce que Dieu Tout-Puissant ait eu une « forte volonté » (décidait) que leur temps était venu pour être emmenés dans la « cité de Dieu » (le ciel). « Pendant toute la durée de la vie naturelle » (Pendant le temps) où Fred s'était perdu à Brooklyn jusqu'au moment où ils étaient entrés dans l'appartement de Fred, Svetlana l'avait réprimandé « nuit et jour » (tout le temps) jusqu'à (au revoir) (l'heure d'aller dormir en argot). Le lendemain, Fred a « mâché la queue » (cogité) et a prédit sa relation avec Svetlana et il a « pris ses décisions » (se décider) et lui a dit qu'il ne l'épouserait jamais. Là-dessus, Svetlana très « mal en point » (malheureuse) à cause de ce que Siegfried lui avait « annoncé la nouvelle », (lui avait dit), elle était furieusement « renversée, traînée » (se querellant) contre Siegfried. C'est alors que Siegfried avait pensé à l'un de ses philosophes français préférés, René Descarte, :

« Cogi to ergo sum » qui signifie littéralement « Je pense, donc j'existe »

Et il a décidé de s'habiller et a pris « de facto un bleu sauvage là-bas une bouffée d'air frais » (très longue marche) de la 63e promenade au 71 Continental Ave, où il a pris un muffin aux myrtilles et une tasse de café. Il s'était assis sur le banc dans un parc d'une heure. Après 1 heure, Fred est rentré chez lui et a parlé calmement à Svetlana. Cette fois-ci, Svetlana a parlé calmement et elle a accepté à une condition, rester amie et ne plus avoir d'activité sexuelle.

L'un des plus grands philosophes grecs Socrate, sa philosophie est restée à la base de la pensée de Siegfried et a exercé une « influence profonde » dans la philosophie de la vie entièrement métaphysique de Siegfried, pour une meilleure connaissance (appréhension) de l'ethnographie (l'étude des races humaines et de la culture) et de la mentalité de ces mondes.

Citation de Socrate sur le mariage :

« Par tous les moyens, mariez-vous. Si tu as une bonne femme, tu deviendras heureux, si tu en as une mauvaise, tu deviendras philosophe.

L'une des plus grandes citations du romancier américain Ernest Hemingway sur le mariage :

« Il n'y a pas d'homme plus solitaire dans la mort, sauf le suicide, que cet homme qui avait vécu de nombreuses années avec une bonne femme et qui lui avait survécu. Si deux personnes s'aiment, il ne peut y avoir de fin heureuse.

C'est ce qui est vraiment arrivé aux parents de Fred.

Dans l'histoire de l'"homo sapiens » (être humain), chaque « homme paléolithique » (être humain) naît avec « le système d'exploitation du disque est le nom du jeu » (deux natures).

« D'abord et avant tout l'état psychologique temporaire » (la première nature, quand l'humain est un « mordeur de chevilles » (un argot enfantin), sa nature est « pleine de choc en ce qui concerne la conscience pure » (pleine d'innocence) et, progressivement, « au cours de l'hiver de la vie » (au cours des années) l'"état psychologique pour le moment temporaire » (la nature temporaire) est « du début à la fin » (complètement) « chantait un air différent » (transformé) en un « pour le long terme » (permanent) lorsque l'humain est devenu « plein-forme » (mûri), un adulte plein de sagesse. Lorsque la « transsubstantiation » (transformation) de l'état psychologique temporaire (la nature temporaire), « pleine de conscience » (pleine d'innocence) en « entrée dans la nature à long terme de la bête » (nature permanente) est complète, l'humain est devenu beaucoup plus sage, plus ouvert dans la recherche de la réponse ou de la solution à des problèmes impossibles, plus perspicace et plus observateur. Son esprit était devenu plus puissant. La vie est le principal facteur de ces « transmogrifications » (transformation) de la nature provisoire temporaire à une nature presque évoluée et rationnelle lorsque la « façon de penser homo sapiens » (la mentalité de l'être humain) est « bien fondée » (basée sur des faits) et le rationalisme, cette nature est devenue « pour le long terme » (permanente). Nonobstant « au milieu de la vie naturelle » (pendant la vie), l'humain a deux enseignants importants qui influencent leurs « grâces sociales » (comportement), la philosophie métaphysique de la vie, l'ontologie 9la branche de la métaphysique traitant de la nature de la réalité) et pour un meilleur pouvoir cognitif de la mentalité de ce monde dans lequel nous avons vécu. Les parents sont les principaux enseignants. Les parents ont le devoir sacré d'élever leurs enfants dans l'amour et la justice. L'éducation des enfants ne commence pas lorsqu'ils vont à la maternelle. Cela commence dans votre maison avec vous en tant qu'enseignant, même si vous ne vivez pas ensemble en tant que mari et femme. Des études ont montré que les années d'apprentissage les plus cruciales ont lieu avant qu'un enfant n'ait l'âge d'entrer à l'école. Burton White de l'Université Harvard écrit :

L'éducation informelle que la famille offre à ses enfants a plus d'impact sur l'éducation globale d'un enfant que le système éducatif formel.

La psychologie la plus importante imprimée dans l'esprit d'un enfant est le « savoir vivre » (comportement) des parents l'un envers l'autre et « a pris le serment de la matière imprimée » (est restée imprimée) dans l'esprit de l'enfant « jusqu'à ce que les vaches rentrent à la maison » (pour toujours) et il portera cette image toute sa vie. Le « mode de vie » (comportement) de ses parents est « transmis » (héréditaire) et pourrait se refléter plus tard, dans ses « grâces sociales » (comportement). Les parents ont le devoir d'enseigner à l'enfant le principe de l'honnêteté et de la religion. L'enfant a appris à aimer, respecter et adorer le « Roi des rois » (Dieu) en allant à l'église, à la synagogue, à la mosquée ou au temple bouddhiste pour prier « la Force de Vie Universelle Tout-Puissante » (Dieu Tout-Puissant), Bouddha.

Néanmoins, l'enfant apprend également à respecter et à aider à désactiver « ensemble avec l'expérience personnelle dans quelque chose d'Amérique moyenne » (une personne âgée) lorsque le « venir à la défense d'être se retourne par » (l'aide est nécessaire). De plus, « les géniteurs élevaient leur progéniture » (les parents enseignaient à leurs enfants) lorsqu'ils voyaient une personne handicapée ou une personne âgée pour proposer de l'aide pour traverser la rue si nécessaire.

Les parents apprennent également à leurs enfants, s'ils sont dans un bus ou un métro, à offrir leur place au cas où une personne handicapée ou âgée serait debout. On leur apprend aussi à aimer les gens qui les ont entourés, sans distinction de nationalité, de couleur ou de religion, et à « proposer leur métacarpe avec l'esprit maternel » (pour offrir leur aide et leur sagesse) à ces personnes si nécessaire. On leur apprend à vivre et à travailler en harmonie avec ces personnes, à percevoir la vie et à se battre et à lutter en synchronisation pour pouvoir survivre dans la société réelle où ils ont grandi.

En langue latine, il s'agit d'une preuve :

« Ad astra per aspera » qui signifie littérairement « Vers les étoiles à travers l'épreuve »

« Dans le temps de l'interview de la sénectude » (Au cours des années) quand les adolescents sont « ligne d'hameçon et plomb » (complètement) « chantaient un air différent » (transformés) et sont devenus adultes, quand leur esprit est plus astucieux et qu'ils sont devenus beaucoup plus sages et quand ils connaissent et comprennent enfin le vrai sens et le principe de la vie, le deuxième enseignant le plus important de « l'homme Cro-Magnon » (l'être humain) est « La Vie Elle-même ». La vie a eu le pouvoir de faire comprendre aux gens comment bien éduquer leurs parents quand est « Dignus vindice nodus » qui signifie « Une difficulté digne d'une intervention puissante » et comment allaiter vos parents quand ils sont devenus « ridés » (argot de personne âgée) dans leur « Wrinkle City » (argot de l'âge d'or). Toutes ces précautions doivent être prises en synchronisation pour pouvoir aider et sauver vos parents. « Élan Vital » (La Vie) enseigne à un enfant la « reconnaissance » (reconnaissance) pour tout « agneau sacrificiel ou immolation » (sacrifices) « réalisé » (accompli) par les parents pour leur enfant et la difficulté qu'ils ont eue « au milieu de l'automne de la vie » (pendant des années) pour l'élever correctement en un adolescent et dans la phase finale lorsque l'adolescent est « du début à la fin » (complètement) « tourne une nouvelle page » (transformé) et est devenu « pleinement formé » (mûrit). De plus, lorsque l'« homo sapien » (l'être humain) a atteint le stade final de la maturité et est devenu un adulte avec un meilleur pouvoir de discernement et que l'«état psychologique temporaire de la personne vivante » (la mentalité de l'être humain) est bien fondé (basé sur les faits) et le rationalisme et non sur le ouï-dire, toute cette « transsubstantiation » (transformation) est créée par « Élan Vital » (la vie). La vie a le pouvoir convaincant sur les gens qui leur fait réaliser et cognitif (appréhender) que la relation entre l'enfant et les parents est à double sens. Tout d'abord, les « immolations » (sacrifices) faites par les « géniteurs » (les parents) toute leur vie pour élever l'enfant en une personne « de classe mondiale » ou « whizbang » (argot remarquable, merveilleux, supérieur) capable d'affronter la réalité de ce monde. En retour, l'enfant doit avoir été réciproque en donnant à ses parents sa chaleur, son affection et son plus grand respect.

Toute ma vie, j'ai été obsédé par l'interprétation de la pensée. La pensée peut faire référence aux idées ou à l'arrangement d'idées qui résultent de la pensée, de l'acte de produire des pensées ou du processus de production de pensées. Bien que la pensée soit une activité humaine fondamentale familière à tous, il n'y a pas d'accord généralement accepté sur ce qu'est la pensée ou comment elle est créée. Les pensées peuvent ou non surgir dans l'esprit à partir du produit du traitement cérébral subconscient.

Parce que la pensée sous-tend de nombreuses actions et interactions humaines, la compréhension de ses origines, de ses processus et de ses effets physiques et métaphysiques est un bien de longue date de nombreuses disciplines universitaires, notamment la psychologie, les neurosciences, la philosophie, l'intelligence artificielle, la biologie, la sociologie et les sciences cognitives.

La pensée permet à l'homme de donner un sens à l'interprétation, à la représentation ou au modèle du monde qu'il expérimente, et pour faire des prédictions sur le monde, il est donc utile à un organisme ayant des besoins, des objectifs et des désirs lorsqu'il fait des plans ou tente d'atteindre ces objectifs. Comment redéfinir la pensée ?

1. Le processus de réflexion
2. Un produit de la pensée ou d'une autre activité mentale
3. La faculté de penser
4. L'activité intellectuelle ou la production d'un temps ou d'un groupe particulier

5.   Considération : attention

6.   Le produit de l'activité mentale, ce qui sur la pensée

7.   Un seul acte ou processus de pensée, d'activité mentale, de cogitation

8.   La capacité de la faculté de penser, d'imaginer

9.   Méditation ou recueillement

10. L'intention

11. Anticipation

12. Contrepartie

13. Un jugement

14. L'activité intellectuelle ou les idées, les opinions, etc., caractéristiques d'un lieu, d'un groupe ou d'un moment : la pensée grecque,

Pour avoir des scrupules, les gens ont toujours vécu dans deux mondes. Tout d'abord, ils vivent dans un monde de rêve, où les gens ont fantasmé, ils vivent dans un monde tout à fait fantaisiste et imaginaire. The Art of Fantasy est une étude du genre littéraire fantastique moderne écrite par Lin Carter. Quand je suis réveillé, j'analyse et interprète mes rêves. Je psychanalyse mes rêves que j'ai faits pendant la nuit.

Sigmund Freud, neurologue autrichien et père de la psychanalyse, a passé l'été 1985 au manoir Belle Veu, près de Grinzing, en Autriche, où il a commencé la création de L'interprétation des rêves.

Dans une lettre de 1900 à Wilhelm Fliess (un oto-rhino-laryngologiste juif allemand qui exerce à Berlin), il a écrit en commémoration de l'endroit.

Pensez-vous qu'un jour une tablette de marbre sera placée sur la maison, avec l'inscription suivante : « Dans cette maison, le 24 juillet 1895, le secret des rêves a été révélé au Dr Sigmund Freud ?

« Pour l'instant, j'en vois peu de perspectives » - Freud dans une lettre à Wilhelm Fliess,

Sigmund Freud a écrit le livre allemand « Die Traumdeutung » traduit en anglais « L'interprétation des rêves ».

Le livre présente la théorie de l'inconscient de Freud en ce qui concerne l'interprétation des rêves, et discute également pour la première fois de ce qui deviendra plus tard la théorie du « complexe d'Œdipe ». Cependant, en raison du « complexe d'Œdipe » de Freud, de nombreux lecteurs modernes se concentrent sur son amour apparent pour sa mère et sa haine pour son père ; ce n'est en fait pas conforme à la tradition mythologique grecque d'Œdipe, dont la version canonique se trouve dans la trilogie de Sophocle : Les pièces thébaines. Freud a révisé le livre au moins huit fois et, dans la troisième édition, a ajouté une section étendue qui traitait du symbolisme du rêve de manière très littérale, suivant l'influence de Wilhelm Stekel. Wilhelm Stekel était un médecin et psychologue autrichien, qui est devenu l'un des premiers disciples de Sigmund Freud, et a été décrit comme « l'élève le plus distingué de Freud ». Freud a dit de ce travail qu'une telle perspicacité n'est le lot d'une personne qu'une fois dans sa vie. Cependant, l'œuvre a gagné en popularité comme Freud l'a fait, et sept autres éditions ont été imprimées de son vivant.

Freud a également écrit une version abrégée intitulée Sur les rêves.

Dans la philosophie japonaise, ce dont vous rêvez est réel.

Le deuxième monde que nous avons en direct, est un vrai monde plein de méandres (zigzags) et d'obstacles.

Depuis l'âge de 45 ans, j'étais bien informé sur la philosophie de la vie. Sigmund Freud (1932), Conférence XXXV « Une philosophie de la vie ».

Soudain, j'avais obtenu quelques citations agréables et importantes qui étaient visibles (d'une manière qui attirent l'attention) des lecteurs de mon livre.

« Vous devez tout donner pour rendre votre vie aussi belle que les rêves qui dansent dans votre imagination. » Par Roman Payne.

« La vie n'est pas toujours parfaite. Comme une route, elle a de nombreux virages, des montées et des descentes, mais c'est sa beauté. » Amit Ray, Un monde de paix : la voix d'un oiseau de montagne.

« Quel besoin y a-t-il de pleurer sur des parties de la vie ? Tout cela appelle les larmes. » Par Sénèque

« L'esprit est un miroir flexible, ajustez-le pour voir un monde meilleur ». Amit Ray, Pleine conscience : vivre dans l'instant présent - Vivre dans la respiration.

« Vous aimez la vie parce que la vie est tout ce qu'il y a. » Par Glen Duncan, le dernier loup-garou.

« Vous vivez comme si vous étiez destiné à vivre éternellement, aucune pensée de votre fragilité ne vous vient jamais à l'esprit, du temps qui s'est déjà écoulé, vous n'y tenez pas compte. Vous gaspillez du temps comme si vous puisiez dans une provision pleine et abondante, bien que pendant tout ce temps ce jour que vous accordez à une personne ou à une chose soit peut-être votre dernier. » Par Sénèque, De la brièveté de la vie

C'est ainsi que d'autres architectes, bons amis de Siegfried, qui l'ont traité avec presque respect, étaient Robert Strong, R.A., Robert James Palermo, R.A. et Robert M. Scarano, Jr., AIA R.A. Néanmoins, pour la première fois dans la vie de Siegfried, il s'est rendu compte et a conclu qu'il ne valait pas la peine de travailler pour la ville si vous n'êtes pas autochtone (natif) américain.

Préfiguré, Siegfried avait travaillé quatorze ans pour la Cité en pensant qu'il avait un point d'appui (une position sûre à partir de laquelle de nouveaux progrès peuvent être réalisés en argot) et il avait pour pensée : « As astra per aspera » qui signifie littérairement « Vers les étoiles à travers la détresse ». Il avait des corvées, un dévouement juvénile à sa belle profession, mais un « no go » (un argot de succès improbable), sans aucun accomplissement et aucune récompense de la part de la City.

Dans la plus grande démocratie du monde, New York, l'antisémitisme est au même niveau ; avec l'antisémitisme dans d'autres pays communistes.

« Sur un coup de tête » (soudainement), l'ordre était venu du commissaire du Département de la construction, l'honorable Gaston Silva R.A., à tous les architectes, professionnels, ingénieurs et expéditeurs de cesser d'honorer le « ROI INCONTESTÉ DU DÉPARTEMENT DES BÂTIMENTS » Siegfried Wyner.

Le comportement abominable du Département de la construction a été de renvoyer dans le Queens le commissaire de l'arrondissement Durant P.E., en phase avec les invectivés et d'éliminer injustement l'examinateur de plans Siegfried Wyner du Département des bâtiments après qu'il ait terminé sa tâche merveilleuse qui avait pris dix ans de corvée. Par conséquent, empêcher tous les candidats et les expéditeurs d'honorer le roi du département des bâtiments est une violation de l'antisémitisme.

C'est alors que la plus grande erreur du Département des bâtiments a été pour l'examinateur de plans Siegfried de travailler avec l'abominable et inoffensif commissaire de l'arrondissement Durant. Par conséquent, le président Gerry J. Caliendo A.I.A. du chapitre du Queens étant très intrigué et indigné par le comportement antisémite du ministère du Bâtiment et le savoir-faire de ne rien attribuer à l'examinateur Siegfried Wyner pour sa corvée et son talent de produire la tâche révolutionnaire la plus avancée qui avait placé le département du bâtiment au plus haut niveau technique de l'utilisation de directives informatisées.

Sur ce, le président Gerry J. Caliendo avait décidé de mettre sur pied et d'organiser une réunion architecturale congruente dans un restaurant américain très confortable et luxueux. Par la présente, le président Gerry J. Caliendo A.I.A. de la section du Queens avait invité les trois cent cinquante architectes inscrits de la section du Queens, par l'intermédiaire de laquelle il avait invité la direction du Queens, le commissaire de l'arrondissement Durant P.E., le commissaire adjoint de l'arrondissement McCain R.A., l'ingénieur en chef Sam Lai P.E. et l'examinateur numéro 1 Siegfried Wyner.

Là-bas, lorsque le dîner fut « terminé » (terminé), le président Gerry J. Caliendo avait nommé l'examinateur de plans Siegfried Wyner pour l'affront de l'« EXAMINATEUR DE L'ANNÉE » des trois cent cinquante architectes, le commissaire de l'arrondissement Durant P.E.

Le commissaire adjoint de l'arrondissement McCain, l'ingénieur en chef Sam Lai P.E., tandis que l'examinateur de plans Siegfried n'avait reçu aucune récompense pour son innovation et son infatigable corvée pendant dix ans de travail. Là-dessus, le Département des bâtiments a reçu la proposition du président Gerry J. Caliendo d'offrir toute « augmentation » (argot de promotion d'emploi) ou toute augmentation de mérite à l'examinateur de plans Siegfried Wyner, par laquelle :

« Un Juif européen sans liens avec le gouvernement »

Dès lors, l'antisémitisme du Département des bâtiments dépassa les attentes de l'examinateur de plans Siegfried Wyner.

Sur ce, la fête de l'architecture était « ad finem » (vers la fin) vers 3 heures du matin, Siegfried était si fatigué qu'il était sur le point de « se renverser » (effondrement en argot).

C'est ainsi que le « Grand Stand » (en argot chaud), « chaud et dérangé » (en argot farouchement indigné), l'ingénieur en chef Sam Lai P.E., après quoi il était toujours « en selle » (en position de contrôle, en charge de l'argot) avait proposé de ramener Siegfried chez lui.

Néanmoins, pendant le trot vers l'appartement de Siegfried, l'ingénieur en chef Sam Lai P.E. avait agi amèrement, malheureux et il était « chaud et dérangé » (argot farouchement indigné) que l'honorable maire « Hizoner » Rudolph Giuliani et deux commissaires du Département des Bâtiments Joel A. Miele, Sr. P.E. et Gaston Silva R.A., connaissaient l'examinateur de plans Siegfried qui a fait apparaître dans les yeux de l'ingénieur en chef Sam Lain P.E., juste « un examinateur de plans » et l'ingénieur en chef « hot dogger » (Hot Shot Slang) Sam Lai P.E. dont personne n'a jamais entendu parler. Là, l'ingénieur en chef Sam Lai P.E. n'a pas compris que pour le « chien de tête » (la personne la plus importante Slang) comme l'honorable maire Rudolph Giuliani et les deux commissaires du département Joel A. Miele, Sr., P.E. et Gaston Silvia R.A. pour entendre parler de lui, il devrait venir avec quelque chose de spécial, d'extraordinaire que personne n'a jamais fait auparavant, et il est le seul à avoir fait cette invention.

L'examinateur de plans Siegfried « n'a peur de rien » (une personne qui n'a peur pas) et qui était très astucieux, a essayé « dès le départ » (Immediately Slang) et très difficile de persuader « tête brûlée » (un argot de personne irascible) et l'ingénieur en chef jaloux Sam Lai P.E. (qui était auparavant un très bon ami de Siegfried) que sa situation est « de A à Z » (complètement) changée.

Dès lors, (à partir de ce moment-là), l'examinateur de plans Siegfried expliqua à l'ingénieur en chef Sam Lai P.E. que « tempora mutantur, nos et mutamur in illis » (le temps change et nous avec eux) et « temori parendum » (nous devons céder au temps). L'examinateur de plans Siegfried avait connoté (suggéré) à l'ingénieur en chef « hot dogger » Sam Lai P.E. que sa localisation (situation) avait énormément changé, alors qu'il était (actuellement) le roi du département de la construction, l'examinateur numéro 1, à cause de quoi (à cause de quoi) sa localisation n'était pas équivalente (de même) lorsqu'il avait été déplacé de Cranes and Derricks à la zone d'examen du plan du Queens, quand il était à l'incipience (au début, première étape) quand il saute de la tête (a commencé) pour « envisager » (comprendre) le code du bâtiment et la résolution de zonage. Siegfried a fait répliquer à son ingénieur en chef Sam Lai P.E. que ces « top dog » la personne la plus importante argot) L'honorable maire Rudolph Giuliani et ces deux commissaires de département Joel A. Miele, Sr., P.E. et gaaston Silva R.A. n'ont pas entendu parler de lui, c'est l'équivalent (similaire) du proverbe français. « Tout le monde est sage après le coup ».

Par conséquent, en raison de l'innovation de l'examinateur de plans Siegfried, il n'a jamais été « en retard » (en retard sur le temps), son travail a été amené à passer « hotfoot » (immédiatement de l'argot) et « assidu » (exécuté avec une diligence constante) pendant une période de dix ans et avec son attitude juste et son savoir-faire avec les candidats et les expéditeurs, il était devenu :

« Le Roi Incontesté Du Département De La Construction, Le Meilleur Qui Soit, L'examinateur Numéro 1, La Personne La Plus Importante De New York »

C'est alors (à ce moment-là) que l'ingénieur en chef Sam Lai P.E. a « mal entolé » (est devenu un argot hostile et menaçant) et qu'il « a une attitude » (est devenu un argot hostile et plein de ressentiment) envers l'examinateur de plans Siegfried et il a repoussé (refusé carrément) d'envisager (comprendre) l'explication irréprochable de l'examinateur de plans Siegfried, il a ricané (a souri avec dérision) et a menacé (menacé) l'examinateur de plans Siegfried, jusqu'à présent (à ce point) qu'il ne peut pas travailler sous le même toit que l'ingénieur en chef Sam Lai P.E., et il souhaitait relocaliser l'examinateur de plans Siegfried dans un autre arrondissement.

C'est là que Siegfried, examinateur de plans, s'est fait « énervé » (argot énervé) et stupéfait. Il avait demandé à l'ingénieur en chef Sam Lai P.E.

« S'il sait ce qu'est la production mensuelle de l'examinateur de plans Siegfried ? »

Là-dessus (immédiatement après), il avait répliqué :

« que la production de l'examinateur de plans Siegfried équivaut à la production de dix exam-inateurs de plans ensemble »

Pour être plus concis (brièvement), la production mensuelle de Siegfried avait été dix fois supérieure à celle des autres examinateurs de plans. Par la suite (à la suite de cela), l'examinateur de plans Siegfried était devenu sans voix, inexprimable (cela ne peut pas être décrit) et étonné de la réponse de l'ingénieur en chef Sam Lai P.E.

Là-dessus (immédiatement après), l'examinateur de plans Siegfried qui « spero meliora » (L) (espoir de meilleures choses) lui demanda :

« Où en est votre logique, si la production mensuelle de l'examinateur de plans Siegfried est dix fois supérieure à la production mensuelle de tout autre examinateur de plans ? Ou l'équivalent de dix examinateurs de plans de production mensuelle travaillant ensemble ? Pour le reloger dans un arrondissement disparate ?

C'est dans cette affaire (dans cette affaire) que Siegfried a demandé à son ingénieur en chef Sam Lai P.E. « si Deus nobiscum, quis contra nos ? » (L) (Si Dieu est avec nous, qui s'opposera à nous ?)

Là-bas (immédiatement après), l'ingénieur en chef Sam Lai P.E. avait rétorqué :

« Insouciante du montant de votre production mensuelle, la direction du Queens peut embaucher dix examinateurs de plans à votre place et vous reloger dans un arrondissement disparate »

C'est dans cette direction que l'examinateur de plans Siegfried Wyner avait répondu à l'in-génieur en chef Sam Lai P.E. :

« La localisation est « de A à Z » (complètement) difficile pour ce genre d'action injuste, dans la mesure où l'examinateur de plans Siegfried avait été le roi du département de la construction et s'il était amené à commettre cette grosse erreur pour déplacer l'examinateur de plans Siegfried Wyner, il aurait ainsi (à la suite de cela) des représailles de la part du département des bâtiments. La relocalisation de Siegfried Wyner ne serait pas possible sans représailles de la part du Département des bâtiments.

Comme, dans la mesure où, comme Siegfried peut le dire maintenant, dans le jour qu'il est devenu :

« Le Roi Incontesté Du Département Des Bâtiments », il avait vingt candidats à voir des arrondissements de Manhattan, Queens, Staten Island, Bronx et Brooklyn attendant que l'examinateur de plans Siegfried (qui était l'examinateur numéro 1) les dirige et les admoneste sur la façon de faire leur travail en synchronisation pour obtenir la considération du « top dog » (l'argot de la personne la plus importante) Commissaire d'arrondissement Durant P.E.

À ce moment-là (à ce sujet), Siegfried, en tant qu'examinateur numéro 1, avait tous les droits du département dans sa position pour diriger et avertir tout candidat sur la façon de faire son travail en synchronisation avec l'obtention d'un réexamen de la part de la direction.

C'est ainsi que (immédiatement après), l'examinateur de plans Siegfried avait prédit (suggéré à l'avance) qu'il avait passé beaucoup de temps avec les candidats pour leur expliquer comment ils devaient faire leur travail, grâce à quoi (en raison de quoi) ils pouvaient obtenir un réexamen de la part du commissaire d'arrondissement Durant P.E. En français est une expression : « Tout vient de Dieu » (Fr) (toutes choses viennent de Dieu) de Dieu est venu un commissaire d'arrondissement prodimentaire (perfide) Durant, où le deuxième jour du matin était prédestiné à l'examinateur numéro 2 Siegfried Wyner à avoir une grande bagarre insensible (querelle) dans le bureau du commissaire d'arrondissement avec le commissaire d'arrondissement Durant P.E. affront de son commissaire d'arrondissement adjoint McCain R.A.

Dans la France d'après la Seconde Guerre mondiale, principalement par Jean-Paul Sartre qui dit :

« Il soutient que chaque homme existe en tant qu'individu ; dans un univers sans but, et qu'il doit s'opposer à son environnement hostile par l'exercice de son libre arbitre. »

Sur ce, le commissaire de l'arrondissement Durant P.E. « au sud de la frontière » (argot rejeté), il avait réprouvé (désapprouvé avec détestation d'une aversion extrême) et interdit (interdit) à l'examinateur de plans Siegfried de diriger et d'admonester le demandeur sur la façon de résoudre leur travail, après quoi (sur quoi) d'obtenir une réconsidération de sa part. Le commissaire de l'arrondissement Durant, furieux (furieux de colère) et irrité (marqué par la mauvaise humeur), avait demandé à l'examinateur de numéros Siegfried.

"Pour qui diable te prends-tu ? Pour diriger et avertir les candidats sur la façon de résoudre leur problème afin d'obtenir un réexamen de ma part ?

Ce commissaire d'arrondissement Durant était insensé (difficile à gérer ou à gérer), abominable (très haineux), injuste (injuste), ruffianous (violent), austère (sévère), cinglé (si insensé ou déraisonnable qu'il en était considéré comme fou), malveillant (malveillant) Commissaire d'arrondissement Durant qui insultait sans cesse l'examinateur de plans Siegfried pour son action légale.

En latin est un proverbe :

« Summum jus, summa injuria » (L) (La rigueur de la loi est le comble de l'oppression). « Suppressio very, suggestion falsi » (L) (Une suppression de la vérité est la suggestion d'un mensonge).

D'où l'examinateur de plans Siegfried Wyner sans valeur (inaccoutumé) et émerveillé (frappé d'émerveillement, stupéfait) du savoir-faire et de l'attitude du commissaire d'arrondissement Durant envers lui-même, il avait le bureau du commissaire d'arrondissement Durant.

Sur ce, le commissaire d'arrondissement Durant a présumé que s'il « dirigeait Siegfried » (pour contrôler Siegfried de manière offensante), il changerait la mentalité de Siegfried d'aider (aider) les candidats.

C'est un proverbe français qui va avec ce qui s'est passé ici :

« un bienfait n'est jamais perdu »

C'est là que l'examinateur numéro 1, Siegfried Wyner, avait prédit (considéré) et baissé le rideau (conclu) que le commissaire d'arrondissement Durant est un abominateur, arrogant (méprisant), inquisitable (injuste) et un greaillé (une personne espiègle). Pour une personne comme le commissaire d'arrondissement Durant, l'auteur a deux proverbes latins qui correspondent au caractère du commissaire d'arrondissement Durant.

Le premier prover latin dit :

« Vulus animi janua et tabula » (L) (Le visage est le portail et l'image de l'esprit)

Le visage désigne l'expression faciale d'une personne, surtout lorsqu'elle est considérée comme indicative du caractère ou de l'origine ethnique.

Le deuxième prouveur latin dit :

L'auteur a conclu que les actions et le savoir-faire de Durant envers l'examinateur de plans Siegfried Wyner, d'abord en tant que commissaire adjoint de l'arrondissement du Queens et immédiatement (immédiatement) lorsqu'il est devenu commissaire de l'arrondissement du Queens, de le relocaliser à Staten Island et dans le pire arrondissement du Bronx sans aucune raison réelle, sont un acte d'abomination et d'antisémitisme envers un juif américano-européen. C'est ainsi que (immédiatement après), l'examinateur de plans Siegfried s'est bagarré avec le commissaire de l'arrondissement Durant, il a apporté de chez lui son déjeuner préparé par sa mère et il a prévu de prendre son déjeuner dans son bureau.

Néanmoins, lorsque l'examinateur de plans Siegfried Wyner s'est délecté du déjeuner préparé à la maison par sa mère, sur un « coup de tête » (et « flukey » (argot inattendu), il avait vu un adolescent afro-américain expédier qui avait « sauté » pour se déplacer d'avant en arrière, infatigable (en avant et en arrière) infatigable (infatigable) dans le couloir de la zone de l'examinateur de plans pendant toute l'heure du déjeuner.

Par conséquent (par conséquent) l'examinateur de plans Siegfried ha a « baissé le rideau » (conclu) pour avoir une conversation droite (honorablement ; justement) et brillante (de manière honnête) avec le hautain commissaire de l'arrondissement Durant au sujet de l'expéditeur afro-américain qui a perruqué et infatigable sur le couloir de la zone de l'examinateur de plans en raison de toute l'heure du déjeuner.

En l'espèce (dans cette affaire), l'action d'un adolescent afro-américain expéditeur avait été interdite (interdite) par la règle donnée par l'ancien commissaire d'arrondissement Phil Olin avant qu'il ne prenne sa retraite, il a établi une règle selon laquelle aucun candidat ou expéditeur insouciant (indifférent) de nationalité, de couleur ou de religion ne peut se promener dans la zone d'examen du plan pendant l'heure du déjeuner.

La jurisprudence américaine (système juridique) est la même pour tous les demandeurs ou expéditeurs insouciants de leur nationalité, couleur de religion.

En latin, il y a un très bon proverbe sur la loi qui dit :

« Ubi jus incertum, ibi jus nullum » (L) (Là où la loi est incertaine, il n'y a pas de loi). Là-dessus (lorsque cela s'est produit), le commissaire d'arrondissement Durant, sans cesse obstiné (déterminé de manière déraisonnable à faire ce qu'il veut, ne cédant pas à la raison), a repoussé (refusé sans ménagement) et « au sud de la frontière » (rejeté) pour envisager que la règle établie par l'ancien commissaire d'arrondissement Phil

Olin incluait également les candidats et les expéditeurs afro-américains. Là-dessus, le prépotent (supérieur en pouvoir ou en influence) le commissaire d'arrondissement Durant tergiversa (refusa), pensant que le premier chien prépuissant, l'ex-commissaire d'arrondissement Phil Olin, était également inclus dans les candidats et les expéditeurs afro-américains. C'est alors que le prépotent (supérieur en pouvoir ou en influence) cinglé du commissaire d'arrondissement Durant, tergiversa (refusa), pensant que la règle de l'ex-commissaire d'arrondissement Phil Olin était implicite pour les seuls candidats et expéditeurs blancs et que les candidats et expéditeurs afro-américains étaient exclus de cette règle. Le commissaire d'arrondissement Durant était licencieux (ne tenant pas compte des règles et des normes acceptées).

C'est pourquoi (à ce sujet), le Département des bâtiments a embauché sans détour (immédiatement) un abominateur indigne de confiance, un abominateur préjudiciable et un antisémite préjudiciable comme Durant.

Par conséquent (pour cette raison) le fait de signaler un adolescent afro-américain expéditeur pour wigwagged (déplacé d'avant en arrière) et de (en avant et en arrière) à l'heure du déjeuner pendant une heure dans la zone d'examen du plan avait été contraire à la règle donnée par l'ancien commissaire d'arrondissement Phil Olin P.E. au commissaire d'arrondissement Durant, de sorte que (pour cette raison) le commissaire d'arrondissement Durant avait déplacé l'examinateur de plan Siegfried Wyner sur une voiture raciste à l'arrondissement du Bronx, à la suite de quoi (en conséquence) Il y avait travaillé pendant une bonne période.

Depuis lors, j'étais une pousse (nourrisson ; enfant) et pendant mon adolescence, j'avais été enseigné et marié (éduqué) par mes parents Sorina Wyner et Prof. Dr. Eng. Ady Wyner PhD. Aimer, respecter et traiter tout le monde de manière égale et gentille, sans distinction de sexe, de religion, de croyants de couleur.

Dans la Bible, Jésus dit :
       « Fais aux autres ce que tu voudrais qu'ils te fassent »
Écriture :   Matthieu 7:12 Luc 6:31 (ajouter l'Écriture)
Tags :   Disciples
Dénomination   Assemblée de Dieu

Dans une Bible se trouve un sermon :
       « Traitez les autres comme vous voulez être traité »
Phare :   Assemblée de Dieu
Pasteur Greg Tabor

Introduction

Rabbi Hillel l'Ancien était un célèbre chef religieux juif, l'une des figures les plus importantes de l'histoire juive.

Le rabbin juif Hillel a dit : « Qu'est-ce qui est haïssable pour toi-même, ne le fais pas à quelqu'un d'autre. »

Nicoles, l'ancien Grec chypriote, roi de Salamine, avait écrit :

« Ne faites pas aux autres les choses qui vous mettent en colère lorsque vous les vivez de la part d'autres personnes. »

Confucius a enseigné « Ce que tu ne veux pas faire à toi-même, ne le fais pas aux autres » Épictète (c. 55-135 apr. J.-C.) était un philosophe stoïcien grec qui a dit ;

« Ce que tu ne veux pas qu'on te fasse, ne le fais à personne d'autre »

Là-bas (d'ailleurs), Siegfried Wyner n'a jamais de sa vie nourri de préjugés contre les personnes noires à la peau foncée.

Par conséquent (pour cette raison), le commissaire d'arrondissement Durant, jusqu'à présent (à ce moment-là) avait déplacé Siegfried Wyner King du département de la construction sur une carte raciste dans le pire arrondissement, le Bronx, où il avait été déplacé le premier auparavant par l'ancien commissaire d'arrondissement Phil Olin.

Pendant la courte période de temps où l'examinateur de plans Siegfried avait travaillé avec le commissaire d'arrondissement Durant (d'un tempérament querelleur), il avait été vilipendé (traité avec opprobre et mépris) par le commissaire d'arrondissement Durant P.E. Sur quoi (immédiatement après cela) le savoir-faire du commissaire d'arrondissement Durant pour relocaliser Siegfried Wyner King du département des bâtiments dans le Bronx était inimaginable, nefast (illégal), injuste (injuste), déraisonnable, paralogisé (illogique), abominé (détestable) et antisémite.

En raison de laquelle, la politique du Département de la construction à l'égard de la faciosité, de l'absence de scrupules, de l'arrogance et de l'antisémitisme du commissaire de l'arrondissement Durant, du commissaire adjoint de l'arrondissement McCain avait été évincé du Département des bâtiments et leur avait demandé de prendre leur retraite.

L'ingénieur en chef Sam Lai P.E., étant virulent (blâmable) de harcèlement et de conspiration avec le commissaire de l'arrondissement Durant envers Siegfried Wyner King du département des bâtiments, avait été transféré du Queens à Brooklyn au même poste d'ingénieur en chef.

Bon gré mal gré (qu'il le veuille ou non), Siegfried Wyner King du Département des bâtiments, examinateur numéro 1, s'était présenté dans le Bronx.

Lorsque l'examinateur de plans Siegfried Wyner s'est présenté dans le Bronx, le commissaire d'arrondissement Rich Chandler P.E. a salué et accueilli l'examinateur de plans Siegfried en disant :

« Le Département des bâtiments n'a plus besoin des services de l'examinateur de plans Siegfried et le Département des bâtiments voulait que l'examinateur de plans Siegfried abandonne le Département des bâtiments »

Sur ce, l'examinateur de plans Siegfried étant stupéfait par la malversation (comportement inapproprié) et la mauvaise gouvernance (mauvaise gouvernance) du Département des bâtiments, il avait demandé au commissaire de l'arrondissement Chandler d'élucider la raison pour laquelle il avait dû abandonner le Département des bâtiments.

C'est dans cette affaire que le commissaire de l'arrondissement Rich Chandler avait rétorqué à l'examinateur de plans Siegfried :

« Je ne sais pas mais j'ai des relations au D.D.C. (Department of Design Construction) et je peux m'arranger pour que vous y arriviez »

Là-dessus, l'examinateur de plans Siegfried avait été « cœur et âme » (complètement) choqué et stupéfait par le message du commissaire d'arrondissement Chandler et il l'avait délibérément (avec mûre réflexion) l'avait défié (ouvertement refusé) et avait répliqué au commissaire d'arrondissement Chandler de la manière suivante :

« Lorsque j'ai été embauché par le Département des bâtiments le 16 mars 1986, j'étais entré par la porte d'entrée et lorsque j'abandonnerai le Département des bâtiments, ce sera également sur la porte d'entrée »

Sur quoi l'examinateur de plans Siegfried Wyner a fait passer (fait) pour le Département des bâtiments la transformation d'un système d'objections écrites en la plus haute technologie scientifique de directives informatisées, après quoi un examinateur de plans peut envoyer immédiatement les directives requises autorisées en une fraction de seconde par l'intermédiaire de l'ordinateur au demandeur, le Département des bâtiments a « baissé le rideau » (a conclu) que l'examinateur de plans Siegfried Wyner doit être puni pour ce qu'il a fait passer l'exauctoré du Département des bâtiments.

La plus grande ville du monde, la ville de New York, la plus grande récompense qu'il ait donnée à un Juif européen américain pour tout ce qu'il avait accompli pour le Département des Bâtiments, devait être exaucté du Département des Bâtiments.

Sur ce, Siegfried avait souhaité que le monde entier connaisse le savoir-faire inconvenant et injuste du Département des Bâtiments de la ville de New York envers un Juif européen et comment il avait été « traité à l'égard » (traité) dans la plus grande démocratie du monde, à New York, pour son innovation prodigieuse (merveilleuse) et son don sans réserve (contribution) « imputé » (attribué) au Département des Bâtiments. De plus, aucun autre État n'a ces belles et inconcevables innovations.

Sur ce, (immédiatement après), le commissaire de l'arrondissement Rich Chandler avait répliqué au commissaire du département des bâtiments, Gaston Silva, R.A., et au comité de la vie professionnelle, Carlos Fortuno, que l'examinateur de plans Siegfried était indomptable (pas facilement découragé) et avait délibérément défié leur proposition.

C'est ainsi que Siegfried Wyner, l'examinateur de plans, n'a jamais « envisagé » d'avoir abandonné le département des bâtiments. Dès lors, le Département de la gestion des bâtiments « s'arrange » (arrose) avec l'examinateur de plans en chef Athos Dems pour « creuser » (harceler verbalement ; mettre de l'argot) l'examinateur de plans Siegfried Wyner, où il deviendra pédé (fatigue du cerveau), collant cérébral (avec une compréhension désordonnée) et il perdra « cœur et âme » (complètement) son esprit et il abandonnera le Département des bâtiments.

Siegfried avait baissé le rideau (conclu) et serré (décidé) à raconter « l'histoire de sa vie » (la triste vérité de son argot de carrière terre-à-terre). Ici, l'examinateur de plans Siegfried « dirait les choses telles qu'elles sont » (pour être franc et convaincant ; dire la vérité, même si c'est de l'argot désagréable) ce qui lui est arrivé pendant le temps qu'il avait travaillé dans le Bronx.

En langue allemande, il y a un très bon proverbe qui dit :

« Wahreit gegen Freund und Feind » (G) « La vérité en dépit de l'ami et de l'ennemi »

Là-dessus, l'examinateur de plans Siegfried Wyner avait travaillé dans le Bronx pendant un peu plus d'un an, où il avait vu beaucoup d'expéditeurs afro-américains qui le connaissaient auparavant dans le Queens et ils avaient une grande estime pour lui.

Ainsi, tous les expéditeurs afro-américains qui avaient vu l'examinateur de plans Siegfried Wyner pour leurs rendez-vous dans le Bronx, avaient « tâté le terrain » (demanda-t-il) une explication de l'examinateur de plans Siegfried Wyner, pourquoi le commissaire d'arrondissement Durant l'avait-il relocalisé dans le Bronx ? Quelle était la vraie raison ?

L'examinateur de plans Siegfried rétorqua avec une extrême courtoisie :

« Le commissaire d'arrondissement Durant m'a jugé raciste et
j'ai été relocalisé sur une carte raciste dans le Bronx »

À ce sujet, tous les expéditeurs afro-américains qui connaissaient très bien l'examinateur de plans Siegfried auparavant dans le Queens, lui avaient rétorqué que :

« Il n'est pas raciste, et il est très juste, vrai penny (un honnête) et un examinateur de plan copain »

Ci-dessous, les amis fidèles (loyaux et engagés dans l'attitude) de l'examinateur de plans Siegfried, Gerry J. Caliendo qui, avec un autre architecte, John Carusone, ont beaucoup fait pour leur ami, l'examinateur de plans Siegfried.

L'architecte Gerry J. Caliendo avait embauché l'adolescent afro-américain qui avait provoqué le déménagement de l'examinateur de plans Siegfried Wyner du Queens au Bronx.

C'est là que l'examinateur de plans Siegfried avait « brûlé » (très bien exécuté en argot) l'examen de son ami l'architecte Caliendo et qu'il avait traité son expéditeur « glacé » (excellent argot). Juste, extrêmement courtois, il s'est rapproché (a eu une conversation amicale) et il s'est « rapproché » (est devenu très amical) avec l'expéditeur de l'architecte Gerry Caliendo.

Sur quoi l'examinateur de plans Siegfried n'a jamais gardé rancune à personne et il a toujours traité les demandeurs et les expéditeurs avec la plus grande courtoisie, solennité, droiture et équité lorsqu'ils l'avaient vu pour une nomination.

Dès lors, tous les candidats et les expéditeurs eurent pour lui la plus grande estime et une (immense) considération prodigieuse.

Tandis que les demandeurs et les expéditeurs étaient extrêmement heureux de voir l'examinateur de plans Siegfried pour leurs rendez-vous.

Siegfried avait voulu transmettre certaines caractéristiques du caractère, des connaissances professionnelles et de la personnalité du chef examinateur de plans Athos Dems R.A. Par conséquent, l'examinateur en chef des plans Athos Dems avait été « mort du cou vers le haut » (argot stupide) et il avait toujours un savoir-faire de lylyOliveres (lâche). En termes d'éclaircissements professionnels accumulés pendant la période où il avait travaillé pour le Département des bâtiments, il n'était pas habitué et il ne pouvait pas concevoir avec le Code du bâtiment et les règles de réglementation de la résolution de zonage.

Tandis que lorsque l'examinateur en chef des plans, Athos Dems R.A., avait confié une Directive 14 « Une légalisation d'un climatiseur » à l'examinateur de plans Siegfried, il avait noté ses objections sur un morceau de papier pour sa propre référence.

Le savoir-faire de l'examinateur en chef des plans Athos Dems R.A. avait été chronologiquement celui d'un soldat commode (utilisable) dans l'armée qui avait exécuté le modèle avec une précision précise donnée par ses supérieurs.

Chronologiquement, le commandant a été présenté par la direction du Département des bâtiments, le Commissaire du Département des bâtiments, Gaston Silva, R.A., et le Comité de la vie professionnelle, Carlos Fortuno.

C'est dans ce cadre que le Département des bâtiments avait enseigné à l'examinateur de plans en chef Athos Dems R.A. comment torturer vicieusement et « creuser » (harceler verbalement, dénigrer l'argot) l'examinateur de plans Siegfried Wyner, après quoi il est devenu malade du cerveau (avec une compréhension désordonnée), le brouillard cérébral (fatigue du cerveau) et est tombé dans un profond « bummage » (argot de la dépression) en synchronisation avec le Département des bâtiments abandonné.

Là, l'examinateur en chef Dems était un très bon bourreau et, obéissant, il a consciencieusement exécuté le modèle reçu du Département des bâtiments de « briser les côtelettes de Siegfried » (pour agresser verbalement l'argot de Siegfried) et de le « brutaliser » (pour le harceler ou l'intimider en argot). Sur quoi Siegfried avait-il découvert dans ce synopsis par écrit ce qui lui était arrivé lorsqu'il avait travaillé au Département si les bâtiments avaient été ineffables (incapables d'être exprimés par des mots) en comparaison de ce qui s'était passé dans la réalité.

Dès lors, Siegfried avait voulu faire une véritable exomologèse (une confession complète) sur l'attitude antisémite et le savoir-faire du Département des bâtiments. La direction du Département des bâtiments, le commissaire du Département de la construction Gaston Silva R.A. et le Comité de la vie professionnelle Carlos Fortuno avaient donné l'habitude à l'examinateur en chef antisémite Athos Dems R.A. d'humilier, de « creuser » (de dénigrer, de mettre de l'argot à terre) de « briser les côtelettes de Siegfried » (agressé verbalement l'argot de Siegfried), d'"intimider » (de harceler l'argot) et de tourmenter Siegfried Wyner King du Département des bâtiments. après quoi il est « de A à Z » (complètement) transformé d'une personne en très bonne santé en une personne souffrant d'angoisse mentale et de dépression mentale. C'est là que Siegfried n'a jamais fait l'expérience de toute sa vie de ce savoir-faire odieux, odieux et maligne du Département des bâtiments, nulle part ailleurs dans le monde que dans l'une des plus grandes démocraties du monde et l'une des plus grandes villes du monde, New York.

Sur quoi Siegfried avait baissé le rideau (conclu) que le commissaire du Département des bâtiments Gaston Silva R.A., le Comité du travail de vie Carlos Fortuno, le commissaire de l'arrondissement afro-américain Durant et l'examinateur en chef Athos Dems R.A. avaient été virulents à l'égard de cette méchanceté (acte méprisable), de cette bassesse (acte déshonorant) et de la pire attitude antisémite, persécution, discrimination, harcèlement envers un roi juif euro-américain du Département des bâtiments, L'examinateur numéro 1 Siegfried Wyner.

Les manières du commissaire d'arrondissement Rich Chandler étaient soyeuses de la haute société (aristocratie sociale), droites, optimistes, très indulgentes et avaient une belle personnalité.

Ainsi, l'examinateur de plans Siegfried avait une grande estime et une grande admiration pour le commissaire de l'arrondissement Rich Chandler pour son honnêteté et sa conversation frontale face à face.

Dans la mesure où l'examinateur de plans Siegfried pouvait « faire connaître » (disons) que le témoin vertueux qui a assisté au harcèlement le plus ignominieux que l'examinateur en chef des plans, Athos Dems, R.A., avait utilisé contre lui était le commissaire d'arrondissement Rich Chandler P.E.

C'est là que l'examinateur de plans en chef Athos Dems R.A. a « cassé les côtelettes de Siegfried » (pour agresser verbalement l'argot de Siegfried), « intimider » (pour harceler) et « creuser » (aplatir) l'examinateur de plans Siegfried Wyner.

Il avait livor (haine envieuse) et « break bad » (pour devenir un argot hostile et menaçant) à l'examinateur de plans Siegfried, après quoi il ne pouvait pas « supporter la chaleur » (pour supporter la punition) et il avait baissé le rideau (conclu) que la meilleure chose à faire était d'aller « siffler » (pour informer l'argot) deux fois par jour le commissaire de l'arrondissement Rich Chandler que l'examinateur en chef Athos Dems lui avait donné un enfer vivant.

Le Département des bâtiments avait souhaité que l'examinateur de plans Siegfried Wyner abandonne le Département des bâtiments pour deux raisons :

1. Le département des Bâtiments avait désiré (grandement désiré) et avait été convoité (Excessivement Désireux D'obtenir Et Possédait) L'innovation De Siegfried « Directives Standardisées Par Type De Bâtiment », Sur Quoi Ils Avaient Précédé (Pillé) L'innovation De Siegfried « Directives Standardisées Par Type De Bâtiment » sans avoir rendu en retour aucune récompense (récompense).

2. Le Département des Bâtiments n'aimait pas l'idée qu'une personne qui n'est pas autochtone (autochtone) américaine, en particulier qu'un Juif américano-européen incarne le Département des Bâtiments qui est une agence chrétienne.

Le Département des bâtiments avait souhaité et rêvé qu'un catholique ou un chrétien américain autochtone (autochtone) soit l'auteur de cette prodigieuse (merveilleuse) innovation « DIRECTIVES NORMALISÉES PAR TYPE DE BÂTIMENT » de sorte qu'il puisse recevoir toutes les rétributions nécessaires (gratifiantes) de la part du Département de la construction comprenait toute la publicité dans tous les journaux, radios, télévisions, Code du bâtiment pour que tout le monde prenne connaissance que l'un d'entre eux était devenu le « Roi Incontesté Du Département Des Bâtiments, Examinateur Numéro 1, Le Meilleur Qui Soit, La Personne La Plus Importante De New York ».

Le savoir-faire de la VILLE DE NEW YORK à l'égard de l'examinateur de plans Siegfried avait été « au-dessous de la ceinture » (argot sale).

Le Département de la gestion des bâtiments « avait l'examinateur en chef des plans Athos Dems R.A. dans la paume de sa main » (il avait le contrôle de l'examinateur en chef des plans Athos Dems R.A.) et lui avait enseigné comment « démonter Siegfried » (pour diffamer l'argot de Siegfried), « creuser » (harceler verbalement l'argot), « intimider » et le tourmenter. L'examinateur en chef malveillant Athos Dems R.A. qui « ne savait pas assez pour sortir de la pluie » (était assez stupide, surtout en matière d'argot pratique), consciencieusement chaque matin après son arrivée à son bureau, il allait « lickety-split » (argot très rapide) au bureau de Siegfried et sautait pour « prendre un Siegfried » (pour faire un commentaire méprisant en argot).

Sur ce, l'examinateur de plans Siegfried s'était efforcé d'ignorer les remarques ignominieuses faites par ce malencontreux examinateur de plans en chef Athos Dems R.A. pendant quelques jours, mais quand il avait vu que l'examinateur en chef des plans Dems R.A. avait manqué de principes et avait dépassé toute limite de décence et de moralité, il avait « baissé le rideau » pour aller voir le commissaire de l'arrondissement Chandler P.E. pour qu'on lui sache comment gérer avec son inique, l'examinateur en chef du plan sans scrupules et injuste Athos Dems R.A. L'auteur avait tenu à révéler qu'il avait été hellénophile (quelqu'un qui admire la Grèce, sa culture) et qu'il avait également été noétique (intéressé par l'activité intellectuelle) du peuple grec, leur poésie écrite par Quintus Horatius Flaccus nomme également Horace.

(Ad Xanthiam Phoceum. L'immortalité des vers · Persan · À Chloé · À Pyrrha · À Sally · À la fontaine de Bandusia), Virgile (L'Énéide écrite en 19 av. n. è. et traduite en anglais et en latin par John Dryden en 1697 · Les Églogues ont été écrites en 37 av. n. è. et traduites en anglais et en latin par J.W. MacKailin en 1934. Le Georg est écrit en 29 av. n. è. traduit en anglais et en latin par J.W. MacKail en 1934), Escgylus d'Alexandrie (Agamemnom écrit en 458 av. n. è. et traduit par E. D.A Morshead · Les Choéphores écrits en 450 av. J-C., traduits par E. D.A Morshead. Les Perses écrits en 472 av. J-C. et traduits en anglais et en latin par Rober Potter. Prométhée Relié écrit vers 430 av. n. è. Les Sept contre Thèbes écrits en 467 av. n. è. et traduits en anglais et en latin E. D.A. Morshead · Les Suppliants, écrits vers 463 av. n. è. et traduits en anglais et en latin E.D.A. Morshead), œuvres écrites par Homère (L'Odyssée, L'Iliade ; Hymnes homériques : l'essentiel Homère, l'Iliade/L'Odyssée/L'Énéide ; L'Iliade/L'Odyssée ; L'Odyssée Essentielle ; L'Iliade essentielle ; Circé et Cyclope ; Grands Livres du Monde Occidental ; Sélections de l'Iliade d'Homère ; Hymnes homériques, apocryphes homériques ; Vies d'Homère), œuvre d'Hésiode (Les Travaux et les Jours ; La Théogonie en grec) œuvres de Sappho (*Sinon, Fragments de Sappho* ; *les poèmes et fragments* ; *Les poèmes de Sappho* ; *La poésie de Sappho*), la philosophie, la mythologie et l'histoire.

Alors que l'examinateur en chef des plans, Athos Dems, avait été « à l'écart » (inhabituel), il avait donné l'impression qu'il n'était pas de ces mondes.

Sur ce, le commissaire de l'arrondissement Chandler avait proposé à l'examinateur de plans Siegfried qu'après avoir consciencieusement terminé « cœur et âme » la demande et la liste d'objections élaborée, il devait venir à son bureau pour prendre « up-and-down » (un argot de près) et superviser (examiner) la liste d'objections élaborée.

Siegfried qui avait étudié le latin au lycée, il connaissait un très bon proverbe en langue latine qui dit :

« nomina stultorum parietibus haerent » qui signifie « des noms de fous sont collés sur les murs »

L'examinateur de plans Siegfried avait fait preuve de « diligence » (attention) auprès du commissaire de l'arrondissement Chandler, conseillant de ne pas être idiot et d'avoir son nom collé sur les murs.

C'est ainsi que Siegfried, l'examinateur du plan, avait pris en « considération » l'avocat du commissaire de l'arrondissement Chandler, et il était prêt à « se retirer » (pour succéder à l'argot) à la hâte (expéditivement) pour terminer avec l'« examen » de la demande et la liste d'objections « embellie » (élaborée). C'est ainsi que l'examinateur de plans Siegfried a demandé au commissaire de l'arrondissement Chandler de « délimiter » (clarifier) l'examinateur de plans Siegfried « situash » (argot de situation) avec l'examinateur en chef des plans Athos Dems R.A.

C'est ainsi que Siegfried, examinateur de plans, avait examiné attentivement la demande de TYPE 1 de l'ART et qu'il avait embelli (élaboré) la liste d'objections nécessaires autorisées, et patiemment, il attendait que le commissaire de l'arrondissement, Chandler, P.E., revienne du déjeuner et qu'il fasse un « aller-retour » (un jargon attenant) à ses dessins et à sa liste d'objections embellie.

Sur ce, il avait examiné la liste des dessins et des objections de TYPE I de l'examinateur de plans Siegfried, après quoi le commissaire de l'arrondissement Chandler avait « demandé » à l'examinateur de plans Siegfried de faire une copie de la liste des objections à envoyer par la poste au demandeur.

Entre-temps, l'examinateur de plans Siegfried (loyal et engagé dans leur attitude), ses amis dévoués, le président des architectes, chapitre du Queens, Gerald Caliendo et un autre ancien président des architectes, le chapitre du Queens, John Carusone, avaient pris rendez-vous d'abord avec les présidents d'arrondissement du Queens, ensuite avec l'honorable maire Rudolph Giuliani et le plus inconditionnellement avec le commissaire du département Gaston Silva R.A. pour ramener le pied chaud (immédiatement) l'examinateur de plans de retour Siegfried Wyner dans l'arrondissement du Queens étaient le plan ingénieux L'examinateur Siegfried peut utiliser sa sagesse (sagesse) pour résoudre des applications difficiles où peut être convenable (nécessaire) et commode (utile ; utile). La philosophie de la vie de Siegfried a été influencée par le philosophe français Descartes qui dit :

« cogi to ergo sum » (L) qui signifie « je pense, donc j'existe » : c'est le principe de base du philosophe Descartes.

Immédiatement, l'examinateur de plans Siegfried reconnut prudemment et minutieusement toutes ses demandes.

Siegfried, examinateur de plans « high-tones » (argot très raffiné et distingué), avait été « aux yeux brillants et à la queue touffue » (argot avide et énergique) pour revenir dans son ancien arrondissement du Queens pour imiter tous les autres examinateurs en faisant le foot'hot (dans une extrême hâte) et la précision de toutes les demandes accréditées.

En latin, il y a un très bon proverbe qui dit :

« Sat cito, si sat bene » qui signifie « Assez tôt fait, si bien fait ».

De plus, l'ami fidèle de l'examinateur de plans Siegfried, le président des architectes Gerry J. Caliendo a annoncé (immédiatement) dans un journal d'architecture à quel point l'examinateur de plans Siegfried Wyner est convenable et commode (utile) dans le Queens. C'est ainsi que le lendemain, l'examinateur en chef malveillant, injuste et fêlé, Athos Dems R.A., a bafoué (traité avec mépris) et « creusé » (harcelé verbalement) l'examinateur de plans Siegfried avec sa remarque ignominieuse selon laquelle il avait donné des objections stupides au candidat. Chronologiquement, il avait été comme un robot radiocommandé disant :

« Encore une fois donner des objections stupides au candidat »

En latin, il y a un très bon proverbe qui dit :
« Una volta furfante e sempre furfante » qui signifie « un jour un fripon, toujours un fripon »

Sur quoi l'examinateur de plans Siegfried, « haut de gamme » (très raffiné et distingué) et « bancal » (fastidieux et sérieux, expansions et surstudios en situation académique argot), Siegfried, vexé d'être bafoué (traité avec mépris), vilipendé (traité avec un langage opprobre et méprisant) par l'examinateur en chef des plans Athos Dems R.A. qui avait toujours fait une crise de colère (une explosion violente et volontaire d'agacement, de rage), quand il a parlé avec lui, il est allé parler au commissaire de l'arrondissement Chandler P.E. qui avait surplombé (regardé) et avait vérifié ses dessins et sa liste d'objections.

C'est pourquoi, chaque jour, après l'arrivée à son bureau de l'examinateur en chef des plans, Athos Dems R.A., comme une routine quotidienne ou un perroquet, il insultait et lançait une crise de colère à l'examinateur Siegfried en utilisant une insulte maligne :

« Encore une fois, j'ai fait des objections stupides au candidat ! »

Ce qui était très hilarant et très drôle pour l'examinateur de plans Siegfried, c'est qu'il a été durement (sévèrement) critiqué et insulté par un « mort du cou » (argot stupide) et un « œuf d'oie » (bon à rien) examinateur en chef de plan Athos Dems R.A.

Auparavant, Siegfried s'était souvenu qu'après que le commissaire d'arrondissement malveillant et abominateur Durant ait déplacé Siegfried Wyner King du département de la construction du Queens au Bronx sur une carte raciste, la direction du Queens avait immédiatement révoqué la demande de l'examinateur de plan Siegfried d'empêcher les demandeurs d'obtenir leur permis.

La direction du Département des bâtiments a intentionnellement manipulé ces révocations de manière synchronisée pour justifier la véritable raison pour laquelle l'examinateur de plans Siegfried avait été transféré du Queens au Bronx.

Il s'agissait d'une machination (conspiration) et d'une manœuvre malveillante de la direction du Département des bâtiments envers Siegfried Wyner, roi de l'examinateur numéro 1 du Département des bâtiments, un pas avant qu'il ne soit forcé d'abandonner le Département des bâtiments.

Ainsi, de la direction du Queens pour révoquer les demandes de Siegfried King du Département des bâtiments, il n'a pas prouvé que ses demandes avaient été approuvées à tort. La direction du Queens n'a pas pu lui prouver qu'il avait commis des erreurs, dans la mesure où jusqu'à présent, le Département des bâtiments utilise ses directives dans les ordinateurs du Département des bâtiments.

Après quoi ont été accrédités par le Département de la gestion des bâtiments.

La direction du Queens avait retardé l'obtention du permis par les demandeurs en phase avec la vie des demandes éprouvante dans la mesure où ils avaient une profonde estime et considération pour Siegfried Wyner King du Département des bâtiments. Siegfried avait voulu découvrir la hardiesse, la témérité et l'innombre incalculable du Département des bâtiments envers un Juif européen américain du Département des bâtiments Siegfried Wyner.

Par la suite, l'examinateur de paume Siegfried Wyner avait été déconcerté par l'arrogance (très confiant et généralement arrogant), la fausse tête (un individu obstiné), l'examinateur en chef du plan Athos Dems, R.A., la « naïveté » (naïveté). Comment peut-il être possible pour l'examinateur de plans Siegfried d'émettre des objections stupides aux demandeurs alors que ses directives ont été accréditées, mises en œuvre dans les ordinateurs du Département des bâtiments et sont utilisées par eux jusqu'à présent.

Sur ce, le commissaire de l'arrondissement Rich Chandler avait négligé la liste d'objections embellie (élaborée) de l'examinateur numéro 1 Siegfried et avait été très satisfait de l'examen prudent de l'examinateur numéro 1 Siegfried Wyner. Il avait remis (attribué) l'examinateur numéro 1 Siegfried Wyner au commissaire adjoint de l'arrondissement Nalin Patel P.E. Sur ce, le commissaire adjoint de l'arrondissement, Nalin Patel, P.E., a accepté de superviser la liste embellie des objections de l'examinateur numéro 1 Siegfried avant de les avoir envoyées par la poste au demandeur. Ainsi, le commissaire adjoint de l'arrondissement Nalin Patel, P.E., avait attribué à l'examinateur numéro 1, Siegfried Wyner, un « nouveau bâtiment : un parking public ». Après avoir supervisé prudemment le « New Building Public Garage », il a magnanimement (bienveillant) embelli sa liste d'objections pour cette application particulière et est allé respectueusement voir le commissaire adjoint de l'arrondissement Nalin Patel P.E. pour avoir négligé et attesté (vérification) la liste des objections de l'examinateur numéro 1 avant de l'envoyer au demandeur.

C'est ainsi que le commissaire adjoint de l'arrondissement Nalin Patel, P.E., a regardé (il a regardé fixement et attentivement, surtout avec admiration) l'examinateur numéro 1, Siegfried Wyner, après une attestation très attentive de sa candidature et sa liste d'objections embellie. Il a ajouté 3 autres objections à la liste originale des objections de l'examinateur numéro 1 Siegfried et lui a demandé courtoisement et aimablement après avoir réécrit sa liste d'objections, de faire une copie de la liste d'objections originale pour lui-même et la liste originale des objections à envoyer par courrier au demandeur.

Immédiatement le lendemain, « dur à cuire » (difficile à traiter avec l'argot), taon (une personne qui agace par des critiques persistantes), néfandous (exécrable) examinateur en chef du plan Athos Dems R.A. étant dissident (disposé à ne pas être d'accord) comment l'examinateur numéro 1 avait

« réfléchi - à travers » (examinateur) sa demande et embelli (élaboré) la liste des objections commençait tôt le matin à « chasser » (critiqué négativement l'argot), Siegfried de « salir Siegfried » (pour causer de l'embarras, en particulier par la malveillance et la calomnie) et de « creuser » (harceler verbalement) Numéro 1 Examinateur en disant : « Encore une fois, vous avez donné des objections stupides lis au candidat ! »

« Encore une fois, vous avez donné des objections stupides au candidat ! »

Sur ce, l'examinateur numéro 1 Siegfried avait envoyé cette fois l'examinateur de plan de chef Athos Dems R.A. pour voir le commissaire adjoint de l'arrondissement Nalin Patel, P.E., pour lui parler s'il avait mal compris la liste des objections de l'examinateur numéro 1 Siegfried.

L'examinateur numéro 1 Siegfried essayait à peine de « décomposer les objections » (pour expliquer l'argot des objections). En vérité, l'humiliation, la persécution et le harcèlement reçus quotidiennement de l'examinateur en chef du plan Athos Dems R.A. après que l'examinateur numéro 1 Siegfried ait quitté le bureau du Bronx, il a sauté pour avoir une hallucination intense et dérangeante qui l'a conduit dans un profond « bummage » (argot de dépression).

DOB Examiner Moved Means Queens Office Is Understaffed

Sigfried Wiener, a plan examiner at the Queens County office of the New York City Department of Buildings, was recently relocated to the Bronx office.

Queens AIA is angered by this move. The Chapter stated that the Queens DOB office was already understaffed before such a transfer.

Queens AIA pointed out that the Bronx DOB office is over staffed. Queens AIA feels that DOB has taken away a valuable and needed employee.

The Queens Chapter wants DOB to properly staff the Queens office where there is a need for more examiners.

Ainsi, l'inexécution (une transgression, en particulier l'exercice illicite d'une autorité légale) d'être bafoué (s'est comporté avec mépris), déshonoré (traité de manière irrespectueuse), humilié, opprimé (a été critiqué négativement et défavorablement), a été opprimé (à réprimer par un usage cruel de l'autorité), la réprhénsion, la persécution et le harcèlement de l'examinateur numéro 1 Siegfried Wyner qui avait gémi (souffert profondément de cruauté) à l'égard de la les mains de l'exécrable (très haineux) et approbateur (abusif) examinateur en chef des plans Athos Dems R.A.

Il avait toujours donné à l'examinateur numéro 1 Siegfried Wyner une épaule froide (attitude hostile) et avait été insensible avec l'examinateur numéro 1 Siegfried Wyner.

À ce moment-là, Siegfried Wyner, « haut placé » (très raffiné et distingué), laborieux, vertueux et solennel, l'examinateur numéro 1, avait été plein d'ombrage (un sentiment d'être offensé par ce que quelqu'un avait dit) et il avait vraiment eu des conséquences très graves. Sur ce, l'examinateur numéro 1, Siegfried Wyner, avait sauté pour avoir une hallucination très intense et troublante qui l'avait plongé dans un « bummage » très profond (argot de dépression) qu'il reconnaissait à peine ses propres parents. Il s'agissait d'un mauvais gouvernement (l'état d'être mal gouverné (mal dirigé)) et d'une mésaventure vicieuse du Département des bâtiments pour forcer l'examinateur numéro 1 Siegfried Wyner à abandonner le Département des bâtiments. Ainsi, le Département des bâtiments a transformé une personne tout à fait normale et en bonne santé en une personne psychologiquement malade, ce qui provoque des troubles mentaux. Le trouble mental est un syndrome comportemental ou psychologique cliniquement significatif ou un modèle psychologique qui se produit chez un individu et qui est associé à un handicap actuel ou à un risque significatif de souffrance, de mort, de douleur, d'invalidité ou d'une perte importante de liberté.

C'est ainsi que le Département de la construction avait récompensé l'examinateur numéro 1 pour avoir « ramené le bacon à la maison » (pour atteindre un objectif tangible ou une tâche en argot) en le bannissant du Département des bâtiments.

Dès lors, la direction du Département des bâtiments a ordonné à l'examinateur en chef du plan Athos Dems R.A. de commencer à modifier le formulaire d'évaluation en Examinateur numéro 1 d'exceptionnel reçu dans le Queens de l'ingénieur en chef Sam Lai P.E. en Bon sous supervision dans le Bronx.

C'était l'étape préliminaire du bannissement de l'examinateur numéro 1 Siegfried du département des bâtiments.

Ainsi, l'examinateur en chef Athos Dems ne pouvait rien opposer à l'examinateur numéro 1 Siegfried, il avait été insensible, cochon, calomnieux, mal gouverné (grossier), iniquos (injuste), truculent, paralogisé (illogiquement), facinographique, néfandous et infâme. Son savoir-faire était « au-dessous de la ceinture » (argot sale) et n'était pas équitable.

Dès lors, l'examinateur en chef des plans, Athos Dems R.A., s'était arrêté pour présenter des demandes à l'examinateur numéro 1, Siegfried.

C'est là que Siegfried, l'examinateur numéro 1, n'a pas voulu « jouer le pet » (perdre du temps, faire des gaffes sur l'argot) et le « jabberjack » (argot à la con) dans la mesure où il ne s'est pas retrouvé dans un Kaffeklatsch (une réunion sociale informelle au cours de laquelle on sert du café). Il avait travaillé pour le Département des bâtiments où « la responsabilité s'arrête ici » (une décision doit être prise ici, argot) et il avait occupé son esprit en faisant des recherches prudentes à partir de la résolution de zonage, du code du bâtiment, du code d'entretien des maisons, de l'ancien code du bâtiment et de vingt livres de mémorandums, chacun d'eux deux cents pages en synchronisation avec « apporté » (procuré) nouvelle liste d'objections professionnelles pour diffuser (pour élargir) différents types de liste d'objections. Dans la mesure où le commissaire du Département des bâtiments, l'honorable Gaston Silva, R.A., n'avait pas accrédité (pour autoriser) l'utilisation de la « Liste des lignes directrices par type de bâtiment » mise en œuvre par l'examinateur numéro 1 Siegfried Wyner pour être mise en œuvre dans les ordinateurs du Département des bâtiments, par conséquent, l'examinateur en chef du plan Athos Dems R.A. l'a réfuté (désapprouvé) pour diffuser (élargir) toutes les différentes catégories et types de liste d'objections. Sur ce, l'examinateur en chef du plan, Athos Dems, avait décidé de « dénoncer » (pour informer l'argot) du Comité du travail à vie Carlos Fortuno que l'examinateur numéro 1 Siegfried avait mis la main sur (procuré) un nouveau type de liste d'objections opposées (pour remettre en question la validité de) l'arrêt du commissaire du ministère des Bâtiments, l'honorable Gaston Silva. Là-dessus, le Comité de l'œuvre de la vie, Carlos Fortuno, avait convoqué l'examinateur numéro 1, Siegfried Wyner, pour une réunion d'assignation.

Pour cette mission importante, le comité de travail de vie Carlos Fortuno est venu de Manhattan dans le Bronx spécialement pour la réunion avec le commissaire d'arrondissement Rich Chandler P.E., le commissaire adjoint de l'arrondissement Nalin Patel P.E., l'examinateur en chef du plan Athos Dems R.A., le représentant syndical et l'examinateur numéro 1 Siegfried pour la discussion sur la « réalisation » (procuration) de la liste d'objections.

Ces réunions avaient eu lieu dans une salle de conférence avec la porte fermée. Dans cette salle de schmoozefest, le Comité de Travail de Vie Carlos Fortuno a affronté (devant) tout le monde a menacé l'Examinateur Numéro 1 d'être « répit » (licenciement) s'il ne respectait pas le « jugement » (décision) donné par le Département des Bâtiments Honorable Gaston Silva R.A. et continuerait à atteindre la liste des objections. Sur un coup de tête, l'examinateur numéro 1

Siegfried s'est levé et a répliqué à la menace d'être « répit » (licenciement) par le hargneux (grossier et hostile) Carlos Fortuno en disant :

« N'avez jamais oublié ce que vous venez de dire dans cet
affront de salle schmoozefest de « tout le monde »

Et précipitamment (avec une vitesse excessive) j'avais abandonné la réunion.

Avant que Siegfried ait quitté la Roumanie en 1975, il n'avait jamais imaginé qu'il trouverait dans l'une des plus grandes villes du monde et la plus grande démocratie du monde, New York, une sorte d'antisémitisme similaire à celui de la Roumanie et d'autres pays de la communauté. Là-bas, l'examinateur numéro 1 Siegfried avait été très confus (mystifier) d'être menacé de (répit » (licenciement) de la part du Comité de travail de toute une vie Carlos Fortuno pour avoir « effectué » (faire) un examen technique professionnel (examen » (recherche) pour le Département des bâtiments, ce qui était extrêmement important pour le Département des bâtiments ainsi que pour les candidats.

L'examinateur numéro 1 Siegfried n'avait pas été intimidé par le savoir-faire inopportun (inapproprié) de la tête brûlée (personne irascible), odieux (odieux), hautain (dédaigneux) du Comité de travail de la vie Carlos Fortuno. L'examinateur numéro 1 Siegfried était « chaud et dérangé » (argot farouchement indigné), que cet esprit bouillant (impétueux), dipshit (argot de personne odieuse), philistin, « jackleg » (argot de personne incompétente et sans scrupules), machiavélique (amoral et opportuniste) Comité de travail de vie Carlos Fortuno l'a sali (déshonoré) la direction du Bronx pour avoir « accompli » (accompli) ses devoirs et le travail d'examen professionnel prodigieux (recherche) consistant à « acquérir » (procurer) la liste de directives nécessaires qui était de une grande (énorme) importance à utiliser par les examinateurs de plans du Département des bâtiments ainsi que pour les candidats. Le Comité de l'œuvre de toute une vie, Carlos Fortuno, avait essayé à peine de se rendre à l'examinateur numéro 1 Siegfried pour produire un travail très économe et extrêmement important.

Sur ce, le département des bâtiments de la ville de New York devrait condamner ce type de savoir-faire de personnes d'abomination et d'antisémitisme envers les Juifs qui ne sont pas nés sur le sol américain. Le Département des bâtiments est le plus grand discriminant du peuple juif qui est venu de différentes parties du monde.

En latin, il y a un très bon proverbe qui dit :

« *Virtus vincit invidiam* », ce qui signifie « *La vertu vainc l'envie ou la haine* »

Le proverbe latin qui correspondait au caractère et au savoir-faire du Comité de Travail de Vie Carlos Fortuno a été écrit antérieurement en bas de page.

« Hoity-toity » (argot arrogant), oppressant (difficile à supporter), tête brûlée (un argot de personne irascible), « chaud sous le col » (argot très en colère) Comité de la vie professionnelle Carlos Fortuno qui, plein de méchanceté et de malignité, avait donné un « coup de semonce » (un argot d'avertissement) et avait malicieusement menacé l'examinateur numéro 1 Siegfried d'être exubérant s'il ne s'égarait pas de l'acquisition d'une liste de directives pour l'utilisation du Département des bâtiments.

Le « high binder » (argot des ruffians), « jackleg » (un argot de personne incompétente et sans scrupules), taonon (quelqu'un qui agace les gens en étant très critique), stogy (ennuyeux), infâme (détestablement vil), insensible (froid), néfandous (abominable) et machiavélique (amoral et opportuniste) Comité de travail à vie Carlos Fortuno avait un comportement (attitude) et un savoir-faire (comportement) hargneux (grossier et hostile), hokerly (abusif), odieux (répugnant) et inquiet envers Siegfried Numéro 1 Examiner qui avait été baissé (conclu) et « dûment pris en considération » (considéré) comme étant vitupérant.

Bien que le Comité de l'œuvre de toute une vie, Carlos Fortuno ait profité de sa position d'être « en selle » (en charge de l'argot) en synchronisation avec « faire de la saleté à Siegfried » (pour causer de l'embarras, en particulier par la méchanceté et la calomnie), l'opprobre (la honte attachée à une conduite honteuse), et « donner à Siegfried un morceau de son esprit » (pour réprimander sévèrement l'argot), pour taigles (retardé) et l'égarer (loin du bon chemin) pour être prolifique (créatif) du travail professionnel prodigieux de l'acquisition (d'acquisition) de lignes directrices à l'intention des examinateurs de plans du ministère des Bâtiments ainsi que des demandeurs. Sur ce, Siegfried a dû se « présenter » (pour arriver en argot) à l'appartement de ses parents pour le dîner européen traditionnel (habituel), où Siegfried avait parlé à son père, le Prof. Dr. Eng. Ady Wyner Ph. D., de l'attitude incongrue (inappropriée) et de la répugnance (antipathie) et du savoir-faire du « high binder », du « jackleg », du stogy, de l'infâme, de l'insensible, du néfandous et du machiavélique.

Le Comité de l'œuvre de toute une vie, Carlos Fortuno, qui lui avait donné un « coup de semonce » (un avertissement ou une admonestation) et l'avait malicieusement menacé d'exauctoration (licenciement du service) s'il ne s'égarait pas de l'acquisition (directives d'approvisionnement pour le Département des bâtiments. En langue latine, c'est un très bon proverbe pour le méchant Comité de Travail de Vie Carlos Fortuno qui « a mis en mots » (dit) : « ira furor brevis est » (L) ce qui signifie « la colère est une folie courte. » Prof. Dr. Eng. Ady Wyner avait conseillé à son fils Siegfried de ne pas se laisser intimider, de ne pas « tomber dans des trous du cul » (pour devenir un argot très effrayé) et de vivre à l'abri de l'abominateur hargneux (de mauvaise humeur et hostile) de la menace de être exauctorate et à prolonger pour « s'emparer » (produire) des directives. Dans la mesure où un jour, le Département des bâtiments se rendra compte à quel point votre liste de directives est convenable et baissera le rideau pour être accrédité votre liste de directives et elles seront mises en œuvre dans l'ordinateur du Département des bâtiments.

Dans la langue latine, il y a un très bon proverbe qui dit :

« Jus summum saepe summa militia est » ce qui signifie « La loi poussée à l'extrême est souvent extrêmement mauvaise »

Le savoir-faire féroce et antisémite du Département des Bâtiments à l'égard de Siegfried Numéro 1 Examinateur lui avait causé un traumatisme qui avait détérioré sa santé et lui était devenu très préjudiciable. Il souffrait de psychokinésie, ce qui signifie qu'il avait une action cérébrale violente en raison d'une inhibition défectueuse. Le diabolisme du Département des Bâtiments qui avait voulu exaucter l'Examinateur Numéro 1 de Siegfried s'était d'abord manifesté par le « traque » (argot harcelant), le « faire de la saleté » (pour causer de l'embarras, en particulier par la méchanceté et l'argot de la calomnie), pour le harceler (pour le tourmenter) et pour montrer un savoir-faire exécrable (très haineux) envers lui en synchronisation (dans l'ordre de l'argot) pour qu'il baisse le rideau pour avoir abandonné le Département des Bâtiments. Deuxièmement, la malversation du Département des bâtiments de modifier l'évaluation de l'examinateur numéro 1 Siegfried de Exceptionnel reçu dans l'arrondissement Queens de l'ingénieur en chef Sam Lai P.E. à Bon sous supervision reçu dans l'arrondissement du Bronx de l'examinateur en chef de l'abominateur Athos Dems R.A. Département des bâtiments a utilisé le syllogisme qui est une forme de raisonnement dans laquelle deux déclarations sont faites et une « adjudication » logique (conclusion) en est tirée, sur Siegfried Wyner Numéro 1 Examinateur.

La première déclaration de la main heureuse (argot de bienvenue cordiale) reçue du commissaire d'arrondissement Rich Chandler P.E., lorsqu'il a « fait connaître » (mentionné) à Siegfried Number 1 Examiner que le Département des bâtiments n'a plus besoin de ses services le premier jour où il a été transféré du Queens au Bronx par le commissaire d'arrondissement Durant P.E. La deuxième déclaration qui était venue directement de la direction du Département des bâtiments à l'oppressant (difficile à supporter) examinateur en chef des plans Athos Dems R.A. pour tourmenter, harceler et changer le formulaire d'évaluation de Siegfried Numéro 1 Examinateur pour

Outstanding reçu dans le Queens de l'ingénieur en chef Sam Lai P.E. en bonne et due forme sous supervision donnée dans le Bronx par l'examinateur en chef des plans Athos Dems R.A. Département des bâtiments de ces deux déclarations a fait un jugement logique (conclusion) tiré d'eux pour exauctorer Siegfried Wyner Numéro 1 Examinateur « jusqu'à ce que les vaches rentrent à la maison » (pour toujours).

Le savoir-faire (comportement) du Département des bâtiments à l'égard de Siegfried Number 1 Examiner avait été « au-dessous de la ceinture » (argot sale) et syllogistique.

En vérité, le « high binder » (argot des ruffes), flop doodle (à l'origine, une personne stupide), foozle (une personne lente et maladroite), jackleg (argot des personnes incompétentes et sans scrupules), « browbeater » (celui qui intimide l'argot), stogy (fastidieux), insensible, oppugner (celui qui s'oppose ou oppugns), l'examinateur en chef machiavélique (rusé) Athos Dems qui avait conçu (créé une situation indésirable) pour l'examinateur numéro 1 de Siegfried qui l'avait de mauvais augure (menaçant) s'il était opposé (hostile) et évitait (à évitez de signer le formulaire d'évaluation ignominieux surtout parce que vous ne pensez pas que c'est juste, approprié), il aura beaucoup de durs (sévères) représailles et répercussions de la part du Commissaire du Département des bâtiments, l'honorable Gaston Silva, R.A., et du Comité de la vie au travail, Carlos Fortuno, donc (donc) Siegfried Wyner, examinateur numéro 1, avait signé le formulaire d'évaluation ignominieux pour éviter (prévenir) des représailles et des répercussions sévères pour le Commissaire du Département de la construction, l'Honorable Gaston Silva, R.A., ainsi que de la Commission de la vie professionnelle Carlos Fortuno. Ainsi, l'ultrapropre (spontané), zélé (enthousiaste), laborieux (travailleur acharné) Siegfried Numéro 1 Examinateur avait « compris l'image » et « baissé le rideau » (conclu) qu'il avait contrevenu (pour aller contre) et combattu la malfaisance (mauvaise conduite) et la méfait (mauvaise action) du Département des bâtiments, alors qu'il devait survivre et conserver son emploi.

Je souhaitais rendre une exomologèse (une confession complète) pour démasquer le Département des bâtiments.

Confiant, Siegfried, après une sérieuse réflexion, « fit tomber le rideau » que le savoir-faire ignominieux (comportement) du Département des Bâtiments abandonna (rend) l'attrista et le gémit.

C'est alors que Siegfried, haut voltigeur (une personne ambitieuse et compétitive avec de grandes aspirations), bas-bleu (intellectuel), sensé (ayant des opinions et des principes solides), haut de gamme (argot très raffiné et distingué) avait baissé le rideau (conclu) un mardi matin pour remplir un « enregistrement écrit » (carte de temps) pour 3 jours de vacances (mercredi, jeudi. et vendredi.) et se précipita chez le commissaire de l'arrondissement Rich Chandler P.E. pour signer le procès-verbal (carte de présence).

Par conséquent, un mercredi matin à 10 heures, Siegfried s'était présenté à l'appartement de ses parents. Siegfried, avec son père, le professeur Ady Wyner, Ph. D., avait écrit 87 pages sur la persécution, la discrimination et le harcèlement avec le « pistolet fumant » (preuves incontestables, argot) qu'il avait rassemblé pendant la période où il avait travaillé pour le Département des bâtiments.

Sur ce, le Prof. Dr. Eng. Ady Wyner Ph. D. a envoyé 87 pages originales avec tout le « pistolet fumant » (preuves incontestables en argot) de discrimination punitive (extrêmement sévère), de persécution et de harcèlement subi par son propre fils Siegfried aux mains de la direction du Queens et du Bronx à l'honorable « Hizoner » (maire) Rudolph Giuliani à l'HÔTEL DE VILLE, NEW YORK, NY 10007 et une copie de 87 pages avec le « pistolet fumant » de discrimination punitive, persécution et harcèlement de son fils Siegfried auprès du commissaire du Département des bâtiments, l'honorable Gaston Silva, R.A., au Manhattan Borough Office, 280 Broadway 6th Fl, New York, NY 10007.

L'honorable commissaire du département des bâtiments, Gaston Silva, R.A., avait envoyé une copie de 87 pages au commissaire d'arrondissement Rich Chandler, P.E., au bureau du Bronx, 1932 Arthur Ave., Fl, Bronx, NY 10457.

L'honorable commissaire du département des bâtiments, Gaston Silva, R.A., avait envoyé une deuxième copie de 87 pages au commissaire d'arrondissement Durant, P.E., au Queens Office, 120-55 Queens Blvd, Kew Garden 11424.

J'ai appris que le harcèlement avait pris son envol à Queen lorsque l'ingénieur en chef Sam Lai P.E. et son ingénieur en chef adjoint Joseph Dellutri avaient compris que j'avais donné naissance à mon innovation « DIRECTIVES NORMALISÉES PAR TYPE DE BÂTIMENT » (j'ai créé l'invention « DIRECTIVES NORMALISÉES PAR TYPE DE BÂTIMENT ») et que tous les architectes du registre du chapitre Queens ainsi que tous les ingénieurs professionnels du chapitre Queens avaient donné carte blanche (d'accord) à mon innovation et à mon innovation. ils ont dû sauter pour envoyer un tas de Commendation au bureau du maire, l'honorable maire Rudolph Giuliani, au commissaire du département, l'honorable Joel A. Miele, Sr. P.E. et au commissaire du département, l'honorable Gaston Silva, R.A., pour que mon innovation soit accréditée et mise en œuvre à l'usage de l'examinateur de plans du ministère des Bâtiments ainsi que des candidats.

Présidents d'architectes; Chapitre du Queens Gerald J. Caliendo, AIA et John Carusone AIA, M. Jerry A Davis, FAIA et Hellmuth, Obata et Kassambaum, PC, Président,

Chapitre de New York de l'AIA, ont envoyé des éloges sur l'innovation de l'examinateur de plans Siegfried « DIRECTIVES STANDARDISÉES PAR TYPE DE BÂTIMENT » au BUREAU DU MAIRE HONORABLE MAIRE RUDOLPH GUILIANI, aux commissaires de département Joel A. Miele, Sr. P.E. et Gaston Silva R.A. pour l'accréditation et la mise en œuvre des « DIRECTIVES NORMALISÉES PAR TYPE DE BÂTIMENT » et pour une utilisation immédiate par les examinateurs de plans du Département des bâtiments ainsi que par les demandeurs.

Toujours pour une raison similaire, l'ancien commissaire de l'arrondissement de Brooklyn, H. IRVING STIGMAN, et GREGORY G. GEORGES, président de la section Queens des ingénieurs professionnels, avaient envoyé des éloges sur l'innovation de l'examinateur de plans Siegfried, Siegfried, « DIRECTIVES STANDARDISÉES PAR TYPE DE BÂTIMENT » au commissaire adjoint G. Cox.

Sur quoi, la jalousie de l'ingénieur en chef Sam Lain P.E. et de son ingénieur en chef adjoint Joseph Dellutri les a amenés à attribuer (attribuer) un tas de corvées à l'examinateur de plans Siegfried pour le surpeupler (pour le mettre sous pression) avec des corvées et des responsabilités en phase pour l'avoir gâté de « ramener le bacon à la maison » (pour atteindre un objectif tangible, argot).

La quantité de corvée qui avait été attribuée intentionnellement (délibérément) (consciemment et intentionnellement) par l'ingénieur en chef Sam Lain P.E. ou son ingénieur en chef adjoint Joseph Dellutri était de 100 corvées par jour, ce qui représentait dix fois plus de travail que tout autre examinateur.

Tandis que lorsque le commissaire d'arrondissement Phil Olin, P.E., avait regardé l'imprimé de l'ordinateur « il avait tenu le fort » (resté) dans une stupéfaction « ligne d'hameçon et plomb » (complète) lorsqu'il a vu cet examinateur de plans Siegfried Wyner, la quantité de travail acquise (reçue) est dix fois plus importante que celle de tout autre examinateur de plans.

C'est ainsi que le commissaire de l'arrondissement, Phil Olin, avait écrit sur une copie d'ordinateur à l'ingénieur en chef Sam Lai, P.E.

« Pourquoi avez-vous « attribué » (attribué) à l'examinateur de plans
Siegfried dix fois plus que tout autre examinateur de plans ? »

« Pendant tout le temps » (pendant ce temps) que le commissaire de l'arrondissement Phil Olin P.E. est entré dans la zone d'examen des plans, avait « remis » (livré) une copie d'une copie imprimée de l'ordinateur avec son observation à l'ingénieur en chef Sam Lai P.E. sur le bureau de l'examinateur de plans Siegfried.

C'est ainsi que Siegfried s'était souvenu qu'une fois, quelqu'un du bureau de la direction était descendu dans le Queens pour un rendez-vous avec l'examinateur en chef Sam Lai, P.E., et son ingénieur en chef adjoint, Joseph Dellutri, au sujet de l'amoncellement de corvées attribué quotidiennement à l'examinateur de plans Siegfried Wyner, après quoi il avait été dix fois plus élevé que les dossiers attribués acquis par d'autres examinateurs de plans.

Siegfried n'a pas pu savoir quelle avait été la réponse donnée au directeur du centre-ville de Manhattan par l'ingénieur en chef Sam Lai P.E., mais la réponse de l'ingénieur en chef adjoint Joseph Ddellutri avait été :

« Dans la mesure où l'examinateur de plans Siegfried peut travailler sous stress »

Ergo le Département des Bâtiments s'était vu « cœur et âme » (complètement) démasqué avec l'intention ignominieuse envers Siegfried Numéro 1 Examinateur, ils avaient « baissé le rideau » (conclu) pour finir (pour arranger en particulier par des moyens douteux d'argot) en embauchant un « fink » (argot d'informateur), un « cold decker » (un argot d'escroc) Ron Lattanzio pour vicier (pour corrompre) l'examinateur de plans immaculé Siegfried Wyner.

Siegfried avait été embauché par Jacob Grill, P.E., commissaire adjoint des grues des opérations, M. Ron Lattanzio, qui avait travaillé sur le 5e étage avec tous les autres cadres.

Ron Lattanzio avait été embauché comme commissaire adjoint des opérations le 5 février, dans la mesure où le frère de Ron Lattanzio était maire adjoint du maire Ed Koch.

Siegfried avait voulu citer un proverbe de NETWORKING :

« Il ne s'agit pas de qui vous connaissez, il s'agit de qui vous connaissez »

La ville de New York est dominée par le népotisme. De plus, Siegfried, n'étant pas autochtone sur le sol américain, n'ayant pas de parents qui avaient occupé des postes plus élevés dans le gouvernement « avant tout » (surtout) au bureau du maire, lorsqu'il a été embauché par le département des bâtiments, avait occupé un poste d'examinateur de plans adjoint. Au cours de quatorze années de corvée, il n'avait jamais été promu et n'avait jamais vu d'augmentation au mérite. C'est le savoir-faire (comportement) typique du Département des bâtiments envers les Américains-Européens-Juifs.

Malgré un jour après 18 heures où tous les employés de la ville avaient abandonné leur bureau, les enquêteurs avaient fait une descente pour vérifier ce qui s'était passé au département des bâtiments après les heures de bureau. En 1986, pendant la période des fêtes, les enquêteurs avaient surpris le commissaire adjoint de l'opération, M. Ron Lattanzio, en train de faire une fête avec des filles aux seins nus, des employés fumant du « Panama rouge » (marijuana), reniflant de la « dame blanche » (cocaïne). Sur ce, le commissaire adjoint de l'opération, l'avocat de M. Ron Lattanzio, « hotfoot » (immédiatement de l'argot), a conclu un accord avec les enquêteurs pour que M. Ron Lattanzio travaille pour eux et devienne le pigeon tabouret d'Ig (argot d'informateur). De plus, « pendant tout le temps » (pendant le temps) que Siegfried Wyner Numéro 1 Examinateur avait travaillé dans le Bronx, une fois que l'expéditeur Lattanzio a pré-déposé une Directive 14 dans le bureau du Bronx.

Auparavant, Siegfried se rappelait qu'il était interdit à un examinateur de plans d'accepter d'un demandeur ou d'un expéditeur plus qu'une tasse de café avec un Donald ou un muffin. Le fait qu'un examinateur de plan aille déjeuner avec un demandeur ou un expéditeur accepte le traitement de la part du demandeur ou de l'expéditeur a été considéré comme un pot-de-vin.

Dans la salle « schmoozefest » (argot de la conférence), le commissaire de l'arrondissement Phil Olin avait conseillé à tous les examinateurs de plans, lorsqu'ils sortent déjeuner avec un demandeur pour expédier, de proposer de payer pour eux-mêmes.

Néanmoins, un jour, à l'heure du « high tea » (déjeuner), l'expéditeur Lattanzio avait demandé à Siegfried Number 1 Examiner de le rejoindre pour un café et un muffin dans un Dunking Donalds en face du département des bâtiments du Bronx.

Siegfried s'était souvenu que M. Lattanzio avait de très grandes relations au sein du gouvernement, en particulier avec le bureau du maire.

« Pendant tout le temps » (pendant le temps) où Siegfried et Lattanzio ont pris du café et des muffins à Dunking Donald, Siegfried qui savait que M. Ron Lattanzio est un pourvoyeur ou (une personne qui promeut l'idée) lui avait demandé intérieurement (secrètement) d'essayer de l'aider à accréditer et à mettre en œuvre (le processus de mise en œuvre d'une décision) de son innovation « DIRECTIVES STANDARDISÉES PAR TYPE DE BÂTIMENT » dans l'ordinateur du Département des bâtiments.

En « révision » (retour) à son aide, il avait promis intérieurement (secrètement) qu'il l'aiderait à « réduire la paperasserie » (accélérer) toutes les directives 14 qu'il déposerait à l'avance auprès du ministère des Bâtiments.

Les petits travaux de la directive 14 dont l'entière responsabilité incombe au demandeur, et non à l'examinateur de plans.

Un poète anglais très célèbre et renommé, George Gordon Byron, également connu sous le nom de Lord Byron, a écrit une citation très intelligente qui avait très bien correspondu à l'examinateur de plans Siegfried lorsqu'il avait travaillé très laborieusement (dur) avec sa sagesse pour le Département des bâtiments, acquérant une connaissance très substantielle de ses recherches.

La citation dit :

« La douleur est la connaissance, ceux qui savent le plus pleurent le plus profondément, l'arbre de la connaissance n'est pas l'arbre de la vie. »

Par conséquent, si, dans une directive 14, il s'agit d'une erreur majeure que l'examinateur de plans n'avait pas remarquée et qu'il avait acceptée pour obtenir un permis en vertu de la directive 14/1975, avec sa faute majeure, il appellera immédiatement et carrément le demandeur pour un rendez-vous.

Par conséquent, le commissaire d'arrondissement annulera le dossier de la directive 14 et il annulera également les droits du demandeur en matière d'auto-certification des objections.

Ainsi, les responsabilités de l'examinateur de plans sont celles des nouveaux bâtiments (NB), de TYPE I et II de l'ART, où l'examinateur de plans doit examiner avec solennité, prudence et « battre les buissons » (recherche diligente de l'argot) à partir du Code du bâtiment de résolution de zonage, du Code d'entretien des maisons (si nécessaire) pour « apporter » (obtenir) la feuille d'objections juridiques nécessaires.

Depuis que Siegfried Numéro 1 a rencontré l'expéditeur Ron Lattanzio, le directeur des enquêteurs en accord avec la direction du Département des bâtiments « a baissé le rideau » (conclu) pour télégraphier à l'expéditeur Lattanzio, surveillé intérieurement (secrètement). Siegfried Numéro 1 Examiner téléphone et a télégraphié à une femme infiltrée flic expéditeur "avant tout le reste (surtout) quand ils avaient un rendez-vous.

Le système de câblage « mis en place » (fait) par le directeur des enquêteurs et la direction du Département des bâtiments a été « amené à passer » (fait) illicite (interdit par la loi) envers un examinateur immaculé.

Le téléphone du bureau de Siegfried Number 1 Examiner avait été délibérément mis sur écoute pour permettre aux enquêteurs et à la direction du Département des bâtiments d'espionner la conversation « au milieu de » (entre) Siegfried Number 1 Examiner et les expéditeurs Lattanzio et son associée, une femme flic infiltrée. C'était une « situation diabolique » (un argot très ennuyeux) pour Siegfried « travaillant sur un accord » (traitant) avec les rats de 2 IG.

En tant que « conséquence » de discrimination et de harcèlement, la direction du Bronx a « baissé le rideau » pour cesser « d'attribuer » (d'attribuer) des emplois à Siegfried Numéro 1 Examinateur.

De plus, le système américain de « travail d'infiltration » (espionnage) est très analogue à celui des pays communistes.

En Amérique, il y a la même « sonnerie morte » (similitude) avec la Roumanie, le pays que Siegfried avait quitté en août 1975. Lorsque la direction d'une agence municipale ou d'une grande entreprise a « irrésistiblement » besoin de quelqu'un, elle « se plie en quatre », c'est-à-dire qu'elle « fait tout son possible pour parler d'argot » pour cette personne et lorsqu'elle n'a plus besoin de ses services, la direction de cette entreprise est la plus répugnante (extrêmement déplaisante) et odieuse (répugnante) qui a tenté ignominieusement de « le piéger » (pour l'incriminer, une personne innocente avec de fausses preuves d'argot) en phase pour l'exauctor de la ville des départements ou des grandes entreprises.

C'est là que le même système fonctionne en Russie, en Hongrie, en Pologne, en Ukraine, en Roumanie et en Tchécoslovaquie.

Je m'étais souvenu que lorsque j'étais en 1ère année de lycée au « Lycée Mihail Sadoveanu » à Jassy, en Roumanie et que j'avais étudié le latin, notre professeur de latin avait toujours l'habitude de citer :

« Stat pro ratione voluntas », dont le sens littéraire est « la volonté tient lieu de raison »

Dans toute ma vie jusqu'à présent, j'avais été influencé et « eu une main » (guide) selon ce proverbe latin, et cela avait été la raison de mon succès à « faire exister » (créer) « DES DIRECTIVES STANDARDISÉES PAR TYPE DE BÂTIMENT ».

L'expéditeur Ron Lattanzio avait « tâté le terrain » (demandé à Siegfried) une copie de la liste d'objections compilée qu'il avait acquise pour l'apporter à son bureau.

Siegfried savait très bien qu'il pouvait compter sur l'aide de l'expéditeur Lattanzio, dans la mesure où il avait été un pourvoyeur (une personne qui promouvait une idée) ayant des relations très élevées dans le gouvernement. De plus, Siegfried avait parlé à son père, le professeur Ady Wyner, Ph. D., qui avait également été son fils conseiller, de son arrangement avec le fournisseur Ron Lattanzio.

De plus, le fournisseur Lattanzio était d'accord (en accord) avec Siegfried Wyner au sujet de son idée prodigieuse (merveilleuse), il avait « parole sacrée » (promise) à lui qu'il parlera sérieusement avec les « top dogs » (les personnes les plus importantes en argot) qui détiennent une position très élevée dans la ville au sujet de son innovation prodigieuse « Directives Standardisées Par Type De Bâtiment » et il rendra possible que son innovation soit accréditée et mise en œuvre dans l'ordinateur du Département des bâtiments. Chaque fois que l'expéditeur Lattanzio avait appelé l'examinateur numéro 1 de Siegfried dans le bureau du Bronx, il avait « tâté le terrain » (demandé) diplomatiquement « où » (la situation) de ses directives, en retour il avait « parole sacrée » (promis) à l'expéditeur Lattanzio qu'il ferait tout ce qui était en son pouvoir pour « réduire la bureaucratie » (accélérer) toutes les directives 14 qu'il avait préalablement déposées.

Pendant le temps où l'expéditeur Lattanzio avait parlé à Siegfried au téléphone de l'accréditation et de la mise en œuvre de son innovation, le procureur, le département de la construction, avait illégalement « apporté » (procuré) 26 enregistrements de la conversation entre l'expéditeur Lattanzio et l'examinateur numéro 1 de Siegfried.

La lecture de la cassette était la suivante : Siegfried Number 1 Examiner avait « passé à l'essoreuse » l'expéditeur Lattanzio - Comment vont mes affaires ? Avez-vous fait ce que vous aviez « parole sacrée » pour moi ? La réponse de Lattanzio avait été de ne pas s'inquiéter, tout est sous contrôle.

Siegfried « réaction instinctive » (réponse) à l'expéditeur Lattanzio :

« Vous savez très bien que je ferai tout pour vous aider ! »

Cette lecture avait été amplifiée 26 fois de manière à inventer, à intimider et à faire un « où » préjudiciable et punitif à l'examinateur numéro 1 Siegfried avec son « dossier » (information) illicite avait mis la main sur quelqu'un de manière perfide et flagrante (d'une manière non subtile et sans honte). Siegfried avait lutté (dans une douleur extrême) après avoir été vicieusement tourmenté et harcelé par le Département des bâtiments, ce qui l'avait profondément abattu mentalement. La direction antisémite du Département des bâtiments s'était entendue avec le procureur malveillant pour piéger illégalement Siegfried, dans la mesure où ils avaient « demandé » (voulu) piller son innovation et l'exauctorer du Département des bâtiments « jusqu'au Jugement dernier » (argot éternel). Un samedi matin, vers 10 heures, Siegfried et son père avaient fait une copie d'un millier de pages de liste d'objections « rassemblées ». Les quatre cents premières pages de directives étaient des types « disparates » (différents) de demandes de la Directive 14 et de TYPE II de l'ART qui avaient été « nécessaires » (exigés) par la direction du Département des bâtiments et avaient été utilisés jusqu'alors.

Ainsi, Siegfried et son père avaient travaillé plus d'une demi-journée pour faire une copie de mille pages de liste d'objections.

De là, Siegfried avait rougi (mis dans l'ordre) de manière choisie (avec beaucoup de soin) et ordonnée sa liste d'objections compilée et les avait rangées correctement. Je me suis souvenu que j'avais lu une citation de Maya Angelou qui dit :

« J'ai appris que les gens oublieront ce que vous avez dit, les gens oublieront ce que vous avez fait, mais les gens n'oublieront jamais ce que vous avez ressenti. »

C'est ainsi que j'avais été transféré du Bronx à Manhattan et, à l'heure du déjeuner, j'avais apporté le livre de directives compilées au bureau de Lattanzio.

Siegfried avait eu beaucoup de chance d'avoir rencontré le colporteur (une personne qui promeut une idée) Lattanzio qui avait joué un rôle déterminant et régnant (ayant actuellement la plus grande influence) dans le gouvernement, connaissant des personnes très influentes qui avaient occupé des postes très importants.

Il les avait succinctement « endoctrinés » (convaincus) de la plus grande importance de la liste des lignes directrices d'être accrédité et mis en œuvre dans les ordinateurs du Département des bâtiments.

L'examinateur de plans Siegfried avait légué son livre de directives compilées à la secrétaire de Lattanzio et l'avait désignée pour remettre le livre de directives compilées à M. Lattanzio dès qu'il viendrait au bureau. La secrétaire de Lattanzio avait une « parole sacrée » (promis) qu'elle la remettrait à M. Lattanzio dès qu'il serait « retourné » à son bureau.

Ainsi, Siegfried avait ratifié (confirmé) que lorsqu'il déposera une demande préalable en vertu de la Directive 14, il « réduira la paperasserie » (l'accélérera).

L'expéditeur Lattanzio avait pré-déposé une demande de la Directive 14 « Panneau de sol lumineux » dans le Bronx et l'examinateur de plan en chef Athos Dems R.A. qui avait de la misologie (haine du raisonnement) et il était connu qu'il avait du misoneisme (haine innovation), il avait « attribué » (attribué) la demande de la Directive 14 « Panneau de sol lumineux » à l'examinateur de plan Siegfried Wyner.

Les règles du Département des bâtiments sont très succinctes : une Directive 14 « tenir le sac » (responsabilité) tombe sur les épaules du demandeur. Il avait garanti l'intégralité de la « tenue du sac » (responsabilité) et que l'application de la Directive 14 avait été « menée à bien » (faite) sans aucune erreur majeure.

Par conséquent, lorsque l'examinateur de plans Siegfried avait acquis l'application de la Directive 14 « Panneau au sol lumineux », il avait été minutieux (caractérisé par une attention portée aux très petits détails) et scrupuleux (très attentif à faire les choses correctement) et il avait appliqué le cachet de la Directive 14 qui dit :

« Acceptation D'un Permis En Vertu De
La Directive N° 14/1975 »

Sur les dessins et sur le dossier de demande, il avait donc accepté la demande de la Directive 14 en ordinateur.

Ainsi, si une demande en vertu de la Directive 14 avait « pris » (contenant) une erreur majeure et que l'examinateur de plans n'avait pas remarqué cette erreur et, sans le vouloir, avait apposé un cachet sur les dessins et la demande et avait accepté la Directive 14 en ordinateur, dès lors, le devoir de la direction de cet arrondissement est d'appeler immédiatement le demandeur à un rendez-vous pour discuter de l'erreur majeure fondée sur la demande.

Sur ce, le commissaire d'arrondissement de cet arrondissement a annulé la demande de la Directive 14 et a « mis à l'épreuve » (demandant) au demandeur s'il était au courant de l'erreur majeure fondée sur la demande qu'il avait pré-déposée. Il a également annulé les droits du demandeur à l'auto-certification des objections.

De là, un enquêteur rendra visite au demandeur dans le bureau de hid=s et il « tâtera le terrain » (s'enquérira) de l'erreur majeure « commise » (commise) sur l'application de la Directive 14.

L'enquêteur n'abandonnera pas le bureau du demandeur tant qu'il n'aura pas « baissé le rideau » (conclu) que le demandeur n'avait pas délibérément commis l'erreur et qu'il est une personne immaculée.

La direction du Bronx avait été très oppressive et ils avaient fustigé, sauvagement tourmenté, discriminé et persécuté Siegfried Numéro 1. J'avais des dégoûts (j'avais de fortes opinions morales) et j'avais été « cœur et âme » (complètement) dégoûté par le traitement que j'avais dû subir dans le Bronx.

Une méthode incommensurable de persécution et de discrimination avait été infligée à Siegfried Numéro 1, c'était que la direction du Bronx avait cessé de lui attribuer une demande. La direction du Bronx avait traité Siegfried comme il l'avait été à Kaffeeklatsch (une réunion sociale informelle au cours de laquelle du café est servi), lui avait donné trois journaux par jour à lire au lieu de lui attribuer des applications où il pouvait utiliser sa sagesse pour « faire son truc » (faire) son travail correctement. Un jour, alors que je « fiddle fart » (je perds du temps à faire des gaffes sur l'argot), j'avais vu par hasard l'enquêteur général Mark Senabria dans le couloir du Bronx.

Je suis allé directement vers lui pour le « mettre à l'essoreuse » (lui poser) une question :

« Pourquoi avais-je été embauché au Département de la construction ? D'être traité comme je me suis retrouvé dans un kaffeeklastsch ou laborieusement (travailleur) dans l'examen des candidatures"

Par la suite, l'inspecteur général Mark Senabria avait immédiatement « mis à l'épreuve » (demanda) Siegfried, examinateur numéro 1 :

« Où souhaiteriez-vous être relocalisé ? Dans quel
arrondissement préféreriez-vous vous rendre ?

J'avais préfiguré (suggéré à l'avance) :

« À Manhattan, le principal arrondissement où j'avais été embauché le 16
mars 1986. Siegfried, âgé de 31 ans, au moment où il a été embauché.

En vérité, avant que l'examinateur numéro 1 de Siegfried n'ait été transféré dans l'arrondissement principal de Manhattan, le commissaire d'arrondissement Rich Chandler s'est rendu carrément (droit devant) à son bureau pour « passer à l'épreuve » (demander) une indulgence (faveur).

Le commissaire de l'arrondissement Chandler avait été franc (insistant) et avait conjuré Siegfried de faire un nouveau bâtiment de 7 étages pour les invalides.

Le commissaire d'arrondissement Chandler avait « fait l'éloge » (loué) de Siegfried Number 1 Examiner, qu'il s'était souvenu que lorsqu'il travaillait dans le Queens, tous les candidats lui disaient qu'il avait été « un homme de substance » et qu'il avait été remarqué pour son innovation prodigieuse qu'il avait « réalisé » (pour arriver à un résultat particulier, pour progresser), l'"assiduité » (avec célérité) et l'efficacité avec laquelle il avait magnanimement (avec grandeur d'esprit) examiné les Nouveaux Bâtiments, le TYPE I de l'ART et le TYPE II de l'ART.

Par la suite, le commissaire de l'arrondissement Rich Chandler P.E. avait attribué à l'examinateur de plans Siegfried le nouveau bâtiment « 7 STORY BUILDING FOR DISSABLE PEOPLE »

Le commissaire d'arrondissement Rich Chandler P.E. avait une « parole sacrée » (promis) à l'examinateur de plans Siegfried qu'il ne lui attribuerait aucun travail, après quoi il aurait suffisamment de temps pour se casser la tête (contempler) et pour examiner minutieusement le nouveau bâtiment « Bâtiment De 7 Étages Pour Les Gens Handicapés »

Judicieusement, l'examinateur du plan Siegfried avait donné une assermentation (une déclaration solennelle) au commissaire de l'arrondissement Rich Chandler P.E. qu'il nous solliciterait et s'efforçait de « réaliser » (faire) le nouveau bâtiment « BÂTIMENT DE 7 ÉTAGES POUR DES GENS HANDICAPÉS ». Dès que l'examinateur de plans Siegfried aura reçu le nouveau bâtiment attribué par le commissaire d'arrondissement Chandler, il examinera minutieusement la demande. L'examinateur en chef adjoint du plan, un Chinois véridique qui avait pré-déposé et examiné le travail, est allé directement au bureau de l'examinateur de plans Siegfried pour l'informer que le nouveau bâtiment « 7 STORY BUILDING FOR DISSABLE PEOPLE » attribué par le commissaire de l'arrondissement Chandler a un gros « sein » (erreurs d'argot britannique) et qui n'est pas approuvable.

L'examinateur de plans Siegfried avait examiné minutieusement la demande, dans la mesure où le nouveau bâtiment « 7 STORY BUILDING FOR DISSABLE PEOPLE » avait un « sein » majeur (erreur d'argot britannique) qui étaient incorrigibles. Dès lors, l'examinateur de plans Siegfried a fait « baisser le rideau » (a conclu) que le commissaire de l'arrondissement Chandler lui avait demandé de faire son truc (faire) un grand saut d'un seul bond (pour faire quelque chose d'impossible, en argot).

Pendant l'intervalle d'une semaine, l'examinateur de plans Siegfried avait examiné minutieusement la demande, y compris 150 dessins (structurels, mécaniques, électriques, architecturaux et plomberie). L'examinateur de plans avait « embelli » (élaboré) sa liste d'objections de manière très scrupuleuse. Là, l'examinateur de plans Siegfried a succinctement « embelli » (élaboré) 95 objections pour le nouveau bâtiment « BÂTIMENT DE 7 ÉTAGES POUR DES GENS DE SABLE ». Sur 95 objections données, 4 d'entre elles étaient les plus importantes et irrémédiables.

1. L'espace Ouvert Avait Dépassé L'allocation
2. La Surface Au Sol Avait Dépassé L'allocation
3. La Cour Latérale Était Contraire À La Résolution D'oning
4. Le Retrait Était Un Article Contraire Du Code Du Bâtiment.

Par la suite, l'examinateur de plans Siegfried avait jugé que l'examinateur en chef adjoint des plans, le Chinois plus âgé, avait eu raison, était juste et honnête avec lui au sujet du nouveau bâtiment « BÂTIMENT DE 7 ÉTAGES POUR DES GENS DISSABLES » qui lui avait été attribué à dessein par le commissaire de l'arrondissement Rich Chandler P.E.

Au cours de l'intervalle de quatorze années de corvée (travail acharné) « brough to pass » (terminé) pour le DÉPARTEMENT DES BÂTIMENTS, jamais plus l'examinateur de plans Siegfried n'avait approuvé un nouveau bâtiment ou un ART de TYPE I qui étaient irrécupérables. Par la suite, lors de l'examen des demandes, l'examinateur de plans Siegfried avait toujours « gardé la tête haute » (pour maintenir une attitude positive, argot) et il avait « nettoyé son acte » (agir correctement et décemment en argot). Il avait toujours scruté minutieusement ses applications. Jamais plus, il n'a « déterré » (argot laissé) son bureau jusqu'à ce qu'il vérifie que toutes les applications étaient bien envisagées (comprendre) et méticuleusement « réalisées ». Les parents de Siegfried, Sorina et le Prof. Dr. Eng. Ady Wyner, Ph. D., avaient épousé (éduqué) leur fils Siegfried pour qu'il soit « le sel de la terre » (une personne très bonne et honnête) et qu'il vive toute sa vie avec de bonnes mœurs et de bons principes. Il s'était souvenu avec une joie et un bonheur que toute sa vie avait connus, travaillant dans son domaine du génie civil et aussi en tant qu'examinateur de plans, il avait toujours gardé un sang-froid digne et respectable.

Siegfried était devenu extrêmement extatique avec son « brainstorming » (une idée soudaine, en particulier en ce sens que c'est un argot approprié et utile) « DIRECTIVES STANDARDISÉES PAR TYPE DE BÂTIMENT » lorsqu'il avait été accrédité et mis en œuvre dans l'ordinateur du DÉPARTEMENT DU BÂTIMENT. L'un des éminents philosophes grecs, Aristote, a mentionné que la philosophie du bonheur est : « que le bonheur est le principal objectif universel, dérivé d'une vie d'activité gouvernée par la raison. »

Entre-temps, l'examinateur de plans Siegfried avait été dégoûté (une personne ayant de fortes opinions morales), le sel de la terre (une personne très bonne et honnête) qui avait l'austérité (une discipline sévère) et il avait examiné minutieusement la demande. Jusqu'à présent, Siegfried avait toujours eu une moralité droite et une sagesse permanente en toutes circonstances.

Le plus grand « raté » irrémédiable (argot d'arso) avec le NOUVEAU BÂTIMENT, BÂTIMENT DE 7 ÉTAGES POUR LES GENS HANDICAPÉS avait été qu'avant que le

Département des bâtiments n'ait approuvé le travail et délivré un permis de construction, l'entrepreneur avait jusque-là construit le bâtiment.

L'architecte du registre était une jeune femme dégoûtée de tout ce qui s'était passé, au point qu'elle « déchirait » (allait très vite en argot) à l'examinateur de plans Siegfried pour le « déchirer » (pour le critiquer sévèrement en argot) pour l'objection nécessaire qui avait été concise et qui avait été donnée à son travail. Elle avait été une imbécile (une personne incompétente et sans scrupules, argot de personne) et elle avait été incapable de réaliser une bonne conception architecturale et elle avait une mésologie (haine du raisonnement) sur la réalité de son travail.

Sur ce, l'architecte du registre, vaniteux et « chaud sous le col » (très en colère), qui avait réussi (créé une situation indésirable) et « déchiré » (argot très rapide) à voir l'examinateur en chef du plan Athos Dems R.A. pour « grouser » (se plaindre de l'argot) à propos des objections données à son travail.

Faibles d'esprit (ayant une volonté faible), les jackanapes (insolents) et l'opprobre examinateur en chef des plans Athos Dems R.A. sont allés voir l'examinateur de plans Siegfried afin de le fustiger (critiquer sévèrement) et le harceler (harceler l'argot).

Sur ce, (immédiatement), le chef de l'examinateur de plans, Athos
Dems R.A., a « déchiré le cul » (est allé très vite) pour « déchirer »
Siegfried et l'humilier en « sortant avec » (en déclarant)

« Vous faites encore des objections stupides ! »

Le savoir-faire du chef examinateur de plans Dems avait été calomnieux (diffamatoire) lorsqu'il est allé parler à l'examinateur de plans Siegfried, pensant que de cette façon il « obtiendrait la face » (pour obtenir de l'argot) du demandeur.

À ce moment-là, j'avais répudié le dossier et je lui ai demandé de réattribuer le travail à qui il voulait, dans la mesure où ce travail ne sera jamais approuvé par moi.

Sur quoi, l'examinateur en chef des plans, Dems, est allé voir un grand ingénieur afro-américain, examinateur de plans, pour « tâter le terrain » (demander) s'il pouvait lui réattribuer le nouveau bâtiment « BÂTIMENT DE 7 ÉTAGES POUR LES GENS DISSABLES »

Là-dessus, l'ingénieur afro-américain examinateur de plans s'est empressé d'aller voir l'examinateur de plans Siegfried pour le « mettre à l'épreuve » (lui demander).

« Quel est le problème avec le nouveau bâtiment « Bâtiment
De 7 Étages Pour Les Gens Dissable ? »

Siegfried succinct : (clairement et brièvement énoncé) à propos du nouveau bâtiment
« BÂTIMENT DE 7 ÉTAGES POUR LES
GENS DISSABLES »

« Ce n'est pas approuvable. »

Là-dessus, le grand ingénieur afro-américain examinateur de plans, après avoir repoussé l'examinateur en chef des plans démocrates, il avait abandonné le ministère des Bâtiments.

C'est là que le chef des examinateurs de plans, les démocrates, n'a pas « compris » (pour commencer
à comprendre l'argot de quelqu'un) que le premier examinateur de plans n'a pas « décompté » (refus) et
qu'il est allé confier le travail au deuxième examinateur de plans afro-américain pour « passer à l'essoreuse
» (poser) la même question s'il voulait que le nouveau bâtiment « BÂTIMENT DE
7 ÉTAGES POUR DES GENS DISSABLES »
lui soit réattribué ?

C'est alors que le deuxième examinateur de plans afro-américain s'est rendu sur le bureau de l'examinateur de plans Siegfried, pour lui « passer à l'essoreuse » (lui demander) s'il pouvait accepter le
poste de réaffectation. Là-dessus, l'examinateur de plans Siegfried avait répondu

« Répudier le nouveau bâtiment : bâtiment de 7 étages
pour les gens dissables, il n'est pas approuvable »

De ce fait, le deuxième examinateur de plans afro-américain après avoir repoussé l'examinateur
en chef des plans Athos Dems R.A., il a fait abandonner le département des bâtiments. Là-bas,
l'examinateur en chef des plans, Athos Dems R.A., étant faible d'esprit que les examinateurs de
plans ont annulé le nouveau bâtiment : « BÂTIMENT DE 7 ÉTAGES
POUR DES GENS DISSABLES » pour la seule raison que
le travail n'est pas approuvable, est allé avec persévérance voir un examinateur de plans espagnol pour
lui poser la même question :

« S'il voulait que le poste d'examinateur de plans Siegfried lui soit réattribué ? »

L'examinateur de plans espagnol succinct (dit de manière claire et brève)

« Je n'intercède pas dans le travail de quelqu'un d'autre »

Dès lors, l'examinateur en chef des plans, Dems R.A., s'adressa à son assistant examinateur en chef des plans, le Chinois le plus âgé qui avait pré-chargé et examiné le travail et qui avait également informé l'examinateur de plans Siegfried de la complication du travail, succinct que « 7 STORY BUILDING FOR DISSABLE PEOPLE » il n'est pas approuvable.

Son assistant examinateur en chef des plans a répudié l'examinateur en chef des plans, Athos Dems R.A, pour reprendre le poste de Siegfried.

Dès lors, le « Top dog » (la personne la plus importante, l'argot de la personne), le commissaire de l'arrondissement Chandler, P.E., avait annoncé la nouvelle (dit) à l'examinateur en chef du plan, Dems R.A. :

« Vous avez toujours abattu l'examinateur de plans Siegfried en lui « déchirant un nouveau trou du cul » (critiquez-le sévèrement) chaque fois qu'il envoyait à juste titre les objections nécessaires au demandeur. Pourquoi n'approuvez-vous pas le travail ?

Sur quoi, le serein et vaniteux examinateur en chef des plans, les démocrates R.A., qui avaient vu que tout l'étage le rédudiait : ce « BÂTIMENT DE 7 ÉTAGES POUR DES GENS DISSABLES » avait baissé le rideau (conclu) qu'il avait 74 ans et qu'il était temps pour lui de se retirer. Dès lors, l'examinateur en chef des plans, Dems R.A., avait abandonné le département des bâtiments. Le commissaire adjoint de l'arrondissement Nalin Patel, P.E., a suivi l'examinateur en chef des plans, Athos Dems R.A., et il a également abandonné le ministère des Bâtiments. Il a également pris sa retraite.

Siegfried ne s'était pas souvenu de ce qui était arrivé au nouveau bâtiment « 7 STORY BUILDING FOR DISSABLE PEOPLE », mais il a entendu une rumeur selon laquelle le commissaire de l'arrondissement Rich Chandler P.E., indépendamment (sans tenir compte des circonstances) que 7 STORY BUILDING FOR DISSABLE PEOPLE n'est pas approuvable, il avait approuvé le travail. Les actes répréhensibles du commissaire d'arrondissement Chandler P.E., approuvant un travail qui n'était pas approuvable, ont contribué à provoquer l'éclipse (une fin humiliante). Sur quoi le Hizzoner (l'argot du maire) avait appelé le commissaire d'arrondissement Chandler P.E. avant qu'il n'aille déjeuner et lui avait dit :

« Quand tu vas déjeuner, continue à te faire virer ! »

Tous les quinze jours (à deux semaines d'intervalle), alors que tous les examinateurs de plans du Bronx avaient reçu leurs chèques, l'examinateur numéro 1 Siegfried avait reçu son chèque en même temps que son déménagement du Bronx dans le quartier principal de Manhattan. C'est ainsi que le numéro 1 de l'Examinateur Siegfried est « une fois pour toutes » (enfin) arrivé en 2001 à Manhattan. À ce moment-là, la commissaire adjointe de l'arrondissement, Laura Osario, R.A., avait pris la main de l'examinateur de plans Siegfried et ensemble ils étaient allés voir le commissaire de l'arrondissement, Ron Livian, P.E.

Là-dessus, nous étions arrivés dans le bureau du commissaire d'arrondissement Livian, sa commissaire adjointe Laura Osario avait fait l'introduction et elle s'était adressée au commissaire d'arrondissement Livian P.E. en mettant des mots (disant).

« LE MEILLEUR QUI AIT JAMAIS ÉTÉ dirigé vers Siegfried »

Siegfried avait souhaité « éclairer » (clarifier) son « état de choses » (situation) et la position qu'il avait lorsqu'il avait travaillé pour le Département des bâtiments.

Au cours de ses 14 années de corvée pour le Département des bâtiments, il n'a jamais reçu de « bosse » (un argot de promotion d'emploi) ou d'augmentation au mérite, juste son salaire habituel. Vraiment synchronisé pour recevoir une promotion du gouvernement du Département des bâtiments de la ville de New York, vous devez avoir des parents qui ont une position très importante dans le gouvernement, pour connaître des personnes importantes avec une position élevée dans le gouvernement ou pour être recommandé par un chien de haut niveau.

Deuxièmement, vous devez être autochtone américain.

Néanmoins, l'examinateur de plans Siegfried Wyner était devenu :

« Le Roi Du Département Des Bâtiments,
L'examinateur Numéro 1, Le Meilleur Qui Soit, La
Personne La Plus Importante De New York »

Immédiatement, lorsqu'il a été « placé en détention : (appréhendé) combien il avait été important d'aider les requérants et les expéditeurs à résoudre leur travail véridique (exact) aussi rapidement que possible et aussi lorsqu'il avait réussi indubitablement (sans aucun doute) à gagner leur respect et leur confiance).

De plus, l'examinateur de plans Siegfried avait gagné la confiance des candidats et des expéditeurs dès qu'il avait eu un « brainstorming » (une idée soudaine, en particulier une idée d'argot approprié et utile) pour « *NORMALISER LE GUIDE PAR TYPE DE BÂTIMENT* » en synchronisation (dans l'ordre de l'argot) pour que les candidats puissent faire un ensemble de dessins qui peuvent être utiles pour les 5 arrondissements (Manhattan, Queens, Brooklyn, Staten Islands et Bronx) et un ensemble de directives qui satisfaisaient les 5 arrondissements (Manhattan, Queens, Brooklyn, Staten Islands et Bronx).

Ainsi, en l'an 2000, l'examinateur de plans Siegfried, qui avait travaillé avec les demandeurs et les expéditeurs pendant un certain temps, avait réussi à gagner la confiance de l'ensemble des 350 architectes du registre du chapitre du Queens, des 350 ingénieurs professionnels du chapitre du Queens et des 90 expéditeurs du chapitre du Queens.

Par conséquent, l'ensemble des 350 architectes du registre, les 350 ingénieurs professionnels et les 90 expéditeurs n'avaient pris rendez-vous qu'avec l'examinateur de plans Siegfried. Dès lors, l'examinateur de plans Siegfried était devenu :

« *Le Roi Incontesté Du Département De La Construction,*
L'examinateur Numéro 1, Le Meilleur Qui Soit, La
Personne La Plus Importante De New York »

Attendu que la *VILLE DE NEW YORK DÉPARTEMENT DES BÂTIMENTS* étant une organisation chrétienne qui a interdit (interdit) d'accepter et de reconnaître et le *JUIF AMÉRICAIN-EUROPÉEN-SIEGFRIED WYNER* comme étant le *ROI DU DÉPARTEMENT DES BÂTIMENTS* pour les deux raisons suivantes :

1. Il n'était pas autochtone américain, il n'a pas grandi dans la mentalité américaine, avec leur culture, leurs traditions et leurs religions.
2. C'était un juif américano-européen.

Dans la langue latine, il y a un très bon proverbe qui correspond aux faits qui étaient arrivés à Siegfried, qui citent :

« *Summum jus, summa injuria* » qui signifie « *La rigueur de la loi est le comble de l'oppression* »

Je pensais que pendant ce temps, la transformation qui s'était produite dans le monde entier, la mentalité américaine changerait aussi.

Dans la langue latine, il y a un autre très bon proverbe adapté à notre situation qui cite :

« Tempora mutantur, no et mutamur in illis » qui signifie « Les temps changent et nous avec eux ».

Là, le DÉPARTEMENT DES BÂTIMENTS DE LA VILLE DE NEW YORK avait un horizon très étroit et limité pour accepter le fait tel qu'il est.

L'examinateur de plans Willy-Nilly, Siegfried Wyner, est :

« Le Roi Incontesté Du Département Des Bâtiments,
L'examinateur Numéro 1, Le Meilleur Qui Soit, La
Personne La Plus Importante De New York »

Au cours de l'histoire du Département des bâtiments, un examinateur de plans notoire, éminent et le plus influent, Siegfried Wyner, sera indubitablement « abattu » comme :

« Le Roi Incontesté Du Département Des Bâtiments,
L'examinateur Numéro 1, Le Meilleur Qui Soit, La
Personne La Plus Importante De New York »

Le seul que le Département des bâtiments ait jamais eu pendant toute sa vie. L'examinateur de plans Siegfried Wyner avait vraiment « atteint » (gagné) la position de :

« Le Roi Incontesté Du Département Des Bâtiments,
L'examinateur Numéro 1, Le Meilleur Qui Soit, La
Personne La Plus Importante De New York »

Grâce à son mérite de transformer la liste d'objections écrite et de l'envoyer par la poste au demandeur au plus haut niveau scientifique et technologique, les directives informatisées l'ont envoyée directement au demandeur par l'examinateur du plan par ordinateur.

En vérité, lorsqu'un demandeur présentait sa demande au Département des bâtiments, sa demande aurait été pré-déposée par le profileur, après quoi elle aurait été distribuée au bureau de gestion. Dès lors, l'ingénieur en chef et son ingénieur en chef adjoint surpâturaient scrupuleusement la demande, qui était alors attribuée à l'un des examinateurs de plans. Dès lors, l'examinateur de plans « reconnaîtra » (examinera) le travail avec prudence et solennité.

Ensuite, l'examinateur enverra au demandeur les directives normalisées nécessaires par l'intermédiaire de l'ordinateur.

Dès lors, le demandeur reconnaissait prudemment les directives de normalisation nécessaires données par les examinateurs de plans.

Par conséquent, le demandeur corrigerait ses « erreurs typographiques » (erreurs) et il enverrait électroniquement la demande corrigée à l'examinateur de plans.

Par la suite, l'examinateur de plans reconnaissait prudemment la demande corrigée obtenue du demandeur.

Dans le cas où cet examinateur de plans aurait « baissé le rideau » (conclu) que les directives normalisées corrigées remplissent et respectent les exigences de la résolution de zonage et du code du bâtiment, il approuverait (immédiatement) la demande. Après quoi, l'examinateur de plans enverrait par voie électronique la demande approuvée au demandeur. Ainsi, le demandeur ou son expéditeur fera la queue pour acquérir le permis. Une fois que le demandeur aurait acquis le permis, le client paierait le demandeur pour le permis récupéré.

Sur ce, le client donnerait le permis à l'entrepreneur de commencer la construction.

Une fois que la construction avait été « cœur et âme » (complètement) terminée conformément aux dessins architecturaux, structurels, mécaniques, électriques, électriques et de plomberie, « dès le départ » (immédiatement de l'argot), un inspecteur en bâtiment fixait un rendez-vous avec l'entrepreneur ou le surintendant pour « examiner » (enquêter) si le bâtiment avait été construit conformément aux règles et règlements du Département des bâtiments.

Dès lors, si tout avait été méticuleux conformément aux règles et règlements du Département des bâtiments, « mis à exécution » (fait), le client appellerait le demandeur pour obtenir le certificat d'occupation (C.O.).

Par la suite, le demandeur se rendrait à la section C.O. du Département des bâtiments, où le commis autorisé vérifierait tout conformément aux directives nécessaires pour l'inspection du certificat d'occupation. Dans le cas où le demandeur remplit toutes les exigences nécessaires pour le certificat d'occupation, le greffier délivrera le certificat d'occupation, puis le greffier délivrera le certificat d'occupation qui le remettra au demandeur. Le client paiera les derniers frais au demandeur.

Siegfried, en conclusion, avait baissé le rideau sur le fait que le Département des bâtiments est répréhensible de ne rien lui avoir récompensé, pour la corvée qu'il avait « accomplie », pour le

Département du bâtiment, « pour se réaliser » (pour arriver à un résultat particulier, pour progresser) avec son innovation : « DIRECTIVES STANDARDISÉES PAR TYPE DE BÂTIMENT ».

Le Département des bâtiments a récompensé un juif européen américain de renom, Siegfried Wyner, pour l'ensemble de son « ajout significatif » (contribution) apporté à son département par une exauctoration (licenciement) malveillante, ignominieuse et antisémite.

En latin, c'est un très bon proverbe qui correspond à la cause de Siegfried

« jus summum saepe summa militia est » (L) qui signifie « La
loi poussée à l'extrême est souvent extrêmement fausse »

En vérité, je m'étais souvenu que l'ingénieur en chef Finkelstein, à Manhattan, avait également été juif. L'ingénieur en chef Finkelstein a entendu parler de la popularité de l'examinateur de plans Siegfried auprès des demandeurs et des expéditeurs. Il avait été attentif à l'examinateur numéro 1, Siegfried Wyner.

« Tout au long de la période » (pendant le temps) où l'examinateur numéro 1 Siegfried avait travaillé à Manhattan, l'ingénieur en chef Finkelstein s'est pris d'affection pour lui.

Dès lors, chaque jour, lorsque l'ingénieur en chef Finkelstein se présentait dans son bureau, il allait tout d'abord voir l'examinateur numéro 1 Siegfried, toujours avec un muffin et une tasse de café.

Sur ce, l'examinateur numéro 1 Siegfried et l'ingénieur en chef Finkelstein se rendirent au bureau de l'ingénieur en chef Finkelstein et tous deux fréquentèrent jusqu'au moment où le travail avait commencé et que les candidats ou expéditeurs allaient voir l'examinateur numéro 1 pour leur nomination.

À Manhattan, l'examinateur de plans Siegfried avait fait des heures supplémentaires le samedi de 8h00 à 14h00 avec tous les autres examinateurs pour réduire l'arriéré.

Pendant ce temps, le commissaire d'arrondissement Ron Livian, P.E., la commissaire adjointe de l'arrondissement, Laura Osario, R.A., l'ingénieur en chef Finkelstein, P.E., ainsi que tous les examinateurs de plans, sont allés au restaurant à quelques reprises où ils ont passé un moment fabuleux.

De là, une très jolie femme flic infiltrée est allée voir pour rendez-vous l'examinateur de plans Siegfried avec une Directive 14 « un climatiseur sur le toit de l'immeuble ».

Jusqu'à présent, l'examinateur de plans Siegfried avait été tout à fait un examinateur expert. Il était très vif et aurait pu voir immédiatement s'il y avait quelque chose qui n'allait pas dans le travail. L'examinateur de plans Siegfried a eu une grande expérience dans la réalisation d'examens de nouvelles constructions, de TYPE 1 d'ART, de TYPE II d'ART et il est devenu une « main de poing » (un argot d'expert) dans la réalisation de directives 14.

Il avait été bancal (fastidieux et sérieux, en particulier anxieux et trop studieux dans une situation académique) lorsqu'il était allé étudier le génie civil à l'Institut polytechnique de New York ainsi que lorsqu'il avait réalisé son innovation « Directives Standardisées Par Type De Bâtiment ». Au cours de ses études approfondies, il a très bien appris les règles et règlements du Code du bâtiment, de la résolution de zonage, des logements multiples et du Code d'entretien des maisons.

En raison d'un « hold-up » (continuer) études, il était devenu une personne très importante au département du bâtiment qui avait acquis beaucoup de connaissances professionnelles.

C'est alors que l'Examnier Siegfried avait reconnu prudemment la Directive 14 « Une climatisation sur le toit de l'immeuble » apportée par la femme flic infiltrée. Chaque fois que la direction avait attribué un travail à l'examinateur numéro 1 Siegfried Wyner, il avait reconnu le travail de manière très minutieuse (caractérisée par une attention portée aux très petits détails), en particulier les nouveaux bâtiments, le type 1 d'ART et le type II d'ART.

Dans toute ma vie, je me suis guidé selon deux principes. L'un qui a été écrit en langue latine, ce qui est d'une grande importance lorsque vous êtes tenace (persévérant) dans la réalisation de quelque chose de nouveau qui n'a jamais été réalisé auparavant, et le second en langue française qui est également d'une très grande importance.

Le premier est un proverbe latin qui est mis en mots :

« A che vuole, non mancano modi » ce qui signifie « Là où il y a une volonté, il y a un moyen »

Et le second est un proverbe français qui est mis en mots :

« Aide toi, et le ciel t'aidera »

L'application de la directive 14 avait été « préméditée » (considérée comme un travail mineur, dans lequel le demandeur avait « de A à Z » l'ensemble « tenant le sac (responsabilité) et l'examinateur de plans doit estampiller assidûment le dossier, les dessins et le formulaire PW-1 avec le cachet de la Directive 14, sur quoi il est écrit :

« Admissible Pour Un Permis En Vertu De La Directive N° 14/1975 »

Par la suite, l'examinateur doit accepter la Directive 14 dans l'ordinateur pour « terminer (complètement) le travail corps et âme ». Lors de l'examen de la demande de la Directive 14 « Un climatiseur sur le toit du bâtiment », l'examinateur numéro 1 Siegfried avait reconnu les dessins, baissé le rideau qui n'était pas une erreur avec la demande et avait donc accepté la Directive 14 en 5 minutes. Il a fait tamponner le dossier, les dessins et le formulaire PW-1 avec le cachet de la Directive 14. Par la suite, il a eu accepté la Directive 14 en informatique pour « cœur et âme » (complètement) terminer le travail. C'est là que le savoir-faire de l'examinateur numéro 1 Siegfried avait été intègre, vertueux et professionnel avec la femme flic infiltrée.

De plus, la commissaire adjointe de l'arrondissement Laura Osario R.A., qui avait été « au nième degré » (extrêmement) précurseur (ayant une forte influence sur les idées, qui viennent plus tard) sur l'innovation de Siegfried « DIRECTIVES STANDARDISÉES PAR TYPE DE BÂTIMENT » avait traité avec sympathie l'examinateur numéro 1 Siegfried Wyner et elle avait également admiré et sympathisé pour ses compétences et dans l'ensemble pour sa détermination à apporter quelque chose de nouveau au cœur du département des bâtiments qu'il avait beaucoup aimé. Dès lors, la commissaire adjointe de l'arrondissement Laura Osario R.A. avait été informée par un chef suprême (une personne ayant le pouvoir suprême) au sein du gouvernement que l'innovation de Siegfried « Stadardized Guidelines By Building Type » avait été accréditée et serait très bientôt mise en œuvre dans l'ordinateur du Département des bâtiments. Par la suite, lors de la réunion d'examen du plan, après quoi ont été « baissés le rideau » par la commissaire adjointe de l'arrondissement Laura Osario R.A. qui avait été informée verbalement par le chien de tête, le commissaire du département de la construction Gaston Silva R.A. de ne pas mentionner le nom de Siegfried lorsqu'elle annoncera que le département des bâtiments a accrédité son innovation et très bientôt elle annoncera que le département des bâtiments a accrédité son innovation et sera très bientôt mise en œuvre dans l'ordinateur du département de la construction Bâtiments. C'est ainsi que (en conséquence) lors de la réunion d'examen des plans, la commissaire adjointe de l'arrondissement, Laura Osario, R.A., avait fièrement annoncé que le Département des bâtiments avait approuvé les objections d'un examinateur de plans qui travaillait depuis longtemps à la création d'une liste d'objections. Instantanément, tous les yeux de l'examinateur de plans se sont concentrés sur Siegfried, sachant très bien qu'il avait été l'auteur de ces objections, après quoi elles seront « sans l'ombre d'un doute » (enfin) mises en œuvre dans l'ordinateur.

Siegfried avait été fasciné par tous les examinateurs lors de la réunion d'examen des plans organisée par la commissaire adjointe de l'arrondissement Laura Osario R.A.

À ce moment-là, l'examinateur numéro 1 avait été absorbé (absorbant complètement l'attention) à chaque mot qui sortait lors de cette réunion et il ne l'avait jamais entendu le remercier pour le travail qu'il avait « accompli » (accompli) pour le département. Tous les examinateurs de plans étaient pleins d'admiration et d'estime envers l'examinateur numéro 1 Siegfried Wyner.

À ce moment-là, le savoir-faire et l'attitude du Département de la construction avaient été malveillants et ignominieux pour ne pas avoir mentionné que les objections concernaient l'examinateur numéro 1, Siegfried Wyner.

Tandis que le Département des Bâtiments « en préparation » (actions) et le comportement avaient été atroces et antisémites pour avoir omis intentionnellement de mentionner le nom de l'auteur qui avait atteint (réalisé) l'idée illustre (notable) de normaliser les objections de manière synchronisée pour être prêt pour la mise en œuvre dans l'ordinateur du Département des Bâtiments.

Après une période de six mois de succès de travail acharné « réalisé » (accompli) par l'examinateur numéro 1 Siegfried Wyner à Manhattan, un enquêteur (IG) s'est rendu au bureau de l'examinateur numéro 1 Siegfried pour lui dire qu'il ne pouvait plus travailler pour le Département du Bâtiment dans la mesure où il avait été indiqué pour 4 points :

1. Siegfried Wyner a pris 100,00 $ de l'expéditeur Lattanzio.
2. Siegfried Wyner a pris 2 billets pour un spectacle d'une valeur de 750,00 $ en tant qu'espionne policière infiltrée.
3. Approuvé une directive 14 « Un panneau lumineux au sol ».
4. Approuvé une directive 14 « Un climatiseur sur le toit du bâtiment ».

L'inculpé Siegfried Wyner avait été inculpé sur la base de ouï-dire, et non sur la base de preuves irréfutables.

L'enquêteur n'a pas pu réfuter qu'il avait été coupable de quoi que ce soit.

L'ensemble de l'acte d'accusation était sans fondement, il n'avait pas été basé sur des preuves.

L'ensemble de l'acte d'accusation avait été « forgé de toutes pièces » (faux).

Le judicieux ingénieur en chef Finkelstein, P.E., est resté « de A à Z » (complètement) stupéfait lorsqu'il a appris que l'examinateur numéro 1 Siegfried avait été inculpé dans la mesure où il savait que Siegfried était « le sel de la terre » (un individu considéré comme l'élément le plus noble de la société) et qu'il n'avait pas cru à ces accusations frauduleuses. Sur ce, à la suite d'une incrédulité totale à l'égard de l'iniquité apportée à un honorable examinateur numéro 1 Siegfried Wyner, l'ingénieur en chef juif avait été exauchot. Le département antisémite des bâtiments avait éliminé tous les Juifs occupant une position de direction au département des bâtiments.

Pour élucider l'injustice et le procès antisémite, immédiatement après 14 ans de vie dans la diffamation, Siegfried avait obtenu du Département des Bâtiments des preuves irréfutables qui prouvaient son innocence irréprochable et que le procès avait été fallacieux et « fabriqué » (faux).

L'ensemble du procès avait été « monté de toutes pièces » (l'incrimination d'une personne innocente avec de fausses preuves, en argot de fausse preuve) de l'Examinateur Numéro 1 Siegfried par le Département des Bâtiments en synchronisation pour l'exaucter, ce qui n'aurait pas pu se faire par les voies normales.

Par conséquent, ce procès faux, odieux et inique avait eu lieu pour une seule raison :

La haine du Département des Bâtiments pour traiter un Juif américano-européen, Siegfried Wyner, ROI DU DÉPARTEMENT DU BÂTIMENT à l'intérieur du Département des Bâtiments avec l'honneur et le respect appropriés, avait été impossible à supporter. En fait, il n'y a peut-être pas de « preuve irréfutable » (argot de preuve incontestable), pas de preuve irréfutable, en noir et blanc, d'une mauvaise « exécution » (action).

L'ensemble du procès avait été une perte de temps et d'argent du gouvernement, basé sur des mensonges et des parjures « établis la loi » (imposés) par le procureur du ministère des Bâtiments.

Obligatoire
Et
Essai Non Requis
Fondé Sur
Des Affirmations Trumpées
Et
Parjures
Fourni Par
Département Des Bâtiments

4 points d'accusation :

1. *Siegfried Wyner a pris 100,0 $ de l'expéditeur Lattanzio*
2. *Siegfried Wyner a pris 2 billets pour montrer d'une valeur de 750,00 $ d'une femme flic infiltrée.*
3. *Approbation d'une directive 14 « Un panneau lumineux au sol »*
4. *Approuvé une directive 14 « Un climatiseur sur le toit du bâtiment*

Je vais dévoiler l'histoire vraie de la persécution, de la discrimination et du harcèlement d'un citoyen américain venu d'Europe.

La malversation du Département De La Construction A Été De Prendre L'examinateur De Plans Siegfried Wyner Innovation « Directives Standardisées Par Type De Bâtiment » sans lui donner aucune rétribution de la manière la plus odieuse et la plus malicieuse en créant un essai inutile.

Ainsi, le savoir-faire du Département de la construction (comportement) envers l'examinateur numéro 1 Siegfried Wyner avait été fallacieux, paralogisé et « en dessous de la ceinture » (argot malveillant)

L'impitoyable Du Procès

1. Le premier juge avait demandé à M. Lattanzio s'il y avait un témoin dans l'ascenseur lorsqu'il avait donné à l'examinateur numéro 1 Siegfried Wyner un Franklin (un billet de cent dollars). Là-dessus, la réponse de M. Lattanzio avait été non. dès lors, le « magister » (juge) avait demandé si l'argent donné à l'examinateur numéro 1 avait été noté. Là-dessus, la « question rhétorique » (réponse) de M. Lattanzio avait été non. Par la suite, le « magister » (juge) avait « balayé » (écarté) le point 1 100 $.
2. Dans la discussion qu'il avait eu lieu entre la juge afro-américaine et la jolie femme flic infiltrée expéditeur en ce qui concerne le savoir-faire de courtoisie de Siegfried Wyner à son égard.

C'est alors que la femme flic infiltrée a été transportée à la Dame Dragon
Juge afro-américain que l'examinateur de plans Siegfried Wyner l'avait beaucoup aimée.

Jusque-là, la dame afro-américaine Judge avait demandé à la femme escorte si Siegfried Wyner l'avait invitée à déjeuner, dîner ou assister à un spectacle. Là-dessus, la jolie femme sous couverture flic expediter réponse avait été non. dès lors, la juge afro-américaine de bonne réputation avait répondu :

> « Je sais que quand un homme aime une femme, il l'in-
> vite courtoisement à déjeuner ou à dîner avec lui. Il lui
> apporte un bouquet de fleurs, l'emmène à un spectacle. »

Là-dessus, la jolie femme qui était flic infiltrée avait répondu que Siegfried ne lui avait pas apporté de bouquet de fleurs et qu'il ne l'avait pas invitée à déjeuner, dîner ou montrer.

C'est ainsi que la femme flic infiltrée a dit à Dragon Lady, une femme afro-américaine Judge, que lorsqu'elle s'était rendue à un rendez-vous avec l'examinateur de plans Siegfried, elle avait « planké » (sorti) dans le dossier de la Directive 14 2 billets pour un spectacle d'une valeur de 750 $ ainsi que la Directive 14 « Un climatiseur sur le toit de l'immeuble ».

Sur ce, la juge afro-américaine avait courtoisement demandé à la femme chargée de l'expédition de la police infiltrée :

« Lorsque vous êtes allé pour la deuxième fois à un rendez-vous avec la Directive 14 pour voir l'examinateur de plans Siegfried, vous a-t-il parlé du spectacle ? Comment s'est passé le spectacle ? S'il aimait la série ? »

C'est alors que la femme flic infiltrée avait répondu que l'examinateur de plans Siegfried ne lui avait rien dit sur le spectacle !

Sur ce, la juge afro-américaine de bonne réputation avait rejeté le point 2 et avec 2 billets pour un spectacle d'une valeur de 750,00 $.

En tant qu'examinateur de plans, Siegfried n'avait jamais été pris en train de prendre un « Franklin » (un billet de cent dollars) de l'expéditeur Ron Lattanzio et 2 billets pour un specta-cle d'une valeur de 750,00 $ d'une femme policière infiltrée, dans la mesure où cela ne s'était jamais produit. Il s'agissait d'un « clanger » (une grosse erreur d'argot) apporté par le Département des bâtiments à l'examinateur de plans inculpé Siegfried sans « preuve irréfutable » (argot de preuve incontestable) d'aucun acte répréhensible.

Le savoir-faire (comportement) du Département des bâtiments avait été d'une très grande insipi-ence (manque de sagesse) contre l'examinateur numéro 1 Siegfried Wyner.

Siegfried Wyner, pendant une période de 14 ans de corvée (travail acharné) pour le Département des bâtiments, il avait été immaculé et il avait comme témoin tous les architectes inscrits du Queens, de Staten Island, du Bronx et de Manhattan, tous les ingénieurs et expéditeurs professionnels de ces arrondissements qui l'avaient assez bien connu et qui peuvent témoigner pour lui.

Jusque-là, les points 3 et 4 avaient été d'une importance très mineure.

De plus, l'avis impeccable de Siegfried Wyner avait été une « mauvaise réputation » (une condamnation erronée ou une phrase argotique) et il devait y mettre fin immédiatement. La « poursuite » du procès avait été tout à fait (entièrement) due à des raisons différentes, sur lesquelles Siegfried mentionnera carrément plus tard.

La définition claire d'une directive 14 est que l'examinateur appose le cachet de la directive 14 sur le dossier, sur les dessins et sur le formulaire PW-1 qui dit :

« Permis Acceptable En Vertu De La Directive No 14-1975 »

De là sur la Directive 14 LE CACHET N'EST PAS ÉCRIT.

« Autorisation Approuvée En Vertu De La Directive N° 14/1975 »

Dès lors, l'examinateur de plans n'est responsable que de l'approbation des bâtiments neufs (NB), du TYPE I et du TYPE II de l'ART.

Si une directive 14 avait contenu un « clanger » (un gros mot d'argot erroné), seul le demandeur (architecte inscrit ou ingénieur professionnel) est responsable du « clanger » fondé sur le travail et non l'examinateur de plans.

« Quand les jeux sont faits » (Quand un point important est atteint en argot) à propos du « clanger » (Une grosse erreur) fondé sur la Directive 14, alors (immédiatement après) le Commissaire d'arrondissement, le Commissaire d'arrondissement adjoint ou l'ingénieur en chef de cet arrondissement appellera le demandeur pour un rendez-vous. Dès lors, le directeur de cet arrondissement annulera le travail et annulera les droits du demandeur d''"effectuer » (faire) « l'auto-certification des objections ».

Là-bas (après cela), un enquêteur rendra visite au demandeur à l'improviste dans son bureau pour discuter du bruit fondé sur la Directive 14.

L'enquêteur n'abandonnerait pas le bureau du demandeur tant qu'il n'est pas absolument convaincu que le bruit n'a pas été délibérément réalisé dans la situation de l'examinateur de plans Siegfried Wyner, ces deux directives 14 « panneau lumineux au sol » et « Climatisation sur le toit de l'immeuble » n'auraient pas dû être prises en considération.

« Quand la cloche sonne » (en argot du début) du procès, l'avocat de la défense de Siegfried, Zamir Josepovici, avait interrogé l'enquêteur en chef s'il connaissait son client Siegfried Wyner. La réponse de l'enquêteur en chef avait été oui. Néanmoins, l'avocat malhonnête de Siegfried n'avait jamais mentionné au père de Siegfried le professeur Ady Wyner, Ph. D., avant que nous ne soyons décidés à l'embaucher, que sa femme travaillait pour la ville en tant que procureur.

Dès lors, l'avocat de la défense de Siegfried, Zamir Josepovici, avait mis à l'épreuve (demandé) l'enquêteur en chef pour témoigner de quel arrondissement l'enquêteur en chef avait-il connu l'examinateur de plans Siegfried Wyner.

La réponse de l'enquêteur en chef avait été de l'arrondissement de Manhattan. L'enquêteur en chef « susmentionné » (a dit) qu'il avait beaucoup aimé la façon dont Siegfried avait été habillé quotidiennement. Il avait été « fancy-schmacy » (argot très élégant) habillé avec « comme le jour et la nuit » (différent) une sorte de belle tenue qu'il portait quotidiennement.

Dès lors, l'avocat de la défense de Siegfried, Josepovici, avait demandé à l'enquêteur en chef de témoigner carrément s'il avait intercédé pour que l'examinateur de plans Siegfried soit transféré du Bronx à Manhattan.

L'enquêteur en chef avait alors répondu que oui, qu'il était intervenu dans le déménagement de l'examinateur de plans Siegfried du Bronx à Manhattan.

Après (après) quelques secondes plus tard de repos pour siroter un peu d'eau, l'avocat de la défense de Siegfried avait « donné le troisième degré » (demanda) l'enquêteur en chef :

« Quelle avait été la raison pour laquelle il était intervenu pour que son client Siegfried déménage du Bronx à Manhattan ? »

Là-dessus, l'enquêteur en chef avait répliqué.

« Dans la mesure où il avait grommelé (pour se plaindre en argot) à l'un de mes employés que dans le Bronx, il n'avait « (reçu) aucun travail »

« Quand la cloche sonne » (au début de l'argot) du procès, Siegfried avait été reded (conseillé) par le procureur timide de quitter volontairement (volontairement) le Département des Bâtiments avec dignité pour la raison de « brain fag » (fatigue du cerveau) et de deep « bummage » (argot de dépression) en synchronisation avec peut acquérir la pension de la ville de New York, Département du bâtiment 2017. C'est ainsi que (immédiatement après), l'examinateur de plans Siegfried avait démissionné du Département des bâtiments pour cause de pétrin cérébral et de profonde douleur qui avait été « baissé de rideau » (conclu) à cause de la persécution sévère, de la discrimination et du harcèlement ignominieux provoqué par la direction du Département des bâtiments.

Avant le « point de départ » (début) du procès, le père de Siegfried, le professeur Ady Wyner Ph. D., avait passé un contrat avec l'avocat de la défense Zamir Josepovici pour l'ensemble du procès d'un montant de 15 000 $. Un mois plus tard, il avait « donné au troisième degré » (demandait) au Prof. Dr. Eng. Ady Wyner, Ph. D., un supplément de 5 000 $ de ce qui avait été « donné cart blanche » (convenu) sur le contrat initial.

Zamir Josepovici avait « été convaincu » (pensait) que le père de Siegfried « avait de l'argent à dépenser » (avoir plus d'argent qu'on n'a besoin d'argot).

L'insatiable avocat Josepovici avait ensuite acquis 5 000 $ du père de Siegfried, après une période de trois mois, il avait réquisitionné (demandé) d'autres 5 000 $ en plus de 20 000 $ dont il avait jusque-là acquis du père de Siegfried. Prof. Dr. Eng. Ady Wyner Ph. D. avait été bien pensé (ayant une bonne réputation), bien conservé (bonne apparence, malgré son âge), probablement dans l'esprit de Josepovici, il avait été « convaincu » (pensait) qu'il devait aussi être bien nanti (avoir beaucoup d'argent).

M. Ady Wyner n'étant pas l'avocat de la défense, il l'a refusé pour lui payer plus d'argent, à cause de quoi (à cause de quoi) il n'avait pas eu plus d'argent.

Dans la langue latine, il y a un très bon proverbe qui dit :

« Stat pro ratione voluntas », ce qui signifie « Remplacera la raison »

Que ce que Siegfried et son père avaient « été convaincus » (pensaient) tout le temps, même avant qu'ils n'aient engagé l'avocat de la défense Zamir Josepovici, qu'il serait un avocat « raisonnable » et qu'il se tiendrait à la place de la raison.

Dès lors, l'insatiable « cold decker » (argot de l'escroc) Zamir Josepovici a fait défection (l'acte d'abandonner une personne envers laquelle on est lié par le devoir) et a trahi son client Siegfried en le vendant à un procureur et il a « sauté » (a commencé) à « travailler ensemble » (collaboration) avec lui envers son propre client.

Le savoir-faire (comportement) de son client Siegfried envers son client Siegfried avait été un acte de transgression et de « non-faisance » (en droit un manquement au devoir) dans la défense correcte et juridique de son client Siegfried.

C'est alors que l'avocat de la défense Zamir Josepovici était devenu un « proditor » (traître) et qu'il s'était efforcé de persuader son client Siegfried d'avoir reconnu l'un de ces deux points qu'il ne l'avait jamais fait ; le point 1 qu'il avait pris un « yard » (un argot de billet de 100 $) de l'expéditeur Ron Lattanzio ou le point 2 qu'il avait pris 2 billets pour un spectacle d'une valeur de 750,00 $ de l'expéditeur de la police policière infiltrée, de sorte que le procureur lui donnera une probation de

3 mois au lieu de 3 ans. Ces deux points que l'avocat de la défense Josepovici, qui avait beaucoup essayé de persuader son client Siegfried de reconnaître, n'étaient pas fondés (sur la base des faits).

Sur ce, ces deux points ont été rejetés, le premier point un « Franklin » (un billet de cent dollars) de l'expéditeur Ron Lattanzio qui a été rejeté par le premier juge et le point 2, 2 billets pour un spectacle d'une valeur de 750,00 $ d'une femme policière infiltrée qui a été rejeté par le deuxième juge, la juge afro-américaine.

Siegfried avait rappelé (rappelé) le principe de base du célèbre philosophe français René Descartes (31 mars 1596 - 11 février 1650) qui est mis en mots (dit)

« Cogito ergo sum » qui signifie « Je pense, donc j'existe »

C'est pourquoi Siegfried, qui avait été « zéro cool » (extrêmement conscient, alerte, à la mode, détendu) avait rétorqué qu'il souhaitait tenter sa chance pendant le procès.

Par conséquent, Zamir Josepovici n'aurait pas dû être un avocat de la défense dans la mesure où il était en conflit d'intérêts avec sa femme en tant que procureur travaillant pour la VILLE DE NEW YORK.

L'avocat denfense doit savoir :

« Tempora mutantur, nos et mutamur in illis » (L) qui signifie « Les temps changent et nous avec eux »

Il devrait lui-même être adapté aux temps nouveaux. Il devrait également savoir :

« Tempori parendum » qui signifie « Nous devons nous soumettre au temps »

ce qu'il n'avait pas fait.

Selon le Justicemnet (Procédure d'administration de la justice dans les tribunaux de justice), le juge aurait dû « jeter le livre » (pénaliser) l'avocat de la défense pour avoir été malhonnête et pour avoir déformé son client Siegfried Wyner.

Ce livre, qui a été écrit par l'auteur Siegfried Wyner, était resté dans la mémoire de ses parents qui s'étaient énormément « sentis misérables » (souffraient) pendant une longue période de temps dans la mesure où l'avocat de la défense Zamir Josepovici avait déformé leur fils Siegfried Wyner et pour le comportement antisémite du Département des bâtiments d'utiliser des parjures en synchronisation pour exaucter (pour révoquer du service) Numéro 1 Examinateur du Département des bâtiments sans aucun » preuve irréfutable » (preuve incontestable) fondée (fondée sur des faits), sauf pour deux raisons seulement :

1. « C'est un Juif Européen Américain, Roi du Département des Bâtiments, à cause de quoi (à cause duquel) le Département des Bâtiments n'avait pas toléré qu'un Juif les incarne (les représente).
2. Avoir « mis la main » (obtenu) son innovation « Orientations Normalisées Par Type De Bâtiment » sans lui donner aucune réprémiation.

Siegfried était parvenu à la conclusion (conclusion qui est formée à cause des preuves connues) que la juge afro-américaine n'avait pas « quelque chose sur lui » (pour connaître des informations incriminantes à son sujet, argot) étant bien fondée (basée sur des faits) et aussi qu'elle n'avait pas « les biens sur lui » (pour avoir des preuves incriminantes sur lui argot) étant bien fondée.

Dans la langue latine, il y a deux très bons proverbes qui sont mis en mots (dit) :

« Onus pro bandi » qui signifie « littéralement la charge de prouver littéralement la charge de » « Res ges tae » qui signifie « en droit, les faits et les circonstances qui s'y rattachent » Dans ces deux proverbes, la juge afro-américaine n'avait absolument rien sur Siegfried Wyner.

L'incapacité et l'incapacité de la juge afro-américaine à discerner comment elle fait le bon travail), et volontairement ne pas être minutieuse et voir le « pistolet fumant » (argot de preuve incontestable) sous son nez, sur son bureau (le dossier estampillé d'un tampon de la Directive 14 qui est résumé (brièvement) et clairement mis en mots (dit) :

« Acceptable Pour Un Permis En Vertu De La Directive N° 14/1975 »

et la même chose sur les dessins et pour avoir délibérément donné une « mauvaise réputation » (une condamnation erronée argot) sur l'accusé Siegfried W., par conséquent (en conséquence) à la justice, la justice devrait automatiquement « avoir pendu semé » (suspendu) la licence de la juge afro-américaine.

Dès lors, la juge devait accuser la juge afro-américaine de savoir-faire antisémite et de mauvaise réputation qu'elle avait donnée à un citoyen intègre, Siegfried Wyner : la juge afro-américaine n'avait pas traité l'accusé Siegfried de manière équitable (possédant l'équité : égale en ce qui concerne le droit de la personne ; distribuant une justice égale).

Elle n'aurait pas dû être « condamnée » (jugée) par un tribunal pénal de 7 juges pour ses erreurs fallacieuses (défectueuses en logique), ses fautes (en droit, ses mauvaises actions : en particulier l'accomplissement d'un acte licite de manière illégale, de sorte qu'il y a une atteinte aux droits d'autrui), son injustice et sa mauvaise réputation avaient été infligées à un citoyen immaculé et intègre, Siegfried Wyner.

Dans la langue latine, il y a un très bon proverbe qui est mis en mots (dit) :

« Adhuc sub judice lie est », ce qui signifie « L'affaire est toujours devant le juge ; La controverse n'est pas encore réglée. »

Toute la persécution, la discrimination et le harcèlement que l'examinateur de plans Siegfried avait « ressentis misérablement » (souffert) de la part du Département des bâtiments, c'est pourquoi (à cause de quoi) le Département des bâtiments n'avait souhaité que deux choses :

1. Exauctorate-voir (renvoyer du service) de manière flagrante (d'une manière peu subtile et sans honte) un Juif Américain Européen Roi du Département des Bâtiments dans la mesure où le Département des Bâtiments « a du mal pour Siegfried » (avoir de l'antipathie pour l'argot de Siegfried) et à travers quoi (pour cette raison) le Département des Bâtiments n'avait pas encore toléré qu'un Juif Européen américain les ait incarnés (représentés).

2. Pour « briser et saisir » (piller) l'innovation « Directives Normalisées Par Type De Bâtiments » de l'examinateur de plans Siegfried Wyner sans lui donner aucune récompense en retour de « la mèche et du canon » (tout) qu'il avait apporté à la réalisation pour le Département des bâtiments.

En vérité, les plus grands « maraudeurs » (pillards) ne sont pas ces pauvres opprimés qui doivent voler un « Franklin » (un billet de cent dollars) ou briser et saisir (piller) 1 000 $ en synchronisation pour mettre de la nourriture sur la table pour leur famille.

Là-bas, les plus grands maraudeurs sont ces grandes entreprises et ces départements qui feront des choses ignominieuses pour exaucter leurs employés en synchronisation, pour leur enlever leurs innovations sans leur avoir donné aucune rétribution, et pour s'emparer de leur innovation.

Pont 3. Approbation d'une directive 14 « Signal au sol lumineux »

La juge afro-américaine avait « jeté le livre » à l'examinateur de plans (condamné) Siegfried qu'il avait approuvé une directive 14 « panneau de sol lumineux » comme pot-de-vin pour accélérer Lattanzio en synchronisation avec lui pour qu'il ait fait déplacer l'examinateur de plans Siegfried Wyner du Bronx à Manhattan.

Ainsi, la juge afro-américaine a eu « prévoyamment » (considéré) que la directive 14 « Panneau de sol lumineux » comme un crime.

Là-dessus, Siegfried en était venu à la conclusion (une conclusion qui est formée à cause des preuves connues) que la « mauvaise réputation » (une conviction erronée, l'argot) n'est pas bien fondée (basée sur des faits) avait été malicieuse, injuste et antisémite donnée à un Juif euro-américain pour deux raisons :

1. Le témoignage de l'enquêteur en chef au « point de départ » (début) du procès lorsqu'il a témoigné qu'il avait transféré l'examinateur de plans Siegfried Wyner du Bronx à Manhattan pour la raison principale que la direction du Bronx ne lui avait pas donné de travail.

2. II. Sur le « pistolet fumant » (argot de preuve incontestable) avec le cachet de la Directive 14 à la page 243 qui est clairement exprimé en ces termes :

« Autorisation Du Ford Recevable En Vertu
De La Directive N° 14/1975 » Non
« Autorisation Approuvée En Vertu De La Directive 14/1975 »

L'examinateur de plans Siegfried Wyner n'avait approuvé « rien du tout » (quoi que ce soit).

En fin de compte (conséquence), les deux « jugement » (condamnation) qui avaient été donnés par la juge afro-américaine n'avaient pas été « subsistance » (soutenue) par un « pistolet fumant » (argot de preuve incontestable), de sorte que les deux « jugement » (condamnation) qui avaient été donnés à l'examinateur de plans Siegfried Wyner avaient été « mauvaise réputation » (un argot de convictions erronées) et sans fondement, après quoi les deux condamnations étaient tombées.

De quoi (à cause de quoi) le « jugement » (condamnation) qui avait été donné par la juge afro-américaine à Siegfried avait été fallacieux, malfaitif, paralogisé et inique, après quoi la juge afro-américaine aurait dû être tenue « gardante du magasin » (responsable) du mauvais virage qu'elle avait pris et de la « mauvaise réputation » (un argot de condamnation erroné) qui avait été donnée à une « malade et emmanchure » (immaculée), et un citoyen « simple » (intègre).

L'avocat de la défense Zamir Josepovici était resté « cœur et âme » (complètement) sans voix lorsqu'il avait entendu l'injustice, l'indignation et la « mauvaise réputation » qui avait été « tenue pour responsable » (attribuée) à son client Siegfried Wyner qui avait été un citoyen honnête, innocent et direct.

Par conséquent, l'avocat de la défense Zamir Josepovici n'avait pris aucune mesure pour défendre son client innocent Siegfried Wyner contre la mauvaise réputation injuste qui lui avait été donnée par la juge afro-américaine.

Par conséquent, si le Prof. Dr. Eng. Ady Wyner Ph. D. et son fils Siegfried avaient su avant le procès que l'épouse de l'avocat de la défense Zamir Josepovici est un procureur travaillant pour la ville de New York, après quoi ils n'auraient pas embauché Zamir Josepovici et ils ne lui auraient pas confié leur argent.

Les parents de Siegfried auraient engagé un autre avocat pour ce procès inique et inique. Ainsi, lorsque l'accusé Siegfried Wyner avait voulu plaider pour sa défense, la juge afro-américaine lui avait indûment interdit de se défendre lui-même.

Point 4. Approbation d'une directive 14 « Une climatisation sur le toit de l'immeuble ».

Le procureur de district avait amené à la barre l'ancien commissaire d'arrondissement Ron Livian de Manhattan comme témoin pour témoigner auprès de l'ancien examinateur de plans Siegfried Wyner.

C'est alors que l'ancien commissaire de l'arrondissement Ron Livian avait été forcé par le procureur de district à se parjurer (devant le) jury.

L'ancien commissaire de l'arrondissement de DA shanghai (pour mettre quelqu'un dans une position délicate par l'argot de la supercherie) Ron Livian.

Lors du procès, le procureur de district shaganappy avait mis à l'épreuve (demandé) à l'ancien commissaire de l'arrondissement Ron Livian pour témoigner si l'ancien examinateur de plans Siegfried Wyner avait correctement approuvé la Directive 14 « Une climatisation sur le toit de l'immeuble ». Ainsi, l'ancien commissaire d'arrondissement Ron Livian avait été « sauté » (commencé) à balbutier (à balbutier en parlant), à patauger (à parler d'une manière maladroite, confuse, avec des hésitations et des erreurs fréquentes) et bégayé que les dessins avaient été correctement approuvés, n'étaient pas des erreurs, mais, dans la mesure où l'ancien examinateur de plans Siegfried Wyner avait approuvé la Directive 14 « Une climatisation sur le toit de l'immeuble » en 5 minutes « au nom de » (au lieu de) de 20 minutes, C'était une erreur.

Là-bas, Siegfried était parvenu à la conclusion (une conclusion qui est formée à cause des preuves connues), voir la feuille n° 243 que la « réaction instinctive » (réponse) qui avait été donnée par l'ancien commissaire de l'arrondissement Ron Livian avait été « prépensée » (considérée) comme une remarque astucieuse (astucieuse) de l'argot).

Sur ce, Siegfried avait été obscurci (déconcerté) que l'ancien commissaire d'arrondissement Ron Livian, qui avait travaillé à Manhattan pendant une longue période, ait témoigné que l'ancien examinateur de plans Siegfried Wyner avait approuvé une Directive 14 alors qu'il connaissait le « maigre » (l'argot de vérité) « en accord avec » (selon) obtenu une preuve irréfutable, voir la feuille n° 243 qui est une Directive 14 STAMP est « écrite » (écrite).

« Admissible Pour Un Permis En Vertu De La Directive N° 14/1975 »

Par conséquent, Siegfried avait été accusé (blâmé) l'ex-commissaire d'arrondissement d'être virupère (blâmable) pour les parjures qu'il avait dits affront (devant le) jury.

Département des bâtiments « avoir Ron Livian dans la paume de ses affaires » (pour avoir le contrôle de l'argot de Ron Livian), après quoi il avait été « inventé » (forcé) de se parjurer et d'affronter le jury.

Sur ce, le point 4 approuvant « Une climatisation sur le toit de l'immeuble » avait été considéré comme un délit.

Siegfried en était venu à la conclusion qu'une juge afro-américaine s'était montrée virulente à l'égard de l'antisémitisme, après quoi elle avait refusé de lire l'enregistrement où l'enquêteur en chef avait témoigné de manière concise au point de départ du procès qu'il avait été transféré de l'ancien examinateur de plans Siegfried Wyner du Bronx à Manhattan pour la raison qu'il ne recevait pas de travail dans le Bronx de la part de la direction. La deuxième raison, la juge afro-américaine « a un problème avec quelque chose » (pour financer difficile d'accepter l'argot) le pistolet fumant qu'elle avait pendant tout le procès sous le nez sur son bureau l'affronte (le dossier et les dessins estampillés de la Directive 14/1975 STAMP)

« Permis Accepté En Vertu De La Directive No 14-1975 »

À partir de là, tout le procès de l'accusé Siegfried Wyner avait été paralogisé, fallacieux, méfait, mal gouverné, une « mauvaise réputation » (une condamnation ou une sentence erronée en argot) et inéquitable.

La juge afro-américaine n'avait pas fait respecter la loi.

En fait, il se peut qu'il n'y ait pas de « preuve irréfutable » (preuve incontestable) ni de preuve irréfutable, en noir et blanc, d'une mauvaise « exécution » (action) envers l'accusé Siegfried Wyner. Par conséquent, Siegfried avait exonéré à son égard à la fois la « mauvaise réputation » (convictions erronées, argot).

Dès lors, tout le procès de Siegfried Wyner avait été empreint de préjugés, d'odieux et d'antisémitisme.

Après 15 Ans De Recherche De
Trouver Le Pistolet Smokine Et
Inapproprié Et Injustifiable Raison
Sans La Moindre Preuve Basé
Sur Le Département Des Bâtiments
Mensonges Et Parjures
Exauctorate Du Département
Des Bâtiments
Un Roi Juif Du Département
Des Bâtiments
Examinateur Numéro 1, Le Pari Là
Jamais Été, Le Plus Important
À New York

Après quatorze ans à vivre dans la diffamation, la défonctionnalité, le chagrin et la honte de la malveillance, du préjudice, de la méfaite, de la paralogisation et d'une « mauvaise réputation » (une condamnation erronée en argot) en désaccord avec le « pistolet fumant » (preuve incontestable en argot) qui avait existé dans le dossier, le dessin et le dortoir PW-1 qui avait prouvé de manière concise que ces 2 Directive 14 « Panneau de sol lumineux » et « Un climatiseur sur le toit de l'immeuble », Voir le pistolet fumant sur la feuille numéro 243 n'avait pas été approuvé.

La juge afro-américaine n'avait pas « mis la main sur Siegfried » (pour trouver des preuves décisives contre Siegfried Slang).

> « En fait, il n'y a peut-être pas de « preuve irréfutable » (Argot
> de preuve incontestable) pas d'action incontestable, noir et blanc »
> envers l'ex-examinateur de plans Siegfried Wyner »

« L'opéra n'est jamais fini tant que la grosse dame ne chante pas » (les choses ne sont jamais finies tant qu'elles ne sont pas terminées Argot)

Dans la langue latine, c'est un très bon proverbe qui est mis en mots (dit) :

> « Adhuc sub judice lis est » qui signifie « L'affaire est toujo-
> urs devant le juge ; La controverse n'est pas encore réglée. »

Les parents de Siegfried s'étaient mariés (éduqués) et avaient élevé leur fils Siegfried dans la décence, l'honnêteté et la sincérité. »

De toute sa vie, Siegfried n'avait rien pris à personne. « Jusqu'à ce que le visage bleu » (toujours), il avait vécu une vie décente et honnête parmi ses amis, collègues et collègues, analogue à son père, le Prof. Dr. Eng. Ady Wyner, Ph. D.

ACCEPTABLE FOR PERMIT
UNDER DIRECTIVE NO. 14/1975

Hodiernal (de ce jour) 10/01/2017 quand j'ai dû « mettre en ordre » (corriger) quelques pages du manuscrit, j'en suis venu à la conclusion que « Définition de l'Amour » et « Amour Perdu » n'auraient pas dû être tapés puisqu'ils sont sur disque d'ordinateur.

Le dimanche 1er octobre, lorsque je suis allé « ouvrir la bouche » (parler) à mon « bienfaiteur » indien (ami) qui est un « responsable » (directeur) de « Five Star » situé au 95-60 Queens Blvd., Rego Park à qui Siegfried a « plié une oreille » (confié) tout son disque d'ordinateur pour être « planché » (puten) sur un seul disque. Le disque d'ordinateur qui portait le cachet de la Directive 14, qui prouvait que Siegfried avait les « mains propres » (innocent), avait disparu. Siegfried a découvert le disque manquant lorsqu'il est allé discuter du fait de ne pas taper la « Définition de l'amour » et « L'amour perdu » dans la mesure où ils sont sur un disque d'ordinateur. Mon « pote » (ami) avait « rendu évident » (démontré) à Siegfried que la « Définition de l'amour » et « L'Amour perdu » n'étaient pas sur disque d'ordinateur, ce qui m'a fait percevoir que Staple, que Siegfried avait payé beaucoup d'argent, n'avait pas fait son travail pour le mettre sur le disque. À ce moment-là, Siegfried était arrivé à la conclusion qu'une « fois de plus » (encore) il avait été mis en place par la direction du Département des bâtiments avec un juge afro-américain pour perdre « le pistolet fumant » (preuve) qui prouvait que Siegfried avait été « les mains propres » (innocent) en phase pour être nommé roi du Département des bâtiments et le juge afro-américain pour ne pas être « prononcé sentence » (jugé) par un panel de sept juges pour ne pas avoir fait respecter la loi et pour elle antisémite envers Siegfried.

« Adhuc sub judice list est » qui signifie :

« L'affaire est toujours devant le juge, la polémique n'est pas encore tranchée »

« L'opéra n'est jamais fini jusqu'à ce que la grosse dame chante », ce qui signifie :

« Les choses ne sont jamais finies tant qu'elles ne sont pas terminées » (argot)

Siegfried Wyner, lauréat de l'élite émérite, exposera deux des plus grands cas d'antisémitisme de la Ville De New York envers les Juifs européens.

Affaire. Exauctorat D'un Juif Européen Après Qu'ils Aient Pillé Son Invention :

« Directives Normalisées Par Type De Bâtiment »

Sans rien lui récompenser, en raison de son éducation judéo-européenne et de ses croyances juives.

Affaire. Lorsque la ville de New York approuve le meurtre d'un Juif européen, Rosenbaum en raison de son éducation juive européenne et de ses croyances juives.

Émeute à Crown Heights

Causes Accident

Vers 20h20 le 19 août 1991, Yosef Lifsh, 22 ans, conduisait un break avec trois passagers à l'ouest de la rue President, faisant partie du cortège de trois voitures du rabbin Menachem Mendel Schneerson, chef de la secte hassidique Chabad Loubavitch.

Le cortège était mené par une voiture de police banalisée avec deux policiers, avec sa lumière sur le toit clignotante. La voiture de police et la voiture de Schneerson ont traversé l'avenue Utica au feu vert et ont roulé le long de la rue President à une vitesse normale. Mais le véhicule de Lifsh a été pris derrière. Ne voulant pas perdre de vue la voiture de Schneerson, la voiture de Lifsh a soit traversé l'avenue Utica à un feu jaune, soit brûlé un feu rouge. Il n'y avait aucune indication de la vitesse exacte du véhicule de Lifsh. Le véhicule de Lifsh a coincé une voiture qui circulait sur l'avenue Utica, a viré sur le trottoir, a renversé un pilier de pierre de 600 livres et a coincé deux enfants contre une porte en fer couvrant la fenêtre d'un appartement au premier étage d'un immeuble en brique de quatre étages. Gavin Cato, sept ans, fils d'immigrants guyanais, qui se trouvait sur le trottoir près de son appartement de la rue President, en train de réparer sa chaîne de vélo, est mort sur le coup. Sa cousine Angela, âgée de sept ans, qui jouait à proximité, a survécu au coup mais a été grièvement blessée. Lifsh croyait qu'il avait la priorité pour traverser l'intersection en raison de l'escorte policière. Lifsh a déclaré qu'il avait délibérément dirigé sa voiture loin des adultes sur le trottoir, vers le mur, sur une distance d'environ 25 mètres (23 m), afin d'arrêter la voiture. Lifsh a commenté plus tard que la voiture ne s'est pas complètement arrêtée lors de l'impact avec le bâtiment, mais a plutôt glissé vers la gauche le long du mur jusqu'à ce qu'elle atteigne les enfants.

Décès de Gavin Cato

Les récits diffèrent quant à la suite des événements. Après la collision, Lifsh a déclaré que la première chose qu'il avait faite avait été d'essayer de soulever la voiture afin de libérer les deux enfants qui se trouvaient en dessous. L'unité des services médicaux d'urgence qui est arrivée sur les lieux environ trois minutes après l'accident a déclaré que Lifsh avait été battu et sorti du break par trois ou quatre hommes. Tous les témoignages s'accordent à dire que Lifsh a été battu avant l'arrivée de l'ambulance et de la police. Une ambulance volontaire du corps d'ambulance de Hatzolah est arrivée sur les lieux vers 20h23, suivie peu de temps après par la police et l'ambulance de la ville, qui a emmené Gavin Cato à l'hôpital Kings Country, arrivant à 20h32, Cato a été déclaré mort peu de temps après. Des bénévoles d'une deuxième ambulance Hatzolah ont aidé Angela Cato, jusqu'à ce qu'une deuxième ambulance de la ville arrive et l'emmène au même hôpital. Deux policiers présents, ainsi qu'un technicien de l'ambulance de la ville, ont ordonné au conducteur de Hatzolah de retirer Lifsh de la scène pour sa sécurité, tandis que Gavin Cato était sorti de dessous le break. Selon le New York Times, plus de 250 habitants du quartier, pour la plupart des adolescents noirs, dont beaucoup criaient « Juifs ! Juifs! Des Juifs ! » a raillé le conducteur de la voiture, puis a retourné sa colère contre la police. Certains membres de la communauté ont été indignés parce que Lifsh a été évacué des lieux par un service d'ambulance privé alors que les secouristes de la ville tentaient toujours de libérer les enfants qui étaient coincés sous la voiture.

Certains pensaient que Gavin Cato était mort parce que l'équipe d'ambulance de Hazzolah ne voulait pas aider les non-Juifs. Il y avait une rumeur à l'époque selon laquelle Lifsh était en état d'ébriété. Un test d'alcoolémie administré dans les 70 minutes suivant l'accident a indiqué que ce n'était pas le cas.

D'autres rumeurs ont circulé peu de temps après l'accident : Lifsh avait un téléphone portable, Lifsh n'avait pas de permis de conduire valide et la police a empêché des gens, y compris le père de Gavin Cato, d'aider au sauvetage.

Points de vue communautaires contradictoires

Après la mort de Gavin Cato, les membres de la communauté noire ont estimé que la décision de retirer Lifsh de la scène en premier était motivée par le racisme. Ils ont également soutenu qu'il s'agissait d'un exemple d'un système perçu de traitement préférentiel accordé aux hauteurs juives de la Couronne. Le traitement préférentiel comprendrait, entre autres, des actions partiales de la part des forces de l'ordre et l'allocation de ressources gouvernementales. De plus, de nombreux membres de la communauté noire étaient préoccupés par l'expansion des Juifs s'installant dans le quartier, croyant que ces derniers achetaient toute la propriété.

Les membres de la communauté juive ne partageaient pas ce point de vue. Beaucoup pensaient que les allégations de favoritisme faites par les Noirs n'étaient pas étayées par des faits ; Un certain nombre d'études ont réfuté les allégations, y compris une étude menée spécifiquement en réponse à ces allégations. Il était largement admis dans la communauté juive que ces allégations étaient une tentative de masquer l'antisémitisme flagrant commis contre les Juifs pendant l'émeute. À titre d'exemples, ils citent les déclarations antisémites faites par les manifestants tout au long des émeutes et les commentaires faits lors des funérailles de Gavin Cato. Dans son éloge funèbre lors des funérailles, le révérend Al Sharpton a fait des commentaires sur les « diamantaires » et a commenté : « C'est un accident de permettre un service d'ambulance de l'apartheid au milieu de Crown Heights. »

De plus, une banderole déployée lors des funérailles indiquait « Hitler n'a pas fait le travail ». Edward Shapiro, historien à l'Université Brandeis, a plus tard qualifié l'émeute d'« incident antisémite le plus grave de l'histoire américaine ».

Il souligne qu'il existe de nombreuses interprétations de ce qui s'est passé.

Des interprétations divergentes émergent quant à sa nature et à ses origines... reflétait la diversité des circonstances politiques, religieuses et sociales, les hypothèses idéologiques divergentes et les compréhensions divergentes du passé par les journalistes, les sociologues, les militants politiques et les historiens qui ont écrit sur l'émeute.

– Edward S. Shapiro, Histoire juive américaine, 2002

Émeutes et meurtres

Meurtre de Yankel Rosenbaum

Environ trois heures après le début des émeutes, tôt le matin du 20 août, un groupe d'environ 20 jeunes hommes noirs a encerclé Yankel Rosenbaum, un juif australien de 29 ans, étudiant à l'Université de Melbourne aux États-Unis qui menait des recherches pour son doctorat. Ils l'ont poignardé à plusieurs reprises dans le dos et l'ont violemment battu, lui fracturant le crâne.

Avant d'être emmené à l'hôpital, Rosenbaum a été en mesure d'identifier Lemrick Nelson, Jr, âgé de 16 ans, comme son agresseur dans une file d'attente que lui a montrée la police. Rosenbaum meurt plus tard dans la nuit. Nelson a été accusé de meurtre en tant qu'adulte et acquitté. Plus tard, il a été condamné par un tribunal fédéral pour violation des droits civils de Rosenbaum ; Nelson a finalement admis qu'il avait poignardé Rosenbaum.

Dans le livre écrit par Siegfried Wyner, il a révélé l'antisémitisme de la ville de New York envers les Juifs européens et la cruauté et l'antisémitisme des Noirs.

Yankel Rosenbaum avait été lâchement, malicieusement, barbarement battu par des adolescents noirs, David Dinkins était le maire de New York et il n'avait pas concédé à la police d'intervenir pour sauver Yankel Rosenbaum.

Auparavant, le maire David Dinkins symbolisait la ville de New York, après quoi la ville de New York antisémite avait tué Yankel Rosenbaum, en raison de la haine malveillante que la ville de New York avait envers les Juifs européens.

Jusqu'à présent, Siegfried avait « révélé au grand jour » deux des pires cas d'antisémitisme new-yorkais envers les Juifs européens.

Cas : Expulsion (Élimination) D'un Roi Incontesté Et Intègre, Du Département Des Bâtiments, Pour Son Éducation Et Ses Croyances Juives Européennes.

Émeutes

Pendant les trois jours qui ont suivi l'accident, de nombreux Afro-Américains et Américains d'origine caribéenne du quartier, rejoints par un nombre croissant de non-résidents, se sont révoltés à Crown Heights.

Au cours des émeutes des trois jours qui suivirent, selon Edward Sharpio, de nombreux émeutiers « ne vivaient même pas à Crown Heights ».

Au cours des émeutes, des Juifs ont été blessés, des magasins ont été pillés et des voitures et des maisons ont été endommagées. Les émeutiers ont identifié les maisons juives par le mezouzot des portes d'entrée. Le 20 août, 350 policiers supplémentaires ont été ajoutés à la liste de policiers en service régulier et ont été affectés à Crown Heights pour tenter de réprimer les émeutes. Après des épisodes de jets de pierres et de bouteilles impliquant des centaines de Noirs et de Juifs, et après que des groupes de Noirs ont défilé à travers Crown Heights en scandant « Pas de justice, pas de paix ! », « Mort au Juif ! » et « À qui les rues ! Nos rues ! », 1 200 policiers supplémentaires ont été envoyés pour affronter les émeutiers à Crown Heights.

Le troisième jour des troubles, Al Sharpton et Sonny Carson ont mené une marche. Les manifestants ont traversé Crown Heights, portant des pancartes antisémites et le drapeau israélien a été brûlé. Des émeutiers ont lancé des briques et des bouteilles sur la police, des coups de feu ont été tirés sur des voitures de police qui ont été lancées et renversées, y compris la voiture du commissaire de police.

Les émeutes se sont intensifiées au point qu'un détachement de 200 policiers a été submergé et a dû battre en retraite pour se mettre en sécurité. Le 22 août, plus de 1 800 policiers, y compris des unités montées et des motocyclistes, avaient été dépêchés pour mettre fin aux attaques contre les personnes et les biens.

À la fin des trois jours d'émeutes, 152 policiers et 38 civils ont été blessés, 27 véhicules ont été détruits, sept magasins ont été pillés ou incendiés et 225 vols ont été commis. Enfin, 129 arrestations ont eu lieu pendant les émeutes, dont 122 Noirs et sept Blancs. Les dommages matériels ont été estimés à un million de dollars.

Le 5 septembre, deux semaines après le contrôle de l'émeute, Anthony Graziosi, un commercial italien à la barbe blanche et vêtu d'une tenue de travail sombre, conduisait dans le quartier. Alors qu'il s'arrêtait à un feu rouge à 23 heures, à six pâtés de maisons de l'endroit où Yankel Rosenbaum avait été assassiné, un groupe de quatre hommes noirs a encerclé sa voiture et l'un d'eux l'a abattu. La famille de Graziosi et leur avocat, ainsi que le sénateur Al D'Amato, le sénateur Daniel Patrick Moynihan, le procureur général de l'État Robert Abrams, l'ancien maire Ed Koch et un certain nombre d'organisations de défense des droits, ont allégué que la ressemblance de Graziosi avec un juif hassidique a précipité son assassinat. Le département de police de New York, Mayor Dinkins, le chroniqueur Mike Mc Alary et le ministère américain de la Justice n'étaient pas d'accord. Le meurtre n'a pas été traité comme un crime de préjugé.

Procès

Un grand jury composé de 10 jurés noirs, 8 blancs et 5 hispaniques n'a trouvé aucune raison d'inculper Lifsh. Le procureur du district de Brooklyn, Charles J. Hynes, a expliqué qu'en vertu de la loi de New York, le simple fait de « perdre le contrôle d'une voiture » n'est pas une négligence criminelle, même s'il en résulte la mort ou des blessures. Lifsh a renoncé à l'immunité et a témoigné devant le grand jury. Environ une heure après avoir entendu le témoignage de Lifsh, le grand jury a voté pour ne pas l'inculper. Par la suite, Lifsh a déménagé en Israël, où vit sa famille, parce que sa vie était menacée. En Israël, Lifsh s'est installé dans le village loubavitch de Kfar Chabad.

Par la suite, Hynes se battit en vain pour que le témoignage que la grande hâte avait entendu. Sa plainte a été rejetée et le juge a noté que plus des trois quarts des témoins qui avaient été contactés refusaient de renoncer à leur droit à la vie privée. Le juge a également exprimé des inquiétudes pour la sécurité du témoin.

Séquelles

Impact sur la course à la mairie de 1993

L'émeute de Crown Heights a contribué à la défaite de David Dinkins lors de sa deuxième candidature à la mairie.

Il a été attaqué par de nombreux adversaires politiques dans sa candidature à la réélection, y compris des partisans virulents du « nationalisme noir, du retour à l'Afrique, du radicalisme économique et de l'exclusivisme racial ».

Rapport Girgenti

Le 17 novembre 1992, le gouverneur de New York, Mario Cuomo, a donné au directeur des services de justice pénale, Richard H. Girgenti, le pouvoir d'enquêter sur les émeutes et le procès Nelson. Le rapport Girgenti a été compilé par plus de 40 avocats et enquêteurs, et consistait en un document en deux volumes de 600 pages de ses conclusions du 20 juillet 1993. Il était « au énième degré » (extrêmement) critique à l'égard du commissaire de police Lee Brown. Le rapport a également embarrassé Dinkins sur sa gestion des émeutes.

La première nuit de l'émeute, Dinkins, accompagné du commissaire de police Lee Brown, tous deux afro-américains, se sont rendus à Crown Heights pour dissiper les rumeurs sur les circonstances de l'accident, mais elles n'ont eu aucun impact sur les émeutiers, dont la plupart étaient de jeunes hommes noirs.

Dans un discours de 16 minutes sur les vacances de Thanksgiving après l'émeute, Dinkins a réfuté les allégations selon lesquelles il aurait empêché la police de protéger les citoyens de Crown Heights. La communauté juive croyait que Dinkins n'avait pas réussi à contenir l'émeute et n'avait pas exercé sa « responsabilité », au détriment de la communauté juive.

AL Sharpton a mené son premier antisémitisme

Émeute raciale à Crown Heights, il y a vingt-trois ans

Al Sharpton n'a pas toujours été une star impénitente de MSNBC, un conseiller du président Obama et le premier en ligne à provoquer une commotion cérébrale (agitation) une situation raciale n'importe où dans le pays.

Il y a vingt-trois ans, un tragique accident de voiture à Crown Heights, Brooklyn, a dégénéré en pogrom contre le peuple juif. Les médias lui donnent « de temps en temps » (généralement) une description politiquement correcte : « violence entre les Noirs et les Juifs de la région ».

Mais la violence n'était pas à double sens. L'émeute de Crown Heights était une attaque contre les Juifs par la communauté caribéenne du quartier, alimentée en grande partie par Al Sharpton, le « révérend » qui ne croit pas au commandement de « porter un faux témoignage ».

Vous trouverez ci-dessous l'histoire complète du premier pogrom antisémite de Sharpton

L'antisémitisme noir à l'été 1991

Les Juifs étaient un élément clé du mouvement des droits civiques dans les années 1960, lorsque le révérend Martin Luther King Jr. a fait sa célèbre marche vers Selma, en Alabama.

Il marchait main dans la main avec de nombreux Juifs, dont le rabbin Abraham Joshua Heschel. Avec les Juifs, il y avait un contingent de Torahs pour souligner que la quête des droits civiques était une mission sainte pour le peuple juif.

Malgré la forte participation juive au mouvement des droits civiques, la transformation de la pacifique ; a introduit des frictions considérables dans les relations entre les Afro-Américains et les Juifs, en particulier au sein du mouvement des « musulmans noirs ».

Au cours des années 1970 et 1980, les Afro-Américains ont cessé de considérer les Juifs comme leurs alliés, mais plutôt comme leurs oppresseurs. Les Juifs étaient considérés comme ayant le pouvoir politique que les Afro-Américains désiraient. Des dirigeants noirs tels que Louis Farrakhan et Jesse Jackson ont rendu publics des commentaires antisémites.

Ajoutant à la haine, les dirigeants du mouvement anti-apartheid sud-africain qui voyageaient à travers les États-Unis en tant que héros conquérants et répandaient la haine des Juifs. Par exemple, en 1984, la publicité de Desmond Tutu s'est plainte que les Juifs américains avaient « une arrogance », l'arrogance du pouvoir parce que les Juifs sont un lobby puissant dans ce pays et que toutes sortes de personnes courtisent leur soutien. Naturellement, les relations entre Juifs et Noirs étaient déjà difficiles à l'aube de l'été 1991.

Le 20 juillet 1991, Leonard Jeffries du City College, qui avait des antécédents d'insultes antisémites, a prononcé un discours de deux heures affirmant que les « Juifs riches » finançaient la traite des esclaves, que les Juifs contrôlaient l'industrie cinématographique (avec la mafia italienne) et utilisaient ce contrôle pour peindre un stéréotype brutal des Noirs. Jeffries a également attaqué Diane Ravitch (secrétaire adjointe à l'Éducation) la qualifiant de « juive texane sophistiquée », de « raciste débonnaire » et le discours de « Miss Daisy » Jeffries a reçu une énorme presse négative au cours des premières semaines d'août, en particulier de la part des dirigeants de la communauté juive, qui voulaient que Jeffries soit viré pour son sectarisme. À chaque nouvelle critique du professeur, les dirigeants de la communauté afro-américaine se précipitent à la défense de Jeffries. Les deux journaux noirs de New York ainsi que la station de radio noire WLIB se sont joints à des militants tels que Al Sharpton, Colin Moore, C. Vernon Mason, Sonny Carson et Lenora Fulani pour montrer leur approbation de « l'érudition » de Jeffries et pour dénoncer les personnes qui critiquaient l'antisémitisme de Jeffries comme des appâts raciaux.

Sharpton est crédité d'avoir dit « Si les Juifs veulent l'enfiler, dites-leur de remettre leurs kippa et de venir chez moi », en réponse à la controverse sur l'émeute de Crown Heights le 18 août, la veille du début de l'émeute.

De toute évidence, quelque chose de mauvais se préparait. Jeffries a été licencié en raison de son discours sectaire et de la pression de la communauté juive (il a ensuite été réintégré et a gagné un procès concernant son licenciement, ce qui a conduit à un ressentiment supplémentaire envers les Juifs de la part d'une communauté noire déjà bombardée d'incitations anti-juives de la part des médias afro-américains).

Crown Heights s'enflamme

Le lundi 19/08/91, un break conduit par Yosef Lifsh a heurté une autre voiture et a rebondi sur le trottoir à 20h21. Le break faisait partie d'un cortège de 3 voitures transportant le Rabbi de Loubavitch, Menachem Schneeerson. Le Rabbi était dans une autre voiture. Le break a heurté deux enfants noirs, des cousins de 7 ans, Gavin et Angela Cato, qui se trouvaient sur le trottoir. Lifsh est immédiatement sorti de sa voiture et a essayé d'aider les enfants, mais la foule rassemblée a commencé à l'attaquer.

En quelques minutes, une ambulance du service d'ambulance hassidique et deux du service médical d'urgence de la ville sont arrivées. La foule qui se rassemblait devint plus indisciplinée. Les policiers qui se sont présentés ont appelé des renforts par radio, signalant que le conducteur et les passagers du break étaient agressés. L'officier de police Nona Capace a ordonné à l'ambulance hassidique d'évacuer Yosef Lifsh et son passager de la scène.

Les enfants blessés ont été transportés par des ambulances distinctes de la ville à l'hôpital du comté de Kings. Tragiquement, Gavin Cato a été déclaré mort ; Son cousin a survécu.

Une fausse rumeur a commencé à se répandre selon laquelle l'équipe d'ambulance hassidique avait ignoré l'enfant noir mourant en faveur du traitement des hommes juifs. Cette fausse cagoule a ensuite été utilisée par Al Sharpton pour inciter la foule.

D'autres rumeurs ont surgi ; certains ont dit que Lifsh était en état d'ébriété (test d'alcoolémie administré par la police, sa sobriété). D'autres mensonges circulaient ; Lifsh n'avait pas de permis de conduire valide ; Il a franchi un feu rouge ; la police a empêché des gens, y compris le père de Gavin Cato, d'aider les masses en affirmant que « les Juifs obtiennent tout ce qu'ils veulent. Ils tuent nos enfants. Price a par la suite plaidé coupable d'avoir incité la foule à assassiner Yankel Rosenbaum. Enflammé par les fausses cagoules, le ressentiment a explosé en violence.

Des groupes de jeunes hommes noirs ont lancé des pierres, des bouteilles et des débris sur la police, les résidents et les maisons. Selon le New York Times, plus de 250 habitants du quartier se sont déchaînés cette première nuit, principalement des adolescents noirs, dont beaucoup criaient « Juifs ! Juifs! Juifs !

Trois heures après le tragique accident, l'érudit juif australien Yankel Rosenbaum, âgé de 29 ans, a été attaqué par un gang d'adolescents noirs. Il a été poignardé quatre fois. Les flics ont rapidement arrêté Lemrick Nelson, qui a été identifié par Rosebaum comme son agresseur. Les blessures de Rosenbaum n'étaient pas mortelles ; On s'attendait à ce qu'il se rétablisse. Le maire Dinkins a rendu visite à Rosenbaum à l'hôpital.

Mais Rosenbaum est décédé à 2h30 du matin. Mardi parce que le personnel de l'hôpital a manqué l'une de ses blessures au couteau. Malgré certaines affirmations, Al Sharpton n'a rien à voir avec le meurtre de Yankel Rosenbaum.

Sharpton était hors de la ville la première nuit de l'émeute, il a pris le relais le deuxième jour. Le lendemain soir, selon le témoignage sous serment d'Efain Lipkind, un ancien résident hassidique de Crown Heights, Sharpton a commencé à agiter la foule.

« De là, nous avons eu un homme célèbre, Al Shaprton, qui est descendu, et il a dit mardi soir, tuez les Juifs, deux fois. Je l'ai entendu, et il a commencé à mener une charge de l'autre côté de la rue jusqu'à Utica.

À chaque heure qui passait, la violence s'aggravait. Les dirigeants juifs ont commencé à se plaindre désespérément du manque de protection des autorités.

Ils ont déclaré que les émeutiers étaient autorisés à se déchaîner sans contrôle, que trop peu de force était déployée et que trop peu d'arrestations étaient effectuées. Les Juifs de la région estimaient que la police avait reçu l'ordre du premier maire noir de la ville de se retenir, que la police n'était pas autorisée à se battre contre les émeutiers noirs, qui continuaient à devenir plus audacieux dans leurs attaques antisémites alors qu'ils sentaient l'apaisement.

Le maire de New York, David Dinkins, a immédiatement réagi à l'émeute en déployant 2 000 policiers et en se rendant personnellement dans le quartier des troubles sous une grêle de pierres et d'épithètes lancées à son encontre par d'autres Noirs. Dinkins a parlé de sa propre mauvaise gestion des émeutes, admettant qu'il avait « foiré Crown Heights »

« Je regrette de ne pas avoir dit plus tôt aux responsables de la police que tout ce que vous faites ne fonctionne pas. » C'est lorsqu'ils ont changé de comportement qu'ils ont pu contenir les jeunes Noirs ravageurs qui attaquaient les Juifs....... Je serai toujours accusé d'avoir retenu la police et d'avoir permis aux Noirs d'attaquer les Juifs. Cependant, cela ne s'est pas produit, c'est juste inexact.

En tout, la violence de rue contre les Juifs des hauteurs de la Couronne a duré trois jours/ quatre nuits à partir du soir de l'accident. Jeudi soir, la police a finalement rétabli l'ordre, bien que des violences sporadiques contre les Juifs aient continué pendant des semaines après que l'émeute ait été contenue.

Yankel Rosenbaum n'était pas la seule personne assassinée par les émeutiers. Le 5 septembre, l'Italo-Américain Anthony Graziosi a été traîné hors de sa voiture, brutalement battu et poignardé à mort parce que sa barbe fournie et ses vêtements sombres l'avaient fait prendre pour un juif hassidique. Lors des funérailles de Gavin Cato le 26 août, Al Sharpton a prononcé un éloge antisémite, qui a alimenté les feux de la haine.

> "Le monde nous dira qu'il a été tué par accident. Oui, c'était un accident social. C'est un accident de permettre un service d'ambulance apathique au milieu de Crown Heights..... Parlez de la façon dont Oppenheimer en Afrique du Sud envoie des diamants directement à Tel Aviv et traite avec les marchands de diamants ici même à Crown Heights. Le problème n'est pas l'antisémitisme ; Le problème, c'est l'apartheid... Tout ce qu'il veut dire, c'est ce que Jésus a dit ; Si vous offensez l'un de ces petits, vous devez le payer. Pas de compromis, pas de réunions, pas de kaffe klatsch, pas de dépeçage et de sourire. Payez vos actes.

Siegfried était totalement en désaccord avec la citation de l'antisémite révérend Al Sharpton sur ce que Jésus avait mentionné (dit) :

> « Si vous offensez l'un de ces petits, vous devez le payer. Pas de compromis, pas de rencontres, pas de kaffe klatsch, pas de dépeçage et de sourire. Payez pour vos actes.

Tout d'abord, l'antisémite révérend Al Sharpton n'avait pas vécu à l'époque de Jésus pour connaître sa pensée, et certainement il ne savait pas ce que Jésus avait dit auparavant. La Bible avait été écrite par des historiens, qui avaient écrit leur propre interprétation de la réalité à l'époque de Jésus. Deuxièmement, la Bible n'est pas absolue. La Bible a été révisée de nombreuses fois, et à chaque fois l'historien a présenté sa propre interprétation de la réalité d'il y a 2000 ans.

Il y a environ 2000 ans, un homme nommé Jésus est né dans la ville de Bethléem, sur la terre d'Israël.

Il était unique. Il était pleinement Dieu et pourtant pleinement humain. Dieu s'est suivi lui-même pour naître en tant qu'homme afin qu'il puisse vivre et souffrir parmi nous, pour servir d'expiation parfaite pour notre péché et pour offrir le pardon et le salut à quiconque croit.

Sa naissance, sa mission, sa mort et sa résurrection ont été prédites par les prophètes de l'Ancien Testament de la Bible et nous ont été révélées par les écrivains du Nouveau Testament.

Jésus a vécu parmi ses compatriotes juifs à une époque où les frontières de l'Empire romain incluaient la terre d'Israël. Il a prêché et accompli des miracles pendant trois ans et demi jusqu'à ce qu'il soit crucifié par les Romains.

Il mourut sur une croix en bois et fut enterré dans un tombeau.

Dans les Plus Grands Commandements est écrit :

« Tu aimeras ton prochain comme toi-même »

Dans Lévitique 19:18 il est écrit :

« Ne cherche pas à te venger et ne garde rancune à personne parmi ton peuple,
mais aime ton voisin comme toi-même. Je suis le Seigneur. »

Dans Matthieu 19:19 il est écrit :

« honore ton père et ta mère, et nous aimons notre prochain comme toi-même »

En lisant la Bible, Siegfried n'a pas pu trouver la citation antisémite d'Al Sharpton sur ce que Jésus avait dit auparavant :

« Si vous offensez l'un de ces petits, vous devez le payer. Pas de compromis,
pas de réunions, pas de kaffe klatsch, pas de dépeçage et de sourire. Paie pour
ton acte ! »

Jésus était un saint, il n'a jamais prêché le pogrom, la violence, les émeutes, la haine, tuer et jeter des cannes dans les flics.

Le révérend Al Sharpton est un querelleur, un instigateur, un imposteur qui enseigne aux Noirs comment haïr et tuer les Juifs. Ce que le révérend Al Sharpton cite, c'est sa propre interprétation de ce que Jésus a dit (dit), ses propres sentiments de haine envers les Blancs et les Juifs.

Al Sharpton n'est pas un saint homme, c'est un Noir odieux et corrompu qui, dans son cœur et son âme, est plein de haine envers le peuple juif.

En ce qui concerne l'appel du maire à la paix, Sharpton pontifie

« Ils ne veulent pas la paix, ils veulent le calme »

Sharpton et l'avocat représentant la famille Cato leur ont conseillé de ne pas coopérer avec les autorités dans l'enquête et ont exigé qu'un procureur spécial soit nommé.

Lorsque Sharpton a été interrogé sur la violence, il l'a justifiée :

« Nous ne devons pas réprimander nos enfants pour leur
indignation, alors que c'est l'indignation qui leur a été
infligée par un système oppressif », a-t-il déclaré.

Le premier sabbat après les funérailles, Sharpton a tenté en vain de faire monter les tensions en faisant défiler 400 manifestants devant le Loubavitch de Crown Heights, en criant « Pas de justice, pas de paix ». Sharpton a demandé l'arrestation de Lifsh, le conducteur du break. Il a déclaré cela malgré le fait que plus de vingt décès accidentels similaires de véhicules s'étaient produits à Brooklyn depuis 1989 sans une seule arrestation, plusieurs impliquant des hassidim locaux délabrés par les pâtés de maisons. La pression de l'agitateur a incité Charles Hynes, le procureur du district de Brooklyn, à convoquer un grand jury.

Lorsque l'enquête sur l'accident n'a pas abouti à une inculpation criminelle contre Yosef Lifsh, Al Sharpton a encouragé la famille Cato à réclamer des dommages-intérêts considérables dans un procès civil contre Lifsh (qui s'était depuis enfui en Israël pour sa propre sécurité). Sharpton a annoncé qu'il signifierait personnellement des documents à Yosef Lifsh en Israël. Il a apporté des billets et a sauté dans un vol El-Al le week-end de Yom Kippour. À l'aéroport Ben Gourion, une femme a aperçu Sharpton héler un taxi et lui a crié : « Va en enfer ! »

« Je suis déjà en enfer », a répliqué le faux saint homme, « Je suis en Israël ».

La Nativité

La Nativité de Jésus, également appelée simplement La Nativité, fait référence aux récits de la naissance de Jésus dans les évangiles de Luc et de Matthieu, et accessoirement sur un texte apocryphe. Dans la théologie chrétienne, la Nativité de Jésus concerne l'incarnation de Jésus en tant que second Adam, en accomplissement de la volonté divine de Dieu, réparant les dommages causés par la chute du premier homme, Adam.

Les évangiles canoniques de Luc et de Mather décrivent tous deux que Jésus est né à Bethléem en Judée, d'une mère vierge. Dans le récit de l'Évangile de Luc, Joseph et May voyagent de Nazareth à Bethléem pour le recensement, et Jésus y naît et y est couché dans une mangeoire. Les anges le proclament un savoir pour tout le monde, et les bergers viennent l'adorer. Jésus est né Roi des Juifs.

Jérusalem est la capitale indivisible d'Israël et est considérée comme la capitale de trois religions : le judaïsme, le christianisme et l'islam.

La loi israélienne reconnaissait officiellement cinq religions, toutes appartenant à la famille abrahamique : le judaïsme, le christianisme, l'islam, le druzeisme et la foi Bha. En outre, la loi reconnaît formellement dix sectes distinctes du christianisme : les Églises catholique romaine, arménienne, maronite, grecque, syriaque et chaldéenne ; l'Église orthodoxe orthodoxe orientale, l'Église orthodoxe syriaque orientale, l'Église apostolique arménienne ; et l'anglicanisme.

Une fois que le révérend Al Sharpton a dit que vivre en Israël, c'est comme vivre en enfer, il a indirectement insulté Jésus-Christ qui est né à Behtlehem et il est né le Roi des Juifs.

Les paroles de l'imposteur Al Sharpton étaient une impiété adressée à Jésus-Christ, le Roi des Juifs. Le discours d'Al Sharpton sur Israël, ça ne ressemble pas à un discours de révérend, ça ressemble plus à un discours d'un profane, d'un imposteur. C'est ainsi que le prêtre chrétien, le prêtre catholique et le prédicateur musulman appelés par les Arabes, Shaikh, Fazilatul Shaikh ont un grand respect envers Israël, à propos de l'éducation juive, de la culture, croient et ils ne diront jamais d'Israël ce que AL Sharpton a dit d'Israël.

Selon l'opinion personnelle de Siegfried, Al Sharpton est loin d'être un saint homme. Un saint homme ne prêche pas à l'église la violence, la haine envers les autres, les émeutes, les pogroms. Un saint homme prêche sur l'amour, sur la façon dont les gens doivent vivre dans l'amour et l'harmonie avec leurs voisins.

Comment les gens peuvent vivre en paix avec eux-mêmes, comment respecter les différentes nationalités avec différentes religions et cultures. Comment les gens doivent travailler ensemble dans l'amour et l'harmonie les uns avec les autres. Al Sharpton est alors un querelleur, un instigateur auprès des adolescents africains qui haïssent les Juifs et les tuent.

Tout son éloge funèbre était une provocation des adolescents africains envers les Juifs. Les adolescents africains ne devraient pas apprendre de lui l'art de la haine envers le peuple juif. Les adolescents africains devraient apprendre à aimer, respecter et accepter le peuple juif pour ses idéaux, sa culture, ses connaissances et son idéologie. Ils devraient apprendre à travailler et à vivre en paix et en harmonie avec le peuple juif.

Du peuple juif, les adolescents africains devraient apprendre l'art de l'amour et de l'acceptation des autres.

Les consequences

Sharpton abandonna le peuple caribéen de Crown Heights dès que la violence antisémite cessa. Sa participation entière à la violence a peut-être été un effort calculé pour usurper Jesse Jackson en tant que principal porte-parole des Afro-Américains. Jackson a peut-être eu son « Hymie-town », mais l'incitation de Sharpton contre les Juifs, qu'il percevait comme ayant le pouvoir politique que les Afro-Américains méritaient, est allée bien au-delà de la simple utilisation de mots comme Jackson.

Si Sharpton n'avait pas exploité la mort de Gavin Cato pour son propre « curriculum vitae », ce qui était, de l'avis général, un groupe désorganisé de voyous lors de la première émeute, aurait bien pu se dissiper le lendemain matin de l'accident. Les médias ont dépeint l'émeute de Crown Heights comme étant à double face, promouvant le mythe selon lequel les Noirs et les Juifs étaient égaux dans leur violence. La violence était un déchaînement unilatéral mené par une partie des 180 000 Noirs du quartier contre une minorité juive de 20 000 personnes. L'émeute de Crown Heights s'est produite seulement cinq mois après le tristement célèbre passage à tabac de Rodney King, qui a été filmé et répété dans une publicité télévisée. Aujourd'hui, la mort de Gavin Cato et de Yankel Rosenbaum est considérée par certains comme une sorte de « représailles » (action faite intentionnellement pour punir d'autres personnes parce qu'elles vous ont fait quelque chose de désagréable).

L'attitude des médias a été incontestable face à l'antisémitisme. Un tragique accident de voiture involontaire qui a culminé avec la mort d'un enfant afro-caribéen, Gavin Cato, s'est soldé par une émeute et le meurtre intentionnel d'un juif européen, Yankel Rosenbaum, avec l'approbation du maire de New York, l'honorable Dinkins.

Il s'agit d'une déformation des faits. La mort de Caton est celle d'un horrible accident ; Rosenbaum a été délibérément poignardé à quatre reprises par une foule en colère. La mort d'Anthony Graziosi avait été oubliée ; Peut-être parce que sa mort briserait une égalité cynique de fatalité que la presse considère comme juste.

De nombreux membres de la communauté juive ont estimé que le maire Dinkins était complaisant dans la violence, empêchant la police de protéger la communauté juive, mais il n'y a jamais eu de preuves prouvant cette accusation. Une explication plus probable de l'absence de protection offerte prouvant cette accusation. Une explication plus probable du manque de protection offerte à la communauté hassidique est une tempête parfaite d'incompétence. Un commissaire de police incompétent, Lee Brown, était géré par un maire incompétent. Néanmoins, le pogrom a porté un coup fatal à la carrière de maire de Dinkin qui lui a donné une victoire serrée sur Rudy Giuliani en 1989. Ces mêmes Juifs ont changé de camp, donnant à Giuliani la victoire contre Dinkins en 1993. Quant à AL Sharpton, il est allé mener un deuxième pogrom, cette fois contre une entreprise appartenant à des Juifs à Harlem. Il ne s'est jamais excusé ni même reconnu qu'il avait dirigé ces deux pogroms antisémites, ni aucun de ces autres incidents d'agitation raciale. Tout comme il l'a fait en 1991, Al Sharpton exploite aujourd'hui la mort de l'enfant de quelqu'un pour inciter à la colère et construire sa réputation de « leader des droits civiques ». Et les médias n'ont rien appris de Crown Heights, ils continuent d'ignorer AL Sharpton, son record de haine. Les médias n'ont rien voulu apprendre des émeutes de Crown Heights et essayer d'ignorer le bilan de haine d'Al Sharpton signifie que les médias ont approuvé et totalement participé à la haine d'Al Sharpton envers le peuple juif. Pour eux, il est un leader des droits civiques, mais l'histoire montre qu'il n'est rien d'autre qu'un haineux opportuniste.

Je voudrais « cos sinus heart » (avouer) un autre cas de discrimination juive européenne. Il s'agit des frères Bielski, Alexander Zeisal (« Zus ») Bielski et Tuvia Bielski. Alexander Zeisal Bielski qui est né le 19 octobre 1912 à Navahrudak, en Biélorussie et son frère Tuvia Bielski qui est né le 08 mai 1906 à Navahrudak, en Biélorussie étaient des partisans juifs. Tuvia Bielski était le chef du groupe Bieski et, avec son frère Alexander Zeisal Beilski, avait sauvé 1 200 Juifs de la mort d'Hitler pendant l'occupation allemande de la Biélorussie pendant la Seconde Guerre mondiale. L'occupation de la Biélorussie par l'Allemagne nazie a commencé avec l'invasion allemande de l'Union soviétique le 22 juin 1941 (opération Barbarossa) et s'est terminée en août 1944 avec l'opération soviétique Bagratrion.

Les parties occidentales de la RSS de Biélorussie (à partir de 1940) sont devenues une partie du Reichskommossariat Ostland en 1941, mais en 1943, les autorités allemandes ont permis à des collaborateurs locaux de mettre en place un État client, la Rada centrale biélorusse, qui durerait jusqu'à ce que les Soviétiques reprennent le contrôle de la région. Tuvia et Alexander Zeisal Bielski n'ont pas cherché à obtenir une reconnaissance pour les 1 200 Juifs qu'ils ont sauvés pendant l'occupation nazie de la Biélorussie. La raison est très simple. Ils étaient juifs européens et non juifs amérindiens.

La Biélorussie est un pays enclavé d'Europe de l'Est. Il est connu pour son architecture stalinienne, ses grandes fortifications et ses forêts vierges.

Auparavant, après que Siegfried eut quitté le Département des bâtiments, il avait toujours été avec ses parents qui avaient été abaissés pour être ses meilleurs amis. Siegfried avait participé avec ses parents à de nombreuses croisières et organisé des voyages dans le monde entier. Le père de Siegfried, étant une personne très compétente, avait le rôle de guide partout où ils étaient allés ensemble lors des croisières et des visites organisées. Chaque été, quand il faisait beau, le Dr Ady Wyner conduisait sa famille à Brighton à Brooklyn où nous passions une excellente journée à parler ensemble, à nager et à déjeuner ensemble.

Ma mère Sorina se sentait malheureuse à cause d'une hernie depuis que nous vivions en Roumanie. En 2010, ma mère ne pouvait pas supporter la douleur provoquée par sa hernie ombilicale et elle avait appelé son meilleur ami et gynécologue, le Dr Ben Pascario, M.D., qui « up a storm » (très diligemment en argot) et a fait connaître ma mère pour qu'elle se fasse opérer. Il avait fait l'éloge d'un chirurgien très expérimenté. L'opération avait été très facile et « amenée à se faire » (faite) dans ton cul (à fond ; parfaitement bien en argot) mais quand on est ridé (AN old person Slang) c'est un peu compliqué de supporter la douleur comme une réaction de l'opération.

Mon père a d'abord acheté pour ma mère un déambulateur et elle s'était efforcée de se maintenir en équilibre. Mon père et moi-même avions très bien pris soin de ma mère et nous l'avions emmenée en physiothérapie 3 fois par semaine et chez tous les autres médecins que ma mère avait réquisitionnés.

Nous avions été très heureux tous les trois ensemble pendant ce temps et mon père avait suggéré d'acheter un terrain pour trois d'entre nous au cimetière du Mont Hébron. En étant avec eux, ma vie était très sereine et j'étais « au énième degré » (extrêmement) heureuse et satisfaite. Quand ma mère était tombée malade « au énième degré », j'étais tout le temps avec elle et j'avais pris soin d'elle tout le temps quand ma présence avait été « requise ». Je passais des jours et des nuits avec ma mère, la soulevant quand elle était tombée et la nourrissant. Je m'étais comporté comme un fils parfait pour tous les sacrifices qu'elle avait consentis pour moi, toute sa vie.

Elle avait été touchée par mon Savoir-faire affectueux à son égard et elle m'a dit en face à face que :

« Je me suis vengée avec tous les sacrifices qu'elle avait faits pour moi »

J'ai dit franchement à ma mère qu'un enfant, aussi bon soit-il, ne peut jamais l'être, même si une mère se sacrifie envers ses enfants. Je l'avais beaucoup remerciée d'avoir voulu avoir un équilibre équilibré avant de quitter ce beau monde.

Ma mère avait été ma meilleure amie, la femme qui m'avait donné la vie, l'éducation, et qui m'avait été dirigée « dans une tempête » (très diligemment en argot) et honnêtement à travers toutes les étapes de la vie. Un jour, vers 5 heures du matin, j'avais reçu un appel de mon père qui m'avait « connaissance » (pour m'informer) que ma mère n'avait pas bougé de la nuit. Je lui ai dit d'appeler le 911 et immédiatement (sans délai) je me suis habillé et je suis allé dans l'appartement de mes parents.

Quand je suis allé à l'appartement de mes parents, ma mère avait été mise dans l'ambulance et un préposé lui avait fait une injection d'insuline. Franchement (immédiatement), elle s'est réveillée, elle avait du diabète et son taux de sucre avait baissé.

Elle avait été examinée et diagnostiquée par ces préposés qu'elle avait des problèmes cardiaques. Hoppity-clippity (Argot rapide), elle avait été envoyée dans un hôpital de Flessingue dans une section spéciale pour les personnes souffrant de problèmes cardiaques. Elle avait été placée en soins intensifs. Une femme médecin indienne nous a « annoncé la nouvelle » (nous a dit) que le nombre de ses reins était en baisse. Le jour où ma mère avait été hospitalisée, mon père et moi avons dormi à l'hôpital.

La nuit, j'allais voir ma mère toutes les heures jusqu'à ce qu'elle se réveille le matin. À midi, avant de quitter l'hôpital, j'ai embrassé ma mère à plusieurs reprises et je lui ai dit combien j'avais aimé ger et combien j'avais apprécié tout ce qu'elle avait « fait pour moi ». J'avais de l'idolâtrie (admiration extrême, amour) pour ma mère et pour tous les sacrifices qu'elle avait consentis pour m'élever correctement. Le deuxième jour, elle était décédée.

Elle était le « soleil », qu'elle ne se lèvera jamais.

Le 5 novembre 2012, lorsque ma mère est décédée, la moralité de mon père s'est effondrée. Ils étaient ensemble depuis 67 ans.

Mon père avait été prédestiné à n'aimer que ma mère et elle avait été l'amour de sa vie.

Mon père avait été uxurieux (il aimait excessivement sa femme) et il ne regardait jamais une autre femme. Ma mère et moi-même avions été ses seuls « sept soulèvements » (bonheur). Il n'avait aimé que deux personnes dans toute sa vie, sa merveilleuse épouse et son fils prodigieux et fidèle. Depuis le décès de ma mère, mon père avait perdu l'intérêt de regarder un film, une nouvelle qu'il avait toujours eu l'habitude de savoir ce qui s'était passé dans le monde. Après le décès de ma mère, j'ai dû « sauter » (commencer) pour bien préparer (prendre soin soigneusement) de mon père.

Trois fois par jour, j'avais rendu visite à mon père et j'avais « toutes les bases couvertes » (préparées) le petit-déjeuner, le déjeuner et le dîner. J'avais (complètement) pris le contrôle de sa maison. J'ai payé son loyer, encaissé l'argent de sa banque, acheté des médicaments pour lui à la pharmacie CVS.

Il était très content (tout à fait satisfait) de la façon dont je l'avais « pris soin » (aidé). Ses yeux brillaient des « sept cieux » (du bonheur) que son propre fils avait pris soin de lui comme promis lorsqu'il était adolescent. Mes parents étaient « à cheval et en calèche » (à l'ancienne) et j'avais été élevé et élevé à l'ancienne. Pour « faire mouche » (pour être tout à fait exact de l'argot), j'ai été bien mariée par mes parents. J'avais grandi, j'avais grandi et j'avais été élevé dans une famille très affectueuse.

Quand mon père est devenu « au énième degré » (extrèmement) malade, j'avais déménagé toute l'armoire de son appartement et j'ai dû « sauter » (commencer) à vivre avec lui. Je me réveillais toutes les heures pour m'assurer qu'il était en sécurité, en vie et qu'il ne tombait pas par terre.

Chaque matin, je changeais ses couches, je le mettais sur le fauteuil roulant, je l'habillais et je le déplaçais dans la cuisine où je le nourrissais et lui donnais les médicaments prescrits.

Ensuite, il avait pris son petit déjeuner « toutes bases couvertes » (préparé) par moi-même. J'avais vérifié son taux de sucre comme indiqué par son médecin. J'avais vérifié son taux de sucre ; trois fois par jour à la demande de son médecin. Mon père était très diabétique et moi et de surveiller quotidiennement son taux de sucre. Plusieurs fois, son taux de sucre avait été très bas, j'ai dû appeler l'ambulance qui l'avait emmené à l'hôpital North Shore au 102 01 66th Rd, Forest Hills, très proche de l'endroit où il avait vécu. J'avais l'habitude de passer tout le temps que j'avais avec lui à l'hôpital dans la mesure où les infirmières l'avaient négligé parce qu'elles avaient beaucoup de patients à soigner. Mon père avait tout signifié pour moi. J'ai bavardé avec lui tout le temps que j'ai passé avec lui. Chaque fois que je l'avais vu, je l'avais embrassé et j'avais exprimé mes sentiments sur combien je l'aimais et combien il comptait pour moi et je souhaitais qu'il aille bien. Mon père avait perdu beaucoup de poids, et elle est devenue un « skinnymalink » (une personne très mince en argot) et il ne pouvait plus se tenir debout. Son médecin m'a exhorté à le mettre dans une maison de retraite. J'avais rétorqué à son médecin que s'il devait mourir, au moins pour mourir dans son propre lit, il avait fallu un « âge de raton laveur » (un très long argot de longue date) pour le mettre dans une maison de retraite temporaire près de l'endroit où il avait vécu.

Pendant tout le temps que j'ai passé mon père à la maison de retraite, j'ai essayé très fort d'obtenir de l'argent pour louer une maison bien soignée (soigneusement soignée pour mon père 24 heures sur 24, 7 jours sur 7).

J'avais des intentions bien intentionnées (bienveillantes) pour voir mon père bien soigné. Pour « mettre le doigt sur le mille » (pour être tout à fait exact Slang) j'avais avoué (avouer franchement) un autre cas de slate de pouvoir de profiter d'un Européen américain, dans la mesure où il n'avait pas « d'argent à brûler » (avoir plus d'argent qu'il n'en faut Slang) pour se payer un avocat pour poursuivre LE DÉPARTEMENT DES BÂTIMENTS pour « smashing and grabbing » (plature) son innovation « Standardized Guidelined By Building Type » sans rien valoir de valeur (récompensé) et pour avoir été malveillant maltraité pendant plus de treize ans. J'en étais venu à la décision que je devais voir un contrôleur pour obtenir justice pour mon invention. Les « Directives Standardisées Par Type De Bâtiment » qui avaient été pillées par le Département Des Bâtiments ne m'ont jamais remercié ni montré aucune reconnaissance pour la corvée (travail acharné) que j'avais accomplie pour eux.

En langue latine, il y a une très bonne citation qui est mise en mots :

« Aummum jus, summa injuria » qui signifie « La rigueur de la loi est le comble de l'oppression »

La deuxième citation en latin qui m'a frappé est la suivante :

« Suppressio veri, suggestion falsi » qui signifie « Une suppression de la vérité est la suggestion d'un mensonge »

Vivant à New York depuis plus de 40 ans, j'avais « baissé le rideau » (conclu) que la justice en Amérique est pour « la personne qui fait les chèques » (les riches). Quand vous êtes « dur » (pauvre argot), vous ne recevez aucune justice.

Le numéro de réclamation 2014LW014516 avait été attribué au contrôleur Diamond, numéro de téléphone (212) 669-3541 pour s'occuper de l'affaire Siegfried Wyner. Pendant six mois, le contrôleur Diamond m'avait renvoyé, et il s'était montré répugnant au téléphone quand je lui avais demandé en détail ce qu'il me restait à dire : « Je dois vous couper court », et il avait tenu un discours : « Le ministère des Bâtiments n'a pas répondu à ses questions. » La somme d'argent que j'avais réquisitionnée auprès du contrôleur Diamond, j'avais besoin d'embaucher une maison pour prendre soin de mon père 24 heures sur 24, 7 jours sur 7. Ce qui m'a fait « exploser » (pour devenir très en colère Slang), c'est qu'au bout de six mois, le Contrôleur Diamant m'a envoyé une lettre « traversant le cœur » (avouant) que dans la mesure où je n'étais pas venu six ans plus tôt, il avait nié ma demande. « Hippity-clippity » (argot rapide) que j'avais réquisitionné pour parler à son superviseur qui avait été du côté de M. Diamond. Il avait fait une attestation que si je n'avais pas eu de « mise » (contrat) avec le DÉPARTEMENT DES BÂTIMENTS, « une fois pour toutes » (concluante) mon innovation : « Directives Normalisées Par Type De Bâtiment » avait été donnée au DÉPARTEMENT DES BÂTIMENTS en cadeau. De toute ma vie, je n'avais pas la moindre idée que pour une innovation il fallait avoir une mise (contrat) pour être payé.

Quand j'ai « baissé le rideau » (conclu) que je n'avais pas de justice, j'avais écrit une lettre à l'honorable maire Bill de Blasio à l'hôtel de ville de New York, NY 10007. Une autre lettre que j'ai envoyée au Comité républicain du Congrès au 320 First Street, SE Washington, DC 2003 à l'attention du président de la Chambre John Boenner.

Je n'avais pas encore obtenu de réponse de leur part.

La mort de mon père m'avait considérablement affecté comme un tremblement de terre.

Ce fut une secousse soudaine et violente sur tous mes sentiments et sentiments dans tout mon corps. Chronologiquement, c'était comme un volcan en éruption qui avait causé de grands dégâts. Mon cœur avait été brisé et brisé en morceaux lorsque mes parents étaient morts. J'avais longtemps déploré la mort de mes parents. En fait, ils étaient les seuls vrais amis que j'aie jamais eus.

Ils m'avaient accepté tel que j'étais, avec des qualités et des défauts. Pour « faire mouche » (pour être tout à fait exact Slang) je vais « traverser le cœur » (avouch) deux autres cas de discriminations.

La première avait commencé l'année dernière lorsque j'avais appelé le bureau du commissaire du Département des bâtiments pour prendre rendez-vous avec l'honorable commissaire Rich Chandler P.E. afin d'aborder le sujet de la pleine reconnaissance de Siegfried Wyner, roi du Département des bâtiments.

Selon le protocole (officiellement), j'étais devenu le roi du département des bâtiments en l'an 2000 lorsque j'ai réussi à faire en sorte que l'ensemble de l'arrondissement du Queens demande et que les expéditeurs prennent rendez-vous uniquement avec moi-même.

J'avais la pleine reconnaissance des candidats et de certains expéditeurs en tant que seul roi du Département des bâtiments, pour des raisons antisémites, la direction du Département des bâtiments avait refusé de me reconnaître.

Ce qui m'a vraiment fait « exploser » (pour devenir très en colère Slang), c'est quand j'ai appelé le commissaire du département des bâtiments, l'honorable Rich Chandler, P.E., au numéro de téléphone (212) 566-4769 et que j'ai fait savoir qu'il s'agissait de Siegfried Wyner, roi du département des bâtiments, et que j'aimerais prendre rendez-vous avec le commissaire du département, l'honorable Rich Chandler, P.R.

Sa secrétaire m'avait rétorqué que le Département des bâtiments n'a pas de rois de département. Sa réponse s'appuyait sur deux raisons :

Premièrement, je ne suis pas autochtone américain et deuxièmement, parce que j'étais juif, c'est que le Département des bâtiments a un comportement très discriminatoire envers les Juifs au sein du ministère. J'avais tout mis en place pour discuter avec l'honorable commissaire Rich Chandler P.R de la pleine reconnaissance d'être le roi du département des bâtiments, dans la mesure où, pour une raison antisémite, je n'aurais pas pu faire cette nomination.

Le deuxième cas discriminatoire avait eu lieu il y a trois mois, lorsque j'avais essayé de planifier une réunion avec le doyen de l'Institut polytechnique de l'Université de New York au 15 Metrotech Ctr, Brooklyn, New York 11201. Lorsque j'ai appelé le bureau du doyen au 646-997-3200 et que j'ai fait savoir à la secrétaire que j'étais un ingénieur de renom et que j'aimerais voir le doyen du génie civil, elle n'a délibérément pas voulu prendre de rendez-vous pour moi. Elle m'avait rétorqué qu'elle avait mis un message vocal pour la personne qui prend les rendez-vous et qu'elle ne pouvait pas me dire quand je serai appelé, ou rien que je puisse faire pour vous et elle a raccroché. Pendant trois mois, une figure renommée, notée, prééminente n'aurait pas pu obtenir un rendez-vous avec le doyen du génie civil.

Je juge (je prends une décision sur) l'Institut polytechnique de l'Université de New York qui est l'université la plus discriminatoire de tout New York.

Tous les philosophes que j'avais écrits dans ce livre sont restés à la base de la pensée de Siegfried et ont exercé une profonde influence sur la philosophie de la vie entièrement métaphysique de Siegfried pour une meilleure compréhension de l'ethnographie (l'étude de la race humaine et de la culture) et de la mentalité de ce monde. Il y a des philosophies émotives et éminentes, des révolutionnaires éminents, des figures importantes de l'histoire mondiale, des poètes célèbres et renommés, des historiens éminents, des philosophes éminents et éminents et la révolution la plus importante et la rébellion d'esclaves qui s'est produite dans le monde, ont culminé et créé toute la base d'une culture intellectuelle prodigieuse qui s'est apparemment enrichie de bonheur et de plaisir qui rayonnait dans son cœur et habite dans son âme.

L'"Histoire de ma vie » (La triste vérité de mon début de carrière en argot) avait été écrite à dessein pour captiver le lecteur ce qui était arrivé à la personne la plus importante dans l'histoire des annales du DÉPARTEMENT DES BÂTIMENTS, dans la mesure où il venait d'Europe de l'Est. Mon intention était de révéler la discrimination que doit subir un Européen venu d'Europe de l'Est et qui s'est efforcé de se faire une place dans la société américaine et sur le lieu de travail.

Ce livre a également été écrit par une personne qui a voyagé dans le monde entier et qui connaît très bien les poètes classiques, les historiens classiques, les compositeurs classiques et qui a essayé de révéler dans son livre un monde meilleur.

Toute la culture de l'auteur a été réalisée par l'éducation donnée à la maison par ses parents, les connaissances accumulées au lycée, à l'université et dans le monde qui avait voyagé.